조선후기 사회변화와 시가문학

이 책은 高麗大學校 民族文化研究院이 새로운 民族文化의 창달과 國學振興을 위하여 제정한『芝薰國學研究造成費』와『民族文化研究叢書刊行計劃』에 의하여 出版되었습니다.

民族文化硏究叢書 114

조선후기 사회변화와 시가문학

정홍모 지음

高麗大學校
民族文化硏究院

머리말

이 책은 세 부분으로 구성되었다. 1부는 조선후기 가사 작품들에 대해 논의한 글들이며, 2부는 조선후기 시조 작품들에 대한 논의, 마지막 3부는 특정한 지역 공간을 배경으로 이루어진 문학 활동에 대해 논의한 글들을 묶었다.

처음 고전시가 공부를 시작할 때 문학 작품의 본질에 접근하는 다양한 연구 방법 중에서 자신에게 가장 잘 맞는 분야가 무엇일까 고민한 적이 있었는데, 결론은 가장 일차적인 연구 방법 즉, 작품의 내용을 파악하고 작자의 창작 의도를 이해하며 작품이 창작 유통된 당대사회와 연관 지어 그 의미를 연구하는 작업이 그중 필자에게 어울린다는 것이었다.

1부에 실린 글들은 모두 그런 작업의 연장선에서 이루어진 것이다. 논의의 대상이 된 작품들은 이미 다른 연구자들이 소개를 한 것들이라 필자가 이 글들을 통해 창의적이고 특별히 새로운 무엇을 밝혀낸 것은 아니다. 다만 이 작품들의 내용이 무엇이고 작자는 어떤 의도로 썼으며 우리는 그것을 어떻게 해석할 것인가에 대해 좀 더 세밀하게 살펴본 것이다. 이런 기초적인 작업들을 바탕으로 작품에 대한 더 높은 단계의 의미 해석에 다가갈 수 있다고 믿는다.

2부로 묶은 글들은 시조 작품들에 관한 논의이다. 1장과 3장은 조선후기 시조들이 변화하는 모습을 찾아서 그것의 실상과 문학사적 의미에 대해 생각해 본 것이다. 2장은 다른 연구자들에 의해 부분적으로 이루어진 기존 연구들을 종합하여 정리한 것으로 창의적인 논문이라 할 수는 없고, 대학에서 학생들을 가르치면서 시조사의 각 단계마다 다르게 나타나는 강호자연의 성격을 체계적으로 설명할 필요성을 느껴 쓴 글이다. 4장은 주제별로 묶은 시조 작품론으로 앞으로도 이런 식의 연구를 더 하고 싶다.

3부의 1장과 2장은 필자가 재직하는 대학이 있는 포천 지역과 관련된 문학 활동에 대한 글이다. 1장은 〈금수정〉이라는 특정 지역에 있는 누정을 중심으로 한 문학 활동과 그 의미에 대한 논문이다. 지역적 특수성과 조선후기 노론 세력과의 관련성 등을 정리한 것이다. 2장은 포천 출신인 이한진의 풍류 생활과 시가문학을 정리한 글이다. 3장은 우화소설에 관한 논문이다. 이 논문은 석사학위논문을 제외하면 필자의 학계 데뷔 논문인데, 처음 학회지에 실릴 당시 개인적인 사정으로 제대로 교정을 보지 못했다. 그 결과 오, 탈자는 물론 심한 곳은 한두 문장이 빠진 채로 활자화되어 동학들에게 송구스런 마음이 있었다. 오래된 논문이고 서사문학 작품을 다룬 것이라 이 책의 주제와 어울리지 않을 수도 있겠으나 이번에 제대로 교정을 보아 실어서 그간의 마음 부담을 조금이나마 덜고자 한다.

여기에 실린 글들은 처음부터 한 책으로 엮기 위해 체계적으로 설계한 것은 아니다. 공부하는 과정에서 그때그때 떠오르는 주제를 검토하여 논문으로 발표했고 그중 일부를 책으로 엮은 것이다. 따라서 작품 인용이나 특정 상황에 대한 설명이 중복되는 부분이 없지 않다. 특히 2부와 3부에 실린 논문들에 그런 현상이 나타나는데 주제가 겹치는 영역이 있어 그런 것이니 양해를 구한다.

돌이켜보면 스스로 변화하지 못하여 제국주의의 식민지가 되었다는 점에서 우리 근세사는 실패한 역사라고 할 수 있다. 문학도 사회변화의 큰 흐름에서 벗어나지 않는다. 조선후기의 시가문학은 획기적인 변화를 보이는 것도 아니고 그렇다고 아주 변화가 없는 것도 아니다. 조금이라도 변화한 부분이 있다면 있는 대로, 그 변화의 모습이 마음에 들지 않으면 않는 대로, 있는 그대로의 모습을 살피고 그것들의 의미를 탐구해보는 것이 연구자들의 몫이라고 생각한다. 그런 작업은 개별 작품들을 찬찬히 살펴보고 그들 사이에 어떤 변화의 흐름이 있다면 그것을 찾아내어 그 의의를 검토하는 것부터 시작해야 할 것이라 믿는다. 이 책은 이러한 작업의 일부다.

개인적으로는 『조선후기 사대부 시조의 세계인식』(월인, 2001)에 이은 두 번째 책을 내는 셈이다. 요즘 사회의 흐름이나 공부하는 방식이 과거와 많이 달라져서 고전시가를 주제로 한 종이책을 내는 일에 망설임이 많았다. 고려대학교 민족문화연구원의 격려와 지원이 없었다면 생각하지도 않았을 것이다. 이 자리를 빌려 원장님을 비롯한 민족문화연구원 가족 분들께 감사의 말씀을 올린다.

2016년 가을, 단풍이 아름다운 왕방산 연구실에서
鄭興謨

차례

머리말 … 5

제1부
가사작품과 조선후기 사회

제1장 20세기 초 서양 기행 가사의 작품세계 …… 15

1. 문제제기 …… 15
2. 〈셔유견문록〉 - 사행가사의 20세기적 변형 …… 18
3. 〈해유가〉 - 향촌 선비의 세상 경험 …… 31
4. 마무리 …… 42

제2장 〈향산별곡〉을 통해 본 19세기 초 민란가사의 한 양상 · 44

1. 문제제기 …… 44
2. 〈향산별곡〉에 나타난 현실비판 의식 …… 49
3. 19세기 초 민란가사의 한 양상 …… 62
4. 마무리 …… 69

제3장 〈덴동어미 화전가〉의 세계인식과 조선후기 몰락 하층민의 한 양상 …… 72

1. 머리말 …… 72

2. 덴동어미의 몰락과정과 하층민적 삶 ······ 75
3. 〈덴동어미화전가〉의 서사구조와 세계인식 ······ 84
4. 〈덴동어미화전가〉의 문학사적 위치－결론에 대신하여 ······ 94

제4장 영조조(英祖朝)의 유배가사 연구 ······ 97
－〈속사미인곡〉과 〈북찬가〉를 중심으로－

1. 문제제기 ······ 97
2. 당대의 정치 상황과 작품 분석 ······ 99
3. 〈속사미인곡〉, 〈북찬가〉와 유배가사의 흐름 ······ 117
4. 마무리 ······ 121

제2부
조선후기 시조의 변모 양상

제1장 조선후기 사대부 시조의 변모 ······ 125

1. 문제제기 ······ 125
2. 자연관의 변화 ······ 127
3. 다양한 애정 형상 ······ 136
4. 현실비판의 방향 ······ 145
5. 마무리 ······ 151

제2장 조선조 시조에 나타난 자연관의 변모 양상 ······ 154

1. 문제제기 ······ 154
2. 혼탁한 정치현실과 대립되는 심성수양의 공간
－형성기의 강호시조 ······ 156

3. 구체적 일상과 노동의 공간 – 전환기의 강호시조 ………… 164
4. 선택되어진 은둔의 공간 – 후기의 강호시조 ………… 170
5. 평등과 자유의 공간 – 여항인의 강호시조 ………… 175
6. 맺음말 ………… 178

제3장 시조에 나타난 자연물 이미지의 변모 양상 ………… 180

1. 문제제기 ………… 180
2. 식물 이미지의 구현 양상 ………… 182
3. 동물 이미지의 구현 양상 ………… 192
4. 동식물 이미지 변모의 의미 ………… 201

제4장 취락(醉樂) 시조의 여러 모습 ………… 203

1. 문제제기 ………… 203
2. 술 마시는 즐거움 ………… 206
3. 풍류의 동반자 ………… 215
4. 삶의 위안물 ………… 226
5. 맺음말 ………… 235

제3부
작품을 통해 본 조선후기 지역사회

제1장 포천 〈금수정(金水亭)〉을 중심으로 한 누정문학 연구 · 239

1. 문제제기 ………… 239
2. 〈금수정〉의 건립과 문인들의 교류 ………… 242

3. 〈금수정〉과 문학작품 ………… 258
4. 마무리 ………… 270

제2장 경산 이한진(京山 李漢鎭)의 풍류와 문학 ………… 273

1. 머리말 ………… 273
2. 명사들과의 교유와 풍류 생활 ………… 275
3. 이한진의 문학 ………… 282
4. 마무리 ………… 293

제3장 송사형(訟事型) 우화소설의 인물형상과 조선후기 향촌사회의 변모 ………… 295

1. 조선후기 사회변화와 요호부민(饒戶富民)의 등장 ………… 295
2. 우화소설에 형상화된 요호층 ………… 300
3. 작품에 따른 인물 성격의 차이 ………… 312
4. 마무리 ………… 317

참고문헌 … 320
찾아보기 … 326

제1부

가사작품과 조선후기 사회

제1장
20세기 초 서양 기행 가사의 작품세계

1. 문제제기

이 글은 20세기 초에 창작된 서양 기행 가사인 〈셔유견문록〉과 〈해유가〉를 대상으로 하여, 그것들의 형식적·내용적 특징을 구명하고 그 작품세계를 이해하는 것을 목표로 한다.

〈셔유견문록〉은 이종응(李鍾應, 1853-1920)이 1902년에 순 한글로 지은, 422행에 달하는 장편 기행가사이다. 작자는 에드워드 7세의 대관식에 파견된 대한제국의 사절단에 의양군(義陽君) 이재각(李載覺) 특명대사의 수행원 자격으로 영국에 다녀오게 되었는데, 지구를 한 바퀴 돌아오는 여정과 영국에 머물 때의 견문을 가사로 지었다. 〈해유가(海遊歌)〉는 영남의 선비인 김한홍(金漢弘, 1877-1943)이 1903년부터 5년 동안 국내여행에 이은 미국 하와이와 샌프란시스코에서의 생활 체험을 기록한 가사이다. 필사본으로 전하며 국한문 혼용체로 471행이나 되는 장편인데, 작자가 귀국하여 국내에 살 때인 1908년 이후에 창작한 것으로 추측된다. 한편, 〈셔유견문록〉과 〈해유가〉의 작자는 모두 한문으로 된 여행기록을 동시에 남기고 있는 바, 〈서사록(西槎錄)〉과 〈서양미국

노정기(西洋美國路程記)〉가 그것이다. 한문으로 된 여행기와 한글로 된 가사를 동시에 기록한 것은 조선시대 사대부들의 전례에서도 종종 발견되는 일이다.

이 두 작품은 격변기인 대한제국 시대의 서양 견문 가사로서 주목할 만한데, 이들에 대한 연구는 이제 시작 단계라 할 수 있다. 김원모가 이종응이 지은 〈셔유견문록〉과 〈서사록(西槎錄)〉을 해제(解題)하고 주석과 번역 작업을 수행했다.[1] 박노준은 〈해유가〉를 소개하고 그 내용을 검토했으며,[2] 이어 〈서양미국노정기(西洋美國路程記)〉를 소개 번역했다.[3] 최강현은 〈해유가〉의 주석 작업을 수행했다.[4] 이들은 작자에 대한 소개, 작품의 서지와 내용에 대한 검토와 주석 등 기초적인 작업을 수행함으로써 이후의 본격적인 작품 연구에 바탕을 제공했다. 이 글도 이들의 기초 연구에 많은 부분을 의지하고 있음을 밝혀둔다.

본격적인 작품 연구는 현재 세 편의 논문이 보고되었다. 박노준은 〈해유가〉와 〈셔유견문록〉을 비교 고찰했고, 김상진[5]은 〈셔유견문록〉이 서구 세계의 '화려하고 경이로운 경물'과 '낯설고 이국적인 인물과 풍물'을 체험하고 그에 따른 문화적 충격을 그려냈으며 '작자가 무엇보다도 조선의 근대화를 강렬하게 열망하고 있다'고 했다. 최현재[6]는

1) 김원모, 「李鍾應의 『西槎錄』과 『셔유견문록』 解題·資料」, 『동양학』 32, 단국대 동양학연구소, 2000, 127-183쪽.
2) 박노준, 「「海遊歌」(一名 西遊歌)의 세계인식」, 『한국학보』 64, 일지사, 1991, 194-239쪽.
3) 박노준, 「「해유가」와 「셔유견문록」 견주어 보기」, 『한국언어문화』 23, 한국언어문화학회, 2003, 127-162쪽.
4) 최강현, 『기행가사자료선집』 1, 국학자료원, 1996, 452-475쪽.
5) 김상진, 「李鍾應의 〈셔유견문록〉에 나타난 서구 체험과 문화적 충격」, 『우리문학연구』 23, 우리문학회, 2008, 35-65쪽.

〈해유가〉에 나타난 자아인식과 타자인식을 고찰하여, '작자는 미국사회의 심층부까지 속속들이 그 특장점 만을 드러내어 칭송'하고 있는데 이것은 곧 '서양 중심적 세계관의 발현이자 서양우월주의의 감염'이고 '한국인의 이상적인 공간이 중국에서 일본 및 서양으로 전이된 것'이라고 주장했다. 결국 '작자는 근대계몽기의 지식인들 사이에 크게 유행했던 '사회진화론'의 강력한 자장 안에서 위치했다'고 결론지었다.

이상의 선행연구들은 두 작품을 이해하는 데 많은 도움을 주고 있으나 이로써 작품 이해가 완전해졌다는 것은 아니다. 최현재의 경우 〈해유가〉의 작자가 서양을 어떻게 인식했는지에 초점을 맞추었으며, 김상진은 〈셔유견문록〉의 전반적인 내용 해설에 치중하고 있고, 박노준은 두 작품의 견문 내용을 비교하는 데 중점을 두고 있다. 모두 작품의 한 측면을 특화해서 검토하고 있는데 작품의 본질적인 이해에 접근하기 위해서는 이처럼 다양한 측면에서 특화된 연구들이 축적되어야 한다. 이런 관점에서 본고는 기존 연구에서 간과하고 지나간 부분들에 대해 검토 분석하여 두 작품의 이해에 도움이 되고자 한다. 그리고 20세기 초라는 시간적으로 비슷한 시기에 창작된 서양 기행 가사라 해도 두 작품은 기행의 동기, 견문의 내용, 그리고 서술 방식 등에서 많이 다르다. 따라서 두 작품을 동일선상에 놓고 비교하기보다는 각 작품의 특징을 개별적으로 살펴보는 작업이 우선적으로 필요하다.

〈셔유견문록〉은 우선 그 표현 형식에서 재미있는 점이 발견된다. 견문한 내용의 서술도 '보여주기'의 측면에 치우친 느낌이 있다. 이 글

6) 최현재, 「미국 기행가사 〈海遊歌〉에 나타난 자아인식과 타자인식 고찰」, 『한국언어문학』 58, 한국언어문학회, 2006, 153-177쪽.

에서는 이러한 특징들을 분석하고 그렇게 된 배경을 검토하기로 한다. 한편 〈해유가〉의 경우에는 국내 기행을 서술한 부분이 작품의 절반 가량을 차지하고 있어서 국내 기행 부분을 무시하고서는 이 작품을 제대로 이해할 수 없다. 따라서 여기서는 국내 기행 부분을 자세하게 검토하기로 한다. 아울러 〈해유가〉의 서양 견문 부분은 이국 풍물의 표면적 묘사보다는 사회 제도와 사람살이에 관련된 서술이 중요하므로 이에 대해서도 분석해보기로 하겠다.

2. 〈셔유견문록〉 — 사행가사의 20세기적 변형

〈셔유견문록〉은 새로운 세계에 대한 견문의 기록이지만 그 표현 형식이나 내용의 전개 방식은 이전 시기의 가사들과 많이 닮아 있다. 구체적으로 살펴보자.

1) 전통 대중 시가의 표현 형식 차용

먼저 형식 및 표현상의 측면을 검토해보자. 이 작품의 표기상 가장 큰 특징은 순 한글로 쓰고 어려운 단어는 별도의 설명을 붙이고 있는 점이라 할 수 있다. 예를 들면 "광무황뎨 사십츄에 [우리인군 등극하신지 ᄉ십년] 만국통화 시졀일셰 [셔로 친하단 말]"[7] 같은 방식이다. 이런 서술 방식은 이 작품이 한문을 모르는 층을 주 독자층으로 삼았기 때문으로 보인다. 작자인 이종응은 대관식 사절단으로 다녀온 견문 내용을 이미

7) 〈셔유견문록〉 1행. 김원모, 앞의 논문, 169쪽에서 인용.

한문으로 작성한 바 있다. 〈서사록(西槎錄)〉이 그것으로 서문에 "이 책을 집안에 비치해서 집안 청년들이 이를 열람해보고 그 당시의 장관과 고생스러움이 어떠했는가를 알게 할 뿐이다"[8]고 하여 미래의 독자들을 상정하고 있다. 이처럼 집안 청년들에게 자신의 견문을 들려줄 기록을 이미 만들어 놓고도 순 한글로 된 가사를 다시 지은 것은 작자가 집안의 부녀자층을 잠정 독자로 상정한 것으로 추측할 수 있다. 이것은 19세기 중반에 홍순학(洪淳學, 1842-1892)이 지은 〈연행가〉와 흡사하다. 〈연행가〉는 "모친훈번 감훈시기 쇼즈의 위로로다"[9]는 구절로 마무리하여 작자가 이 작품을 모친 등 부녀자들이 보게 하기 위해 지었음을 확실히 하고 있다. 〈셔유견문록〉의 표기상 특징인 순 한글체와 별도의 주석도 이런 맥락에서 이해함이 무난할 듯하다.

또한 〈셔유견문록〉은 대중적인 표현을 많이 쓰고 있다. 서민적인 가사나 잡가, 민요 등에 나옴직한 표현 방식이 자주 등장한다. 몇 가지만 살펴보자.

> 나넌가네 나넌가네 쳔이만니 영국가네 (…)
> 더듸도다 더듸도다 십삼일 지리훈다[10]

> 보고지고 보고지고 님의 얼굴 보고지고.
> 걸렸구나 걸렸구나 일등춘향이 걸렸구나[11]

---

8) 같은 책, 133쪽.

9) 홍순학, 〈연행가〉(강전섭 소장 필사본). 임기중, 『역대가사문학전집』 26권, 여강출판사, 1992, 131쪽에서 인용.

10) 〈셔유견문록〉 30행과 60행이다. 김원모, 같은 책, 170-171쪽에서 인용. 앞으로 〈셔유견문록〉의 인용은 이 논문에서 하고 인용문 말미에 행 수만 기재한다.

인용문 앞의 두 줄은 〈셔유견문록〉의 일부이고 뒤의 두 줄은 잡가인 〈청춘과부곡〉과 〈형장가〉의 일부이다. 인용한 부분들이 모두 동일구의 반복을 통해 일정한 리듬을 획득하고 있는데, 이런 표현 방법은 "의미와 관계없이 단어가 병렬되어 형식미를 형성하는 (……) 소위 'aaba'식 병렬구조"이다. 이 병렬구조는 민요·잡가·판소리 사설 등 서민적 노래에 두루 쓰이는 익숙한 표현 방식이다.[12]

아울러 그 리듬에서도 잡가의 그것과 유사한 부분이 보인다.

> 이골물 폭포슈 져골물 폭포슈 열에 열골물 폭포슈 한듸 합드려 흘너 이리로 탕탕 져리로 탕탕 쳔방자 지방자 월편 병풍셕 탕탕 치난 소릐 산곡이 응셩이라 (73-76행)

> 층암 절벽샹에 폭포슈은 콸콸 슈졍렴 드리온듯 이골물이 주루루룩 져골물이 쌀쌀 열에 열골물이 한듸 합수하야 쳔방져 디방져 소코라지고 펑퍼져 (…) 져건너 병풍셕으로 으르렁 콸콸 흐르는 물결이[13]

〈셔유견문록〉의 73-76행은 작자 일행이 캐나다 대륙을 횡단하기 위해 벤쿠버에서 퀘벡까지 기차를 타고 가는 도중의 산천경개를 묘사한 부분이다. 인용문의 뒷부분은 19세기 대표적인 잡가 〈유산가〉에서 가져왔다. 이 두 인용문은 골짜기의 물들이 힘차게 흐르고 합쳐져 폭포를 이루기도 하는 장관을 묘사하고 있다. 이를 위해 동원된 단어들과 실감나는 의성어의 사용, 그 표현 방식이나 리듬이 서로 구분할 수 없을

11) 김문기, 『서민가사연구』, 형설출판사, 1983, 144쪽에서 재인용.

12) 이에 대해서는 김문기, 위의 책, 144-145쪽 참조.

13) 〈유산가〉 부분. 정재호, 『한국잡가전집』 1, 계명문화사, 1998, 236쪽.

정도로 흡사하다. 〈셔유견문록〉이 4음보 1행이라는 가사의 기본 율격을 무시하고 잡가적 리듬과 표현 방식을 부분적으로 도입한 것은 대상을 눈앞에 보듯이 생생하게 묘사하기 위함이다.

이처럼 잡가적 표현 방식을 도입하는 데서 더 나아가 아예 민요의 구절을 차용한 대목도 있다.

> 다라다라 발근다라 우리문졍 비친다라
> 다라다라 발근다라 우리부모 안녕헌가
> 다라다라 발근다라 우리쳐자 잘잇던가
> 다라다라 발근다라 소식잠간 젼하여라 (247-250행)

런던에서 사절단으로서의 공식 일정을 마친 후에 정신적 여유가 생기자 고향 생각이 나서 'ᄀᆡᆨ회(客懷)'를 토로하는 부분이다. '달노래'라고 할 수 있는 일련의 민요들은 하늘에 떠 가는 달의 공간적 초월성에 착안하여 시적 화자와 떨어져 있는 대상에게 어떤 일을 부탁하는 내용이 주를 이룬다.[14] 위에 인용한 부분도 이러한 '달노래'의 문법을 충실하게 지키면서 '다라다라 발근다라' 부분을 후렴구처럼 사용하여 민요적 리듬감을 살리고 있다.

지금까지 검토한 것처럼 〈셔유견문록〉은 서민적인 가사나 잡가·민요 등에서 볼 수 있는 표현 방식을 많이 구사하고 있다. 이는 작자가 평소에 대중적이고 서민적인 장르를 많이 접하여 그것에 익숙했다는 증거가 될 수 있다. 18세기의 유배가사인 〈만언사〉에도 서민가사나 민

---

14) 참고로 고정옥, 『조선민요연구』, 수선사, 1949에는 '달아달아'로 시작하는 민요 다섯 수가 실려 있는데 그 가운데 네 수가 달에게 부탁하거나 기원하는 노래이다.

요에서 볼 수 있는 표현들이 자주 등장한다. 최상은은 이런 현상의 원인을 대전별감 출신인 작자 안조원이 '사대부의 풍류를 즐길 줄도 알고 당시에 만연되어 있던 중인들의 유흥에도 동참'했던 데서 찾고 있다.[15) 이러한 추론은 〈셔유견문록〉에도 적용될 수 있다. 작자인 이종응은 왕족인 전주 이씨였지만 무반이었으며 시종원(侍從院) 시어(侍御)가 그의 유일한 벼슬이었다.[16) 따라서 그는 도학자적인 정서와는 거리가 있을 수 있으며, 그가 활동했던 19세기 말에서 20세기 초의 시기는 서양의 새로운 문물이 들어오고 잡가 같은 대중적 문화가 크게 유행하던 때였으므로, 대중적이고 서민적인 문학이나 예술에 접할 기회가 많았을 것이다. 〈셔유견문록〉에 자주 등장하는 '서민적인 가사나 잡가·민요 등에서 볼 수 있는 표현 방식'은 이런 맥락에서 이해할 수 있을 듯하다. 그리고 그가 이 가사의 주 독자층으로 생각했을 한문을 모르는 부녀자층이 잡가와 민요 같은 대중적인 노래에 친숙했기 때문에 그들의 정서에 맞게 표현했을 가능성도 생각해볼 수 있다.

2) 견문 내용의 상세한 보여주기

이제 〈셔유견문록〉의 내용적 특성을 검토할 차례이다. 첫 번째 특징으로 사신 행차에 대한 자부심이 자주 드러나는 점을 꼽을 수 있다.

– 새문밧 썩나셔셔 졍거장 다다르니 / 상등기차 대령ᄒᆞ고 만조백관 친

---

15) 이에 대해서는 최상은, 「유배가사의 보수성과 개방성-〈만언사〉와 〈북천가〉를 중심으로」, 『어문학연구』 4집, 상명여자대학교, 1996, 104-109쪽 참조.

16) 이종응의 신상에 대해서는 김원모, 앞의 논문 127쪽을 참조했다.

척고구 / 타국공사 영사등이 차려로 젼송하니 / (…) / 호기롭다 호기롭다 사신행차 호기롭다 (17-21행)

- 상등여관 사쳐하니 공괴범졀 거룩하다 (47행)
- 여관숙소 하연후에 화륜거에 올나보니 / 봉명사신 대졉으로 특별거가 분명하다 (63-64행)
- 장녜경이 영졉하고 황실마차 등대로다 / (…) / 황실마차 근본듯소 영황타는 슈레로다 (121-123행)
- 졔사상은 태자비 쥬셕하고 각국사신 둘너안져 / 우리좌차 어딜런고 태자비와 겸상이라 / 영화로다 영화로다 봉명사신 영화로다 (235-237행)

'상등기차'·'상등여관'·'특별거'·'황실마차' 등 이동 수단마저도 특별함을 강조하고, '만조백관'·'타국공사 영사' 등이 나와 전송하니 사신 행차가 '호기'로우며, 영국 황실의 잔치에서 네 번째 좌석에 태자비와 같은 테이블에 앉으니['겸상']하니 '영화'라 한다. 국가를 대표하는 외교사절['봉명사신']로서 어느 정도 자부심을 가지는 것은 당연하지만 그 자부심이 특별 대접을 강조하는 것으로만 표현할 수 있는 것은 아닐 터이다. 또한 화려하고 고급스러운 여행을 강조하는 것은 새로운 세계에 대한 견문을 기록하는 데에 본질이라고는 할 수 없다. 그런데도 작자는 왜 이런 식의 표현을 계속하고 있는 것일까? 작품의 내용을 좀 더 검토해보자.

두 번째 특징으로 여행 과정과 영국 체류시에 접하는 근대적인 풍물들을 마치 눈앞에 펼쳐 보이듯이 생생하게 묘사하고 있는 점을 들 수 있다. 〈셔유견문록〉은 선진화된 교통수단이라든가 화려하고 경이로운 경물, 그리고 낯설고 이국적인 풍물들에 대해서 신기하고 놀라운 시선으로 세세하게 묘사하고 있다. 이 사실은 김상진이 자세히 다룬 바 있으니 여기서는 두 장면만 검토하기로 한다.

먼저 영국에서 동물원을 구경하는 대목이다. 호랑이며 사자며 코끼리·곰 등의 큰 짐승부터 구렁이까지, 그리고 공작·앵무새에서 까치에 이르기까지, 동물원에 수용된 갖가지 동물들을 열거해 놓았다. 독자들로 하여금 동물우리를 하나씩 지나가며 구경하는 느낌을 갖게 한다. 수정궁에서 '불노리'를 구경하는 대목은 더욱 실감나게 묘사하고 있다.

> 일셩포양(一聲砲響) 나는 곳에 승긔젼(神機箭)이 올나간다
> 산악을 흔드난듯 강하가 끌넌듯시
> 예셔도 탕탕 졔셔도 탕탕 그져 탕 쏘 탕탕
> 안식(安息)ᄒᆞ다가 쳥쳔 반공즁에 오식비가 나리난듯 쏘 씩식 탕탕
> 이 쳔지가 모도 다 불쳔지라 연념(煙焰)이 창쳔(蒼天)
> 혹 목단화상(牧丹花上)에 호접이 왕ᄂᆡᄒᆞ며 풍악이 진동
> 혹 쳔장졀벽에 폭포슈 나리 쏫치난 모양도 되고
> 최말(最末)의난 영황(英皇) 영후(英后) 완연히 안진 모양도 되니
> 신긔도 하고 이상도 ᄒᆞ거이와 그져 두 눈 캉캄 귀가 먹먹
> 쳐음 보지 쳐음 보지 불노리론 쳐음 보ᄂᆡ (257-266행)

앞에서 검토한 캐나다 산곡의 물과 폭포를 묘사한 대목과 흡사한 리듬감을 살린 이 대목은 마치 눈앞에서 불꽃놀이 장면을 보는 듯한 실감을 준다. 적절한 비유와 의성어의 사용, 리듬감을 살리기 위한 가사의 기본 음보율 무시, 인용문 마지막 행에서 독백하는 듯한 놀람의 반복과 감탄 표현 등은 잡가나 판소리의 한 대목을 연상시키며 불꽃놀이의 현장감을 더하는 기능을 하고 있다.

이처럼 호화로운 여행을 강조하고 동물원과 불꽃놀이 구경 등 신기한 풍물들을 상세하게 묘사하는 것은 독자를 위한 배려로 생각할 수 있다. 작자가 이미 한문으로 된 여행기를 작성했으므로 순 한글로 기록한 이 가사의 독자는 한문을 모르는 계층, 특히 부녀자층일 가능성이 높음은 앞서 언급했다. 외부 세계의 풍물을 접할 기회가 드문 부녀자층의 호기심 충족과 읽는 재미를 위해 작자는 호화로운 여행을 강조하고 신기한 풍물들에 대해 상세하고도 실감나는 묘사를 한 것이다.

사대부들이 지은 가사(특히 기행가사류)에서 부녀자층 독자를 위한 이러한 서술 방식은 종종 발견된다. 〈연행가〉의 경우는 이미 언급했거니와, 유배 생활 중에 일어난 기생과의 로맨스를 상세하게 서술하는 파격으로 연구자들의 주목을 끈 김진형(金鎭衡, 1801–1865)의 〈북천가〉도 '안방 여자들을 대상으로 흥미 위주의 파격거리를 마련하기 위'[17]하여 창작했다고 한다. 실제로 김진형은 유배생활을 한문으로 기록한 〈북천록〉을 남기고 있으며[18] 가사 〈북천가〉는 "부녀들 보신후의 후ᄉᆡᆼ의난 남ᄌᆞ되여 ᄂᆡ노름 ᄒᆞ기ᄒᆞ소"[19]라는 구절로 마무리되어 있어 이런 사실을 짐작케 한다. 1970년대에 경북 북부지방의 여성 독자를 대상으로 한 조사에서 〈북천가〉는 〈도산별곡〉과 〈추풍감별곡〉에 이은 3위의 열독률을 보였는데,[20] 이러한 인기의 배경은 〈북천가〉에 묘사된 기생

---

17) 최상은, 앞의 논문, 120쪽.

18) 이에 대해서는 김시업, 「북천가연구 -북천록과의 비교고찰을 통하여-」, 『성대문학』 19집, 1976.이 참고가 된다.

19) 〈북천가〉(임기중 소장 필사본), 임기중, 앞의 책, 24권, 181쪽.

20) 이원주, 「가사의 독자 -경북 북부지역을 중심으로-」, 『조선후기의 언어와 문학』, 형설 풀판사, 1980, 150쪽. 조사 대상 54명 가운데 〈도산별곡〉을 읽은 사람이 28명, 〈추풍감별곡〉을 읽은 사람이 24명, 〈북천가〉를 읽은 사람은 23명이었다.

군산월과의 파격적인 로맨스가 아닐까 싶다. 그리고 홍순학의 〈연행가〉에도 서울에서 의주까지의 여정을 서술한 부분에 사신행차에 대한 도도한 자부심이 드러나 있고 북경에서 견문한 다양한 풍물들에 대해 눈앞에 펼쳐 보이듯이 상세하게 열거·묘사하고 있는 바, 이것 역시 같은 맥락에서 이해할 수 있다. 요컨대 부녀자층은 이런 가사를 읽으면서 대리 경험과 대리 만족을 할 수 있는 것이다. 〈셔유견문록〉은 이런 점에서 전대 기행가사의 전통을 이어받고 있다. 아울러 이 작품이 잡가나 민요 같은 대중적 노래의 표현 방식을 많이 차용한 사실도 부녀자층 독자를 염두에 두었기 때문임을 앞에서 언술했다.

3) 변형된 화이관(華夷觀)

한편 〈셔유견문록〉은 서구의 근대적 풍물에 대해서는 긍정적이고 찬탄 일변도로 서술하고 있는 반면에 비 서구권에 대한 서술은 지나치게 부정적이다.

> 아졍항에 도박하니 대완국이 분명하다 / (…) / 흑인죵 거생지라 흑인죵 출쳐 듯소 / 얼골검고 몸도검어 옷칠한 모양이니 / 일신에 의복업시 평생을 벗고살지 / 모양이 녕악하고 심슐이 흉영하야 / 흑귀자 흑귀자 이거시 흑귀자라 / 동양사람 만나보면 간간히 음해하네 / 어려셔 드른말을 잇따에셔 보리로다 (313-321행)
>
> 밧븨밧븨 행션하야 셕난도에 다다르니 / 이따히 어디메요 흑인죵에 거지로다 / 이곳풍속 볼작시면 활작버신 검운살에 / 머리도 깍거시며 북상토도 트러난데 / 손목에난 금환이요 발목에난 은환일셰 / 여인모양 볼작시면 개개히 귀에 고리 / 그즁에 졀도할일 두 코구녁 치뚜러셔

/ 금장식 은장식은 우습고 이상하다 (342-349행)

귀국길은 도버 해협을 건너 기차를 타고 이탈리아로 가서 다시 배를 타고 수에즈 운하를 통과하여 인도양을 지나 상해를 거치는 노정이었다. 인용문의 앞부분은 남 예멘의 아덴 항구에 도착하여 잠시 쉬는 중에 관찰한 아랍인들에 대한 서술이다. '영악·흉영·흑귀자·음해' 등 주관적이고 부정적인 단어로 점철되어 있다. 마지막 행을 고려하면 이전에 중국과 서역 세력의 전쟁에 대한 선입견이 이들에 대한 부정적인 인식으로 귀결되었을 수도 있겠다. 그러나 '만국통화(萬國通和) 시절'(1행)에는 어울리지 않는 인식이 아닐 수 없다. 두 번째 인용문은 콜롬보(오늘날의 스리랑카) 사람들을 묘사한 것이다. 주로 의복과 몸 장식에 관해 비웃는 듯한 시선으로 일관하고 있다. 귀고리는 영국 여자들도 하고 있었을 것이고, 이들처럼 극단적이지는 않지만 서양 여자들의 옷차림도 조선의 관점에서는 충분히 당혹스러웠을 것이다. 또 연회에서 외간 남녀가 껴안고 춤을 추는 풍속은 어땠을까? 그러나 작자에게 서양 여자들은 '여월여화(如月如花) 미인'(130행)으로 인식된다. 아랍과 인도 사람들에 대한 작자의 인식은 검은 피부로 상징되는 야만[오랑캐]이 아니었을까?

작자가 한문으로 쓴 〈서사록〉 7월 19일자에는 아덴 항에 도착한 사실이 건조하게 서술되어 있다. 바다 위를 나는 물고기[飛魚]와 더운 날씨, 지정학적 위치의 중요성 등을 언급했을 따름이다. 그리고 7월 25일자에는 콜롬보에 입항한 사실이 기록되어 있다. 거의 알몸으로 다니는 토착민들에 대한 감정이 개입되지 않은 객관적 서술, 그 지방의 특산물, 마차를 세내어 근처의 불교 사원에 다녀온 일에 대한 언급 등이 전부이다.[21] 이처럼 객관적 사실만을 건조한 문체로 서술한 〈서사록〉과, 위에서 보았듯이 부정적인 측면을 강조해 묘사한 〈셔유견문록〉의 차이는 어떻게 해석해야 하는가? '기록'과 '문학'이 가지는 서술 방식의 차이에서 말미암은 것도 있겠지만 실제로는 작자가 이 가사의 독자로 상정한 부녀자층의 호기심 충족 및 흥미 유발을 위해 특징적인 한 부면을 확대 과장해서 묘사한 것이 아닌가 생각된다. 그렇다고 해도 아랍인과 인도인에 대한 작자의 부정적 인식이 없다는 것은 아니다. 대상에 대한 부정적 인식은 공식적인 기록보다는 사적인 글에 더욱 잘 드러나는 법이기 때문이다.

서양인과 아랍·인도인에 대한 극단적인 인식의 편차는 '문명'과 '미개'에 대한 작자의 의식과 연결될 터인데, 이와 관련하여 재미있는 선례가 있다.

> 큰길의 양귀ᄌᆞ놈 무상 왕ᄂᆡᄒᆞ네 / 눈골은 움쑥ᄒᆞ고 코마로ᄂᆞᆫ 우둑ᄒᆞ여 / 머리털은 발간거시 곱실곱실 양피갓고 / 긔골은 팔척장신 의복도 고이ᄒᆞ다 / (…) / 계집들을 볼작시면 더구나 흉괴ᄒᆞ다 / 뚱뚱ᄒᆞ고 크다ᄒᆞᆫ년 살빗츤 풀루죽죽 / 머리쳐네 갓튼거슬 뒤로크계 드러쓰고 / 쥬름잇ᄂᆞᆫ 긴치마을 영뎅치의 휘두루고 / 네닷셧식 ᄯᅦ을지여 훼젹훼젹 가ᄂᆞᆫ고나 / ᄉᆡᆨ기놈들 볼만ᄒᆞ다 다팔다팔 발간머리 / (샛노란 둥근 눈깔 원숭이 새끼들과 -필자 보정) / 천연이도 흡ᄉᆞᄒᆞ다 졍영이 짐ᄉᆡᆼ이요 / ᄉᆞ람종ᄌᆞ 아이로다 져려틋 인괴요물 / 침노아국 되단말가[22]

---

21) 김원모, 앞의 논문, 162-163쪽 참조.

22) 〈연행가〉. 임기중, 앞의 책 26권, 120-121쪽.

〈연행가〉의 일부이다. 북경의 거리에서 만난 일단의 서양인들에 대해 적개심을 가지고 그들의 외모와 차림새 등을 묘사하고 있다. 홍순학은 1866년 4월에 서울을 출발하여 북경에서 임무를 마치고 7월 18일에 북경을 출발했다. 당시 조선은 쇄국정책을 하던 시기였는데, 1866년 7월, 미국 상선 제너럴 셔먼 호가 대동강을 따라 평양에 이르러 통상을 요구하자 평양 군민(軍民)들이 화공(火攻)으로 불태워 버린 사건이 있었다. 그즈음 홍순학은 북경에서 중국 관리들의 초청으로 만찬 모임을 가지던 중에, 황낭중(黃郎中)이 필담으로 '양귀자(洋鬼子)가 귀국을 침노했다'는 정보를 알려주어 부랴부랴 모임을 파하고 숙소로 돌아오던 길에서 서양 사람들을 만난 것이다. 인용문의 마지막 행은 그 사실을 말하고 있다. 당시의 중국도 아편전쟁 등 서양 세력의 침략에 시달리던 터라 조선의 외교 정책에 공감하는 바가 있었을 것이다.

서양인들에 대한 인식이 불과 40년 만에 '인괴요물(人怪妖物)'에서 '여월여화(如月如花) 미인'으로 완전히 뒤바뀐 사실이 참으로 흥미롭다.

이상으로 〈셔유견문록〉의 표현 형식과 내용상의 특성에 대해 검토해보았다. 그 표현 방식에서 잡가나 민요 같은 대중적 노래와 유사한 점이 있음을 살폈고, 부녀자층 독자를 위해 창작한 〈북천가〉나 〈연행가〉 등과 상통하는 부분이 있음도 검토했다. 〈셔유견문록〉은 근대적 문물을 찬탄하고 있다. 일본·캐나다·영국의 근대적 풍물(기차, 배, 도로, 건물, 동물원, 백화점, 불꽃놀이 등 기타 풍속)에 대해서는 감탄 섞인 서술을 하는 반면에, 아랍이나 인도에 대해서는 부정적으로 묘사하고 있다. 이것은 조선시대 사대부들이 중화(로 상징되는 문명)를 찬탄하고 오랑캐(로 상징되는 미개)를 멸시하던 전통적인 화이관(華夷觀)과 흡사한 측면이 있다. 이런 점들을 감안하면 〈셔유견문록〉은 견문의 대상을 제외하고는, 그 표현 형식이나 내용, 그리고 작자의 세계인식의 성격 등에서 조선조 시가의 전통을 충실히 계승한 '조선시대 사행가사의 20세기적 변형'이라고 말할 수도 있겠다.

한 가지 덧붙이자면 〈셔유견문록〉이나 〈서사록〉에는 단지 외국에서 견문한 풍물에 대한 보여주기 식의 서술만이 있을 뿐 당대의 국제 정세나 조선의 현실과 미래에 대한 진지한 모색과 고민이 보이지 않는다. 박노준은 이에 대해 작자가 꽉 짜인 일정에 "반접관(伴接官)과 장례경(掌禮卿)의 안내에 따라 제한된 장소만을 시찰하"다 보니 "그 나라의 풍속과 제도, 서민들의 삶의 모습 등과 같은 것은 접할 기회조차 없었으니 영국의 내면세계가 그의 붓끝에서 소개되기는 불가능한 일"[23)]이라고 하며 새로운 세계에 대한 겉면 묘사만으로도 평가할 만하다고 했다. 그러나 〈서사록〉에 따르면 사절단 일행은 6월 6일에 도착해서 7월 7일까지 한 달 동안 런던에 머물렀다. 그저 날씨만 기록한 날이나 주영 한국 공사관에 두 시간 정도 다녀온 일만 기록한 날도 꽤 된다. 꽉 짜인 일정만은 아니라는 말이다. 물론 그 사회의 내면을 이해하는 데는 의사소통의 문제 등으로 상당한 어려움이 있었겠으나, 화려한 문물을 가능케 한 사회 제도와 이러저러한 사람살이의 모습에 대한 언급이 없는 것은 아쉬운 점이라 아니할 수 없다.

---

23) 박노준, 앞의 논문 138쪽 참조.

3. 〈해유가〉 – 향촌 선비의 세상 경험

이 글의 서두에서 언술한 것처럼 〈해유가〉는 김한홍이 지은 장편 기행가사이다. 경북 영덕에 살던 시골 선비 김한홍은 26세 되던 1903년 9월 하순에 고향을 뛰쳐나와 서울, 진주 등을 떠돈 뒤 이듬해 2월 초순에 일본을 거쳐 미국 하와이로 가서 생활하게 된다. 이후 샌프란시스코로 이주하여 살다가 1908년 9월 초순에 귀국하여 영남지방을 유람한 뒤 고향으로 돌아온다. 5년 여에 걸쳐 시골 선비가 바깥세상 경험을 한 셈인데 이 바깥세상의 경험을 가사로 기록한 것이 〈해유가〉이다. 창작 연대는 확실하게 밝혀져 있지 않다. 또 한문으로 지은 〈서양미국노정기〉도 있다. 이것은 부산을 출발하여 일본을 거쳐 하와이에 도착하기까지의 여정과 하와이의 지리, 생활 풍속, 사회 제도 등을 기록한 것이다.

〈해유가〉는 국한문 혼용체로 쓴 총 471행의 장편으로 이 가운데 국내에서의 여정을 서술한 부분이 237행이고 해외에서의 여정을 서술한 부분이 234행이어서 국내와 해외 부분이 반반 정도의 분량을 차지하고 있다. 차차 밝혀지겠지만 작자가 처음부터 미국행을 목표로 한 것이 아니었기 때문에 국내 여정을 서술한 부분도 중요한 의미를 지니고 있다. 따라서 이 글에서는 작자의 여정을 따라가면서 작품 세계를 검토하도록 한다. 작품을 검토하기 전에 전제해야 할 점은 작자가 자신이 처한 현실의 구체적인 문제들에 대해서는 생략하거나 우회적으로 서술하고 있다는 사실이다. '고가세족(古家世族)의 후예(後裔)'인 작자의 사대부적 명분 의식 때문이겠으나 이런 서술 태도로 인하여 선행연구에서는 작품내적 현실의 실상을 간과한 부분이 있었다. 그러므로 여기서는 명분으로 포장된 언술 뒤에 숨어있는 현실을 끌어내는 데 중점을 두어 검토하도록 하겠다.

1) 여행의 동기 – 취업

작품의 서두는 자신의 처지에 대한 탄식으로 시작한다.

> 초당에 ᄒᆞᆫ자 누워 자가사(自家事)를 생각ᄒᆞ니 / 심신니 묵란(黙亂)ᄒᆞ고 의사가 불평ᄒᆞ다 / 나도ᄉᆞ 이를 망명 사부굴택(士夫窟澤) 영이남에 / 고가세족(古家世族) 후예로서 연령 장근 삼십토록 / 사업니 무어시며 행색니 무어신가[24)]

사족들이 모여 산다는 영남의 유서 깊은 집안의 후손으로서 하는 일 없이 허송세월하는 것이 편치 않다는 것이다. 이어 집안의 명성을 잇지도 못하고 조정의 안위에도 어두우며 창생의 곤란을 구제하지도 못하는 자신을 한탄하며 '우주중간 일장부로 무슨 사업 의당할까'를 고민한다.

> 강호승지 ᄎᆞᄌᆞ가서 음풍농월 ᄒᆞᄌᆞᄒᆞ니 / 시중천자 이청련니 채석강에 먼저갓고 / (…) / 무릉원 ᄎᆞᄌᆞ드러 세외소식 막ᄌᆞᄒᆞ니 / 어주자 춘광따라 인간누설 ᄒᆞ기쉽고 / (…) / 천조에 배안ᄒᆞ고 국가사 참여찬니 / 천애막막 해궁향에 왕화낙락 미급니요 / (…) / 초야에 뭇치안ᄌᆞ

---

24) 〈해유가〉 1-5행. 최강현, 『기행가사자료선집』 1, 국학자료원, 1996, 452-475쪽에서 인용. 원문은 한자가 노출되어 있으나 여기서는 편의상 한글로 쓰고 필요한 경우에 괄호 속에 한자를 병기한다. 이하 작품 인용은 이 책에서 하고 말미에 행의 숫자만 기입한다.

반우과농(伴牛課農) ᄒᆞᄌᆞᄒᆞ니 / 탐관오리 잡류드리 잔민학정 심증나고 / (…) / 직언소 다시지어 척왜거아(斥倭拒俄) ᄒᆞᄌᆞᄒᆞ니 / 이십늑세 백두로서 천안진노 송구하고 / (…) / 천사만려 전전하야 할 니리 바이업내 (12-67행)

그런데 머릿속에 떠오른 이런저런 '사업'들이 모두 하지 않아야 할(혹은 하고 싶지 않은) 이유가 있다. 그 중 일부를 인용했거니와 '사부굴택영이남'의 선비답게 작자의 머릿속에 떠오른 생각들이 모두 전통적인 사대부들의 의식을 벗어나지 못한 것이라는 점이 재미있다. 작자는 무려 스물일곱 종류의 '사업'들을 떠올리고 거기에 하지 않아야 할 이유를 덧붙인다. 그리고는 할 일이 없다고 한탄하며 다시 고뇌하기 시작한다. 어떤 상황에서라도 끈질긴 고민과 모색을 계속하다 보면 활로가 보이는 법, 작자는 발상을 전환하여 마침내 조선의 시국 현실에 눈을 돌리게 된다.

삼천리 근화강산 제성(帝城)니 주장(主張)넌딕 / 근래소문 드러본니 외국인물 충만ᄒᆞ야 / 정부권리 ᄌᆞ바들고 천만사 주관니라 / (…) / 수사유풍(洙泗遺風) 아동방니 만이노예 되단말가 / 분심니 격장하야 관망ᄎᆞ로 가ᄌᆞ서라 / 궐명일 치장ᄒᆞ야 서울노 ᄎᆞᄌᆞ갈식 (70-75행)

외세에 휘둘리는 조선[조정]의 현실에 분개하며 그 실상을 직접 살펴보기로 작정하고 그 다음날 바로 서울로 출발한다. 앞서 무려 스물일곱 종류의 할 일과 또 그것을 하지 않아야 할 이유를 떠올리며 우유부단하게 고민하던 것과 비교하면 과감한 결단이 돋보이는 대목이다. 서울로 올라간 작자는 확실하지는 않지만 친척이거나 지인으로 추측되는 '김과장(金課長)'을 만난다. 그러고 나서 둘러본 서울은 "광화문 육조거리 잡초가 비비(菲菲)하고 보신각 옛집 압픽 흑복(黑服)니 횡행"하여 "무비(無非) 다 상심"한 상황이었다. 그리하여 김과장과 작별하고 회정(回程)하게 된다.

작자가 서울로 갔다가 다시 회정하는 이 대목은 〈해유가〉의 작품세계를 이해하는 열쇠가 된다. 국내와 국외를 망라하는 5년여에 걸친 여행의 동기와 목적을 밝힐 수 있기 때문이다. 박노준은 이 대목을 해석하여, '왕조의 운명이 경각에 처해 있음을 깨달은' 작자가 '진충보국할 길을 찾고자 황성을 향해 길을 떠'났으나 '작자가 목도한 바는 (……) 참담하고 절망적인 나라의 형세였'기 때문에 '결국 작자는 '의당한 무슨 사업' 찾기를 포기하고 귀향길에 올'랐다고 했다. 작자는 우국지사이고 〈해유가〉는 '우국개세(憂國慨世)류의 가사이기도 하다'는 것이다.[25] 그러나 이것은 작품의 이면을 간과한 해석이 아닌가 생각된다. 필자가 보기에 작자는 거창한 명분보다는 현실적인 일자리를 찾아 서울로 올라간 것이다. 그가 말하는 '의당한 무슨 사업'은 진충보국 같은 거창한 이념에 관계된 것이 아닌, 요즘 표현으로 하면 백수 상태를 벗어날 수 있는, 취직을 의미하는 것이다. 다음 구절을 보면 이런 상황을 짐작할 수 있다.

> 정부시세 드러보니 억절경색(臆絕哽塞) 절노된다 / 일어(日語)능자 품직니고 아어선통(俄語善通) 대관니라 / 여아하향(如我遐鄉) 한사로서 비저(比諸)형세 언론컨된 / 일사로(一仕路)도 무계중(無堦中)에 구

25) 박노준, 앞의 논문 131쪽 참조.

> 구추세 비원니라 (…) / 파제(罷除)만사 몽외(夢外)ᄒᆞ고 막여경가(耕稼) 산양(山陽)니라 (111-116행)

위에서 살펴본 서울을 둘러보니 모든 것이 다 상심된다는 서술의 다음 부분이다. 정부에서 일본어나 러시아어를 잘하는 사람에게 벼슬을 주니 자신 같은 시골 선비는 벼슬을 얻을 수도 없으며, 구구하게 시세를 좇는 것도 원하는 바가 아니므로 다 잊어버리고 돌아가 농사나 짓는 것만 못하다는 말에서 그가 서울행을 하게 된 동기를 읽을 수 있다.

김과장과 작별하고 처량하게 고향으로 돌아오던 작자는 문경을 지난 즈음에서 엉뚱하게도['狂風心線'] 이왕 나온 김에 그 좋다는 진주를 구경하고 가자는 생각이 들어 진주로 향한다. 진주의 형승지와 사적지를 돌아본 후에 세 인물을 찾아간다. 경상감사 민형식은 '구의(舊誼)가 중중(重重)'해서 찾아갔고, 감리영(監理營)의 한진직은 김과장(서울에서 만났던 그 사람)의 소개로 만났으며, 오래 된 고향 사람 김병필을 만났다. 그리하여 김병필의 주선으로 '양지위원(量地委員) 찬용(撰用)' 되어 '다소ᄒᆞᆫ 월봉으로 객지경과(經過) 종편(從便)'해 졌다.

이 부분은 좀 더 세심한 검토가 필요하다. 비감한 마음으로 귀향길에 오른 작자는 귀로 중에 갑자기 진주를 구경하고 싶다고 했고 진주에서 세 사람을 만났다. 민형식과 김병필은 전부터 아는 인물이니 찾아가 만나는 데 아무런 문제가 되지 않으나, 한진직은 김과장의 소개로 만났다고 했다. 만약 서울에서부터 진주에 가려고 마음을 먹지 않았다면 서울에 사는 김과장이 경북 영덕에 사는 작자에게 왜 경남 진주에 있는 한진직을 소개해 줬겠는가? 〈서양미국노정기〉에서는 한진직이 지계소(地契所) 감리(監理)라고 했다.[26] 작자가 진주에서 얻은 일자리가 '양지위원(量地委員)'이다.[27] 〈해유가〉에는 고향 사람 김병필의 주선으로 양지위원이 됐다고 했지만, 실제로는 김과장의 소개로 만난 지계소 감리 한진직의 추천으로 양지위원이 됐을 가능성이 높다. 애초에 서울에 갔을 때 김과장을 제일 먼저 만났고, 잠시 외세가 판치는 상황에 비감함을 느꼈지만, 작자가 더욱 절망을 느낀 이유는 다른 데에 있었다. 일본어나 러시아어를 잘하는 사람들로 상징되는 국제정세에 밝거나 신학문 언저리에라도 가본 사람들에게 벼슬자리를 주는 현실에 낙심한 것이다. 이때가 1903년 대한제국 시대이니 조선시대처럼 과거급제해서 얻는 그런 종류의 벼슬은 아니었을 것이고, 요즘 식으로 말하면 취직을 하는 개념과 비슷한 종류였을 것이다. 낙심하고 있는 작자에게 김과장은 진주의 지계소 감리로 있는 한진직을 소개해주고 작은 일자리라도 알아보라고 했을 것이다. 한진직은 중앙부서에 있는 김과장의 체면을 생각해서 그를 양지위원으로 썼을 것이다. 즉, 그는 애초에 서울로 출발할 때부터 취직을 염두에 두었는데 서울에서 그것이 여의치 않자 진주까지 가게 되었고, 비록 대단한 자리는 아니지만 진주에서 뜻을 이루게 된 것이다.

다시 작품의 흐름으로 돌아가 보자.

---

26) 박노준, 앞의 논문, 149쪽 참조.

27) 지계소는 지계아문(地契衙門)의 산하기관이다. 지계아문은 구한국 시대 전토문권(田土文券)의 사무를 담당하던 관청으로, 1901년에 설치되어 다음 해에 양지아문(量地衙門)에 사무를 이양했고, 1903년에 폐지하여 탁지부에 합쳤다. 산하기관으로 13도에 감독(監督)을 두어 지방의 문권을 정리하였다. 유홍렬 감수, 『한국사대사전』, 고려출판사, 1991, 1356쪽 참조.

니리져리 송일ᄒᆞᄌᆞ 수삼삭니 즘왓니라 / 향회가 도도ᄒᆞ야 회정을 ᄒᆞ려ᄒᆞᆯ직 / 최진사 춘오군니 날다려 ᄒᆞ는마리 / 세계예 상등국니 영미법독 그안닌가 / 미국행 금번로가 천재예 득일시(得一時)니 / 연부역강니ᄉᆞ람아 여아동반 가여하(可如何)오 / 여역만근(余亦挽近) 이래로 상시지탄(傷時之歎) 병장(病腸)니라/ 광풍에 쓰닌 마음 몽취중에 허락니라 (148-155행)

작자가 미국행의 동기를 설명하는 대목이다. 미국에 가서 무엇을 하겠다는 내용도 없고, '시절을 상심하여 허랑한 마음에 몽취중(夢醉中)에 허락'했다고 서술한다. 인생의 중대 결단을 내리는 대목치고는 뭔가 허술하다. 박노준이 밝힌 바에 따르면 작자는 하와이에서 꾸리(노동자)를 모집한다는 광고가 마산항 일대에 게시된 사실을 알고 미국행을 결심했다고 한다.[28] 〈서양미국노정기〉에는 미국에 같이 가자는 최춘오의 말에 동의한 이후에 "곧 지계소의 일이 완전히 정리되어 (……) 행장을 꾸리니 곧 갑신(1904년) 정월 26일이었다"[29]고 기록했다. 그가 양지위원으로 일하던 지계소는 지계아문의 지방 지사쯤 되는 기관인데, 대한제국 때 땅에 관한 문권을 정리하는 일을 맡아보던 관청이다. 1901년에 설치되어 이듬해에 양지아문에 사무를 옮겼다가 1903년에 없애고 탁지부에 합친 기관이다. 〈서양미국노정기〉에서 작자는 미국에 가기 위해 양지위원직을 정리한 듯한 어조로 서술하고 있지만 사실은 지계소가 폐지되어 일자리를 잃고 미국행을 결심했다고 보는 것이 온

28) 박노준, 「『해유가』(일명 서유가)의 세계인식」, 『한국학보』 64, 일지사, 1991, 207-208쪽 참조.

29) 박노준(2003), 149쪽.

당한 추론이다. 또한 〈해유가〉에서 "향회가 도도ᄒᆞ야 회정을 ᄒᆞ려 ᄒᆞᆯ 직" 때맞추어 최춘오가 미국에 같이 가자고 했다는 언술도 역시 실체적 진실과는 거리가 있음을 알 수 있다.

명분을 중시하는 선비로서의 체통 때문인지는 몰라도 작자는 작품 곳곳에서 이와 같은 수사적인 표현을 하고 있어 읽는 이로 하여금 작품 내적 현실을 파악하기 어렵게 하고 있다. 작품의 앞부분에 장황하게 나열된 '의당한 무슨 사업'에 대한 우유부단할 정도의 고민과, 시세를 '관망'하러 서울로 찾아가는 과감한 결단의 이중적인 모습도, 이런 맥락에서 '문학적 수사'의 측면을 고려하면서 이해해야 할 것이다. 어쨌든 '고가세족의 후예'가 하와이 농장의 노동자로 취업하러 간다는 것은 의외의 선택이다. 현재로서는 정확히 알 수 없으나 그에게는 고향을 떠나 일을 해야 하는 절실한 이유가 있었으리라 짐작할 수밖에 없다.

2) 미국의 사회 구조에 대한 깊은 이해

작자가 부산에서 배를 타고 일본을 거쳐 하와이에 도착한 때는 1904년 2월 7일이었다. 하와이 생활은 무척 고단했을 법한데 작품에는 '언어 문자가 다르니 교류하기 힘들고 고향 생각이 난다'는 정도의 언급만 있을 뿐이다. 그해 11월에 가족 친지들의 편지를 받은 사건이 있었고, 후에(아마도 1905년 전반기일 듯하다) 서너 달 동안 "영사관 협회부에 서기 명색 참여"하여 "소봉(所俸)도 풍유ᄒᆞ니 거처도 종편ᄒᆞ"(336-337행)게 되어 조금은 여유 있는 생활을 한다. 그런데 김원모에 의하면 대한제국 시대에는 하와이에 영사관이 개설된 사실이 없다고 한다.[30] 이에 대해

30) 김원모, 앞의 논문, 130쪽 참조.

박노준은 하와이 이주 동포들이 권익 옹호와 상호 교류 및 친목 도모를 위해 자발적으로 비공식적인 교민단체를 만들었을 가능성을 제기했다.[31] 필자도 박노준의 추론에 동의하는 바, '영사관 협회부의 서기'를 역임했다는 언술은 명분과 체면을 중시하는 작자의 희망사항이 곁들인 '수사적 표현'으로 이해하고 싶다.

어쨌든 잠시 여유 있는 생활을 하던 중에 1905년 을사늑약으로 '영사관 협회부'가 철폐되었다. '분기충장(憤氣充腸)'했지만 호소할 곳도 없어 작자는 하와이 생활을 정리하고 미국 수도 워싱턴에 가고자 배를 타고 샌프란시스코에 도착한다. 미국 생활에 어느 정도 적응이 된 그는 그곳에서 "방언도 약통ᄒᆞ고 풍속도 대강아라 / 할 일이 바히업서 상업으로 개로(開路)"(347-348행)한다. 낯선 미국 땅에서 검은 머리 동양인이 장사를 하니 재미있는 일이 많이 발생했을 터인데도 그는 "사농공상 평등ᄒᆞ니 행세ᄒᆞ기 종편ᄒᆞ고 / 여수상(與受上)이 유규ᄒᆞ니 매매ᄒᆞ기 우호(尤好)로다"(349-350행)는 말로 간략하게 정리하고 만다. 무척 아쉬운 대목이지만 당당한 사대부의 후예로서 장사를 했다는 사실이 마음에 걸리기도 했을 것이고, 또 현실의 구구한 문제에 대해서는 생략하거나 수사적 표현으로 일관하는 작자의 서술 태도로 보아 충분히 이해할 수 있는 일이다.

이제 〈해유가〉의 백미라 할 수 있는 미국의 풍속과 제도를 묘사한 부분을 검토해보자.

전자전손 제왕안코 사년식 체임ᄒᆞ니 / 물론남녀 노소ᄒᆞ고 취기인재

---

31) 박노준(2003), 146쪽 참조.

> 임직니라 / 도로수축 ᄒᆞ는법은 광활ᄒᆞ기 마련ᄒᆞ야 / 마차화차 통행ᄒᆞ니 남부여대 본무로다 / 고아원 제중원에 치료비가 풍후ᄒᆞ니 / 무론수모(誰某) 가로상에 긍측(矜惻)병인 영무ᄒᆞ고 / 상중하 각학교에 권학니 엄절ᄒᆞ니 / 무론이아(無論爾我) 우열ᄒᆞ고 전무식을 난견니요 / 유일자(遊逸者)를 처벌ᄒᆞ니 빈한인니 본무ᄒᆞ고 / 장(奬)충절니 극심ᄒᆞ니 애국성(誠)니 각자로다 / 실업상을 권면하니 가급인족 도처로다/ 전제정치 불시(不施)ᄒᆞ니 만락천촌 연월니요 / 억조인민 동등ᄒᆞ니 상화하목 전국니라 / 군대병함 정비ᄒᆞ니 능모(凌侮)지국 기수런고 / 기계법니 능활ᄒᆞ니 수화용작(用作) 임의로다 / 수화임의 ᄒᆞ고보니 작농지가 무흉니라 / 가가경천 종교ᄒᆞ니 인무악질 안도(安堵)로다 (359-375行)

미국의 풍속·제도 등에 대한 서술 중 일부를 뽑아 보았다. 민주적 정치제도와 만민 평등, 과학과 실업 경제의 발달, 교육과 복지제도 완비, 근면함과 애국심 고취 제도, 튼튼한 국방력, 종교적 교화 등 미국 사회의 다양한 부면에 대해 고찰하고 있다. 임직에서 남녀의 권리가 동등하다는 것이나 전제 왕권을 부정하는 것, 억조 인민이 동등해서 좋다는 발언 등에서는 상당히 진취적인 사고의 일단을 읽을 수 있다. 이전에 존재했던 대부분의 기행가사들이 신기한 풍물의 겉면만을 스케치하듯이 묘사한 데 비해, 이 작품은 미국 사회의 내면을 깊이 있게 관찰하여 서술하고 있다. 이는 〈해유가〉만이 가진 장점이다. 〈서양미국노정기〉에서도 작자는 하와이의 지세·기후·식생·음식·의복·생화(生貨)·형법·종교·언어·혼례·상례·역법(曆法) 등과 정치·교육·사회복지 제도 등에 대해 상세히 기술하고 있어서 그 관찰력과 안목의 깊이를 가늠할 수 있게 한다. 미국 사회에 대한 실학적 접근이라고 할 수 있는 이 대목이야말로 '창생 곤란'을 구제하는 '장부행색(丈夫行色)'에 걸맞은, 그토록 명분을 중시하던 작자의 성격과 가장 잘 어울리는 부분이라 하겠다.

그럭저럭 미국 생활에 적응하던 작자는 '홀연니 회심'하여 "이천만 저 인사가 장야 혼몽 깁픠 드러 / 예의동방 자칭ᄒᆞ고 세계 대세 거절ᄒᆞ"(384-385)는 고국의 현실을 한탄하며 갈등하다가, 결국 미국 땅에 동화될 수 없음을 깨닫고 행장을 꾸려 귀국하게 된다. 1904년 2월에 하와이에 도착한 다음 귀국을 위해 샌프란시스코를 출발한 것이 1908년 8월이니 미국 생활만 4년 6개월이요, 1903년 9월에 집을 떠났으니 5년만의 귀향인 셈이다. 이로써 시골 선비의 바깥세상 체험기는 막을 내렸다.

일찍이 근대화된 미국의 문물을 경험하여 그것의 장점을 체득했으며, '거구종신(去舊從新)'을 '구이송이불행(口以誦而不行)'하는 조선의 현실을 한탄하고 조선에서 주인 행세하는 침략자 일본에 분노하기도 했던 작자가, 고향에 돌아온 다음에는 어떤 삶을 살았을까? 친손자 김대두(金大斗)의 회고에 따르면 김한홍은 〈삼천리〉나 〈신동아〉 같은 월간지를 구독하는 등 신문물에 대해 관심을 가지기도 했으나, 전체적으로는 별다른 사회 활동을 하지 않고 '칩거'로 일생을 마쳤다고 한다. 또한 그는 타고난 진취적인 기상과 선비로서의 문약함을 동시에 가지고 있는 인물형이었다고 하는데, 〈해유가〉에 형상화된 작자의 캐릭터와는 조금 거리가 있는 모습이다. 바깥세상을 경험하고 나서 귀향한 이후 김한홍의 삶에 대한 평가는 손자의 회고로 대신한다.

> 전통적인 유교 집안에서 태어나 우연찮게 미국을 다녀와서는 전근대적인 당시 농촌사회에서 이상과 현실을 조화시키지 못하고 일생을 모순과 갈등 속에서 좌절한 어떤 유형의 한 선비가 아니었을까 한다.[32)]

4. 마무리

〈셔유견문록〉은 서민적인 가사나 잡가, 민요 같은 대중적인 노래의 표현 방식과 흡사한 부분을 많이 보여주고 있다. 내용적인 특징으로는 사절단 행차에 대한 강한 자부심을 자주 드러내고, 여행 과정에서 견문한 신기한 풍물들에 대해 마치 눈앞에 펼쳐 보이듯이 상세하게 열거·묘사하고 있다. 형식과 내용상의 이런 특징들은 이 작품이 한문을 모르는 독자층, 특히 부녀자층에게 읽힐 목적으로 창작되었음을 짐작하게 한다. 〈북천가〉나 〈만언사〉, 〈연행가〉 같은 조선시대의 기행가사에서도 이런 특징들을 찾아볼 수 있어서 〈셔유견문록〉이 기행가사의 전통을 이어받고 있음을 알 수 있었다.

〈해유가〉는 시골 선비가 바깥세상을 경험하고 그 전말을 기록한 것이다. 양반 특유의 명분과 체면 때문에 현실의 구차한 부분에 대해 수사적으로 모호하게 서술하고 있지만, 일자리를 구하는 것이 실제적인 작자의 여행 동기였다. 그러나 하와이와 샌프란시스코에서 체험한 미국 사회의 다양한 부면에 대한 깊이 있는 서술은 여타 기행가사들이 겉면만을 스케치하듯 묘사하던 관행을 뛰어 넘었다는 점에서 중요한 가사문학사적 의의가 있다.

〈셔유견문록〉과 〈해유가〉는 20세기 초에 서구 세계를 견문한 내용을 작품화한 서양 기행 가사라는 점만으로도 가사문학사에서 중요한 의미를 지니고 있다. 그러나 〈셔유견문록〉은 외국에서 견문한 근대적 풍물에 대한 보여주기 식의 서술만이 있을 뿐 당대의 국제 정세나 조선

32) 김한홍, 『해유가』, 유고발간위원회, 1996, 100-101쪽.

의 현실과 미래에 대한 진지한 모색과 고민이 보이지 않아 아쉽다. 이것은 외부 세계와 접촉할 기회가 드문 부녀자층을 대상으로 그들의 호기심 충족과 대리 만족을 위해 작품을 창작한 데서 오는 한계일 수도 있고 작자가 가진 문제의식의 한계일 수도 있겠다. 한편 〈해유가〉는 미국 사회의 각종 제도와 생활 풍속을 깊이 있게 관찰하여 서술한 점은 높이 살 수 있으나, 현실적인 문제들을 생략하거나 모호하게 서술하고 있어 아쉬움을 남기고 있다. 하와이 이주 동포들의 생활 현장이나 미국에서 장사하던 작자의 모습 등을 상세히 서술했더라면 이 작품의 가치는 배가되었을 것이다.

〈셔유견문록〉은 그 견문 대상의 새로움은 있으나, 표현 형식과 서술 방식에서 조선시대 사행가사의 전통을 이어받고 있으며, 〈해유가〉는 근대 미국 사회의 제도와 풍속을 깊이 있게 관찰했다는 점에서 새롭지만, 그 기저에는 '고가세족의 후예'라는 사대부 의식이 자리 잡고 있다. 두 작품의 가사문학사적 위치는 바로 이 지점이다.

제2장

〈향산별곡〉을 통해 본 19세기 초 민란가사의 한 양상

1. 문제제기

18,9세기에 널리 유통됐던 "당대 사회의 모순과 학정(虐政)으로 인한 민중의 고통을 토로한"1) 일군의 가사 작품들은 '평민가사', '서민가사', '현실비판가사', '민란가사' 등으로 불리며 일찍부터 주목을 받아왔다.2) 그런데 '평민가사'나 '서민가사'라는 개념은 좀 더 포괄적인 것으로 이 부류의 작품들은 그중의 한 부분에 속할 뿐이어서, 그동안 '현실비판가사'라는 이름으로 이 부류의 작품들을 특화시켜서 연구가 진행되어 왔다. 그러나 이 현실비판가사들은 '현실을 비판했다'는 점을 제

---

1) 김흥규, 『한국문학의이해』, 민음사, 1986, 121쪽.

2) 대표적인 논의들만 살펴보면, 김흥규는 평민가사로, 김문기는 서민가사로, 고순희는 현실비판가사로, 진경환은 민란가사로 부르고 있다. 김흥규, 『한국문학의 이해』, 민음사, 1986; 김문기, 『서민가사연구』, 형설출판사, 1983; 고순희, 「19세기 현실비판가사 연구」, 이화여대 박사학위논문, 1990; 진경환, 「〈거창가〉와 〈정읍군 민란시 여항 청요〉의 관계, 『어문논집』 27, 고려대 국문과, 1987.

외하고는 여러 가지 면에서 다양한 편차를 가지고 있다. 예를 들어 개별 작품을 창작 유통시킨 배경이나 작품 내용으로 살펴보면, 현실을 비판하되 봉건 질서를 인정하는 가운데 학정을 일삼는 부패한 관리를 깨우쳐서 애민선정(愛民善政)의 길로 이끌고자 하는 의도를 지닌 작품들이 있는가 하면 물리적인 힘으로 부패한 구조를 타파하고자 하는 의도를 보여주는 작품들도 있다. 전자의 예로 〈합강정가(合江亭歌)〉를 들 수 있으며, 후자의 예로는 〈거창가〉 계열을 대표적인 작품으로 꼽을 수 있다. 그리하여 전자를 '현실비판가사'로 후자를 '민란가사'로 세분하여 민란가사에 좀 더 적극적인 의미를 부여하려는 연구들도 이루어지고 있다.

그런데 이처럼 현실비판가사와 민란가사를 구분하려는 시도는 이러한 분류를 개별 작품에 적용시킬 때 많은 문제를 야기한다. 즉 대부분의 작품들이 현실비판가사적 성격과 민란가사적 성격을 적당히 갖추고 있어 위의 분류 가운데 어느 한쪽에 정확히 소속되지 않는다는 것이다. 이것은 일차적으로 민란가사에 소속시킬 수 있는 기준이나 조건을 정확히 규정하기 어려운 데서 발생하는 문제이다. 민란 당시에 창작 유통되었던 작품들의 전모가 밝혀지지 않은 현재로서는 그것들의 참모습을 정확히 파악할 수 없을 뿐만 아니라, 민란가사였으리라고 짐작하는 작품들이 원본에서 상당히 변형되어 존재한다는 점도 성격 규정의 어려움을 가중시킨다. 대표적인 민란가사라고 하는 〈거창가〉만 해도 현재 전하는 작품은 앞부분에 〈한양가(漢陽歌)〉 계열의 일부가 끼어들어 있으며 그 밖에 여러 가지 이유로 인해서, 민란 당시의 그것과는 상당히 다른 모습을 보이고 있다. 이 가사의 앞부분이 뒷부분의 현실고발과는 전혀 상반되는 종류의 등극 장면을 노래한 〈한양가〉 계열의 태평사(太平詞)로 되어 있다는 것과, 향교의 폐단을 고발한 뒤에 꿈속에서 공자를 만나 이들을 사문난적(斯文亂賊)으로 고명출송(鼓鳴送出)하는 것으로 설정한 점, 그리고 수록된 대부분의 작품이 유자적(儒者的) 세계관에서 벗어나지 않는 가사들로 구성된『아림(娥林)』에 이 작품이 실려 있다는 점 등을 들어, "난의 유발 혹은 확대를 위해 이 가사를 지었을 가능성"[3]에 대해 회의하는 시각도 있다.[4]

이러한 문제들 때문에 현전하는 작품들을 '현실비판가사'로 고정시키고 민란과의 관련성을 인정하지 않으려는 논의가 진행되기도 하였다. 가장 최근에 나온 최미정 교수의 논문이 그것인데, 다음 인용문을 보면 이런 시각이 선명하게 드러난다.

> (주로 18세기에 창작된 현실비판가사 - 필자 주) 작품들의 경우 현실적인 민요(民擾)와 직접인 연관을 발견할 수는 없 … 즉 이들은 현실비판과 고발의 역할에 그치고 있는 것이다.
>
> 반면에 1800년대에 이르면 앞서 지적한 바와 같이 국문시가가 직접 대중을 선동하고 초모(招募)의 역할을 하게 되는 변화를 보인다. 이 변화는 결국 19세기의 이러한 많은 작품들을 잃어버린 노래로 만든 원인으로 작용하기도 하였으며, 나아가서는 오늘날의 연구에서 소외시킨 결과를 낳기도 하였다. 18세기 가사들이 그 때까지의 가사의 주제를 획기적으로 바꾸어 문학의 흐름을 변화시키는 데에는 많은 기여를 하였으나 지배층에 반발하는 실제적인 행위에 관여한 것이 아니므로 오늘날 우리에게 귀중한 문화유산으로 남을 수 있어 많은 연구자의 관심

---

3) 진경환, 앞의 논문, 460쪽.

4) 최미정, 「1800년대의 민란과 국문시가」, 『성곡논총』 24집, 1993, 제3장 제4절 居昌民擾 부분 참조.

> 속에 구체적으로 언급될 수 있었던 데 비해, 19세기에 중요한 역할을 한 이러한 자료들은 군중들에게 미친 영향력의 심각성 때문에 오늘날 우리에게 전달되지 못하였던 것이다.[5)]

다소 길게 인용한 이 글의 요지는, 오늘날 남아있는 현실비판가사들은 민요(民擾)와 직접적인 관련을 가진 것도 아니고 지배층에 반발하는 실제적인 행위에 관여한 것이 아니므로 민란가사라 할 수 없으며 그렇기 때문에 현재까지 전해올 수 있었다는 것이다. 요컨대 "현존 가사들은 현실 불만의 개인적인 토로 대상은 되었지만, 그로써 현실적인 힘을 야기하는 데에까지 이르지는 못하였"[6)]으므로 민란가사의 수준에는 미치지 못했다는 논의이다.

이와 같은 논의들은 민란에 대한 상당히 엄격한 개념 규정을 밑바탕에 깔고 있다. 즉 민란이라면 봉건체제에 대한 전면적인 반발, 저항, 봉기 행위와, 이에 상응하는 현실비판 의식이 전제되어야 하며 민란가사도 이런 부분을 충족해야 한다고 생각하는 것이다. 그러나 우리 역사에서 조선후기(그중에서도 특히 19세기)를 '민란의 시대'로 부를 때, 그 시대에 일어났던 부패한 체제에 대항한 크고 작은 모든 저항 행위가 모두 '엄격한 의미의 민란' 수준이었던 것은 아니다. 사학계에서는 이 시기에 일어났던 저항운동들을 사건의 성격이나 진행 경과에 따라 '흉서(凶書)·괘서(掛書)·방서(榜書)'사건, '고변(告變)', '변란, 병란, 작변(變亂, 兵亂, 作變)'[7)], '민요(民擾)', '민란(民亂)' 등 다양한 이름으로 정리하고 있

5) 위의 논문, 1693쪽.

6) 같은 논문, 1718쪽.

7) 조선후기에 일어난 여러 형태의 저항운동 중의 하나인 變亂은 중앙권력의 쟁취를 목표

다. 이런 다양한 저항 운동들이 집중된 시대를 '민란의 시대'라 부르는 것이다. 따라서 우리가 '민란의 시대'라 할 때의 민란이란 그 시대에 일어났던 모든 저항 운동을 총칭하는 것이므로, '민란가사'도 이런 관점에서 새롭게 규정할 필요가 있다.

민란가사가 '난의 유발 혹은 확대'를 위해, 즉 민란의 과정에서 일정한 역할을 기대하고 창작된 작품이라면 민란가사는 자신의 모태가 되는 민란의 성격에 영향을 받지 않을 수 없다. 다시 말하면 민란가사는 그것의 모태인 민란의 성격이나 주도층의 의식이나 목적에 따라 현실비판의 강도나 서술 태도, 그리고 유포 대상 등에서 다양한 층위를 가질 수밖에 없다는 것이다. 그러므로 필자는 〈합강정가〉와 같은 특별한 경우를 제외한 대부분의 현실비판가사들은 민란가사로 규정하는 것이 타당하다고 생각한다.

이러한 문제의식을 기반으로 이글에서는 먼저 조선후기의 대표적인 민란가사라 할 수 있는 〈향산별곡〉을 분석하고, 이어서 조선후기 민란가사에 대한 필자의 생각을 간략히 정리해보고자 한다. 〈향산별곡〉을 분석대상으로 정한 것은 이 작품이 다소 온건한 현실비판적 요소와 좀 더 격렬한 현실비판적 요소를 동시에 가지고 있어서, 앞에서 말한 민란가사와 현실비판가사를 둘러싼 논란을 살펴볼 수 있는 좋은 자료라 믿기 때문이다.

로 내걸고 있는데 그 저항 수준에 따라 '兵亂'과 '作變'으로 구분된다. '병란'은 이른바 '稱兵召亂'이라 불리던 저항 형태로서 거사에 성공하여 봉기 형태로 표출된 것인데 '홍경래 난'이 대표적인 것이다. '작변'은 '병란'을 목표로 준비된 항쟁이 그 모의 단계에서 告變 등으로 인하여 실행에 옮겨지지 못했던 경우로, '안악작변' 같은 것을 이름이다. 자세한 것은 고석규, 「18·19세기 농민항쟁의 추이」, 『1894년 농민전쟁연구 2』, 한국역사연구회, 1992, 22-23쪽 참조.

2. 〈향산별곡〉에 나타난 현실비판 의식

〈향산별곡〉은 시골 양반이 지은 가사이다. 이것은 작품에서 작자가 “향산초막일유생(香山草幕 一儒生)”, “교목세신 휴예(喬木世臣 後裔)”라고 자신을 밝힌 데서 알 수 있다. 성립년대는 순조년간인 19세기 초반으로 추정된다.[8] 작품의 이본으로는 ① 김호연본, ② 나손본, ③ 장암본, ④ 만언사본 등 네 종류가 있다. 이 가운데 ①, ②, ③은 몇몇 자구의 넘나듦은 있으나 4음보 1행으로 쳐서 대략 250행 내외로 되어 있으며 내용상 큰 차이는 없다.[9] ④는 백성의 참상 부분과 과거제의 폐단 부분이 생략되어 총 101행으로 되어 있다. 후대에 양반층의 기호에 맞게 축약해서 유통된 게 아닌가 싶다. 여기서는 앞의 세 이본을 대표하여 김호연본을 중심으로 논의를 전개하고 만언사본은 필요할 경우에 언급하기로 한다.

〈향산별곡〉은 시골에 사는 한 유생이 ‘대명회복’을 주장하고 삼정의 문란 등 부패한 정치 상황을 비판하고 그로 인한 백성의 유리도망을 걱정하며 조정 대신들의 당쟁과 과거제의 폐단을 비판하면서, 이러한 병을 고치려면 성현의 가르침으로 돌아가야 한다고 서술하고 있다. 작품의 전반적인 흐름은 성리학적 세계관을 가진 작자가 학정을 일삼는

---

8) 작품 안에 대전통편에 대한 언급이 있는 것으로 보아 정조 8년(1784)보다 앞서지는 않으며 정재호 교수가 소개한 김호연본은 철종 3년(1852)의 책력을 뒤집은 백지에 필사돼 있고, 또 삼정의 문란을 비판한 내용 등을 고려해서 그렇게 추정하고 있다. 정재호, 「鄕山別曲考」, 『한국가사문학론』, 집문당, 1982, 119-120쪽.

9) 김호연본, 나손본, 장암본은 모두 250행으로 되어 있으나 각 이본마다 중간 부분에 한두 행이 누락되어 있어 원 작품의 길이는 약간의 차이가 있었던 듯하다. 강전섭이 세 이본을 대조하여 교합본을 만들었는데 전체 252행으로 되어 있다. 강전섭, 「〈향산별곡〉의 이본에 대하여」, 『어문학』 50, 1989. 참조.

관리들을 깨우쳐 애민선정의 길로 이끌고자 하는 의도를 보여주는 것이다. 그러나 부패한 정사(政事)로 인한 백성들의 참상을 서술한 부분은 그 묘사가 상세할 뿐만 아니라[10] 감정적이고 격한 표현 등 이른바 민란가사적 요소가 다분하다 할 수 있다.

1)

〈향산별곡〉은 '향순초막 일유싱'이 'ᄒᆞᄂᆞ님긔' 묻고 '셩상님'께 아뢰고 '됴뎡의들 겨신 분내'와 '방백슈령 외임들'과 '문남무변 목민 듕의 학민ᄒᆞᄂᆞᆫ 관댱들'의 그릇된 정사(政事)를 비판한 뒤, 그로 인한 백성들의 피해를 논한 다음, 이러한 병을 고치는 방법을 설파하고 과거제의 폐단을 비판하는 내용이다.

이 작품의 내용 전개를 통해 알 수 있는 작자의 일차적이고 표면적인 문제의식은 '대명회복(大明回復)'에 있다. 작자는 "순환지리(循環之理) 잇다ᄒᆞ고 여지이적(與之夷狄) ᄒᆞ시닛가 / 일란지시(一亂之時) 믿들야고 수지좌임(授之左衽) ᄒᆞ시닛가"[11] 하고 '하ᄂᆞ님'께 묻고 "황하지수(黃河之水) 밧비 말켜 일치지시(一治之時) 맨드소셔" 하고 하소하는 것으로 작품을 시작한다. 작자가 인식하는 현실은 오랑캐들이 천하를 차지하고 있는 난세인데, 이 난세를 치세로 바꾸려면 대명회복을 해야 하는 것이다.

그러기 위해서 나랏일을 총괄하는 '셩상님'께 "재덕(在德)이오 부재험(不在險)과 지리불여(地利不如) 인화(人和)란 말 / 고성현(古聖賢)이 유계(遺

---

10) 전체 252행 가운데 백성의 참상과 관련된 부분이 128행이나 되어 연구자들의 주목을 끌고 있다.

11) 작품인용은 정재호, 앞의 논문 끝에 부기된 것으로 하며 한자는 필자가 이해를 돕기 위해 넣은 것이다. 이하 작품 인용은 별도의 주를 달지 않는다.

戒)ᄒᆞ니”, 백성들에게 ‘측은지심’을 가지라 한다. 그리하여 “은택(恩德) 쓰혀 뫼가 되여 곤륜(崑崙)갓티 놉피되고 / 은택 흘러 물이 되여 하해(河海)갓티 기”퍼지면 “위위탕탕(巍巍蕩蕩) 이 ᄉᆞᆫ슈ᄅᆞᆯ” 대적할 사람이 없다는 것이다. 또한 ‘됴뎡’의 대신들에게는 “위기설치(爲己雪耻) 후(後)의 ᄒᆞ고 위국설치(爲國雪耻) 몬져ᄒᆞ소”라며 당쟁을 일삼는 것을 비판한다.

요컨대 오랑캐 나라인 청나라가 조선을 유린하고 중원의 왕 노릇하는 것은 천리(天理)에 어긋나는 것이니 성상께서는 인정(仁政)을 베풀고, 조정의 대신들은 당쟁을 중지하고 분발하여 오랑캐를 몰아내어 나라의 수치를 씻고 ‘춘추의(春秋義)’를 바로 세우자는 요지이다.

‘방백슈령 외임들’과 ‘문남무변 목민 듕의 학민ᄒᆞ는 관댱들’에게는 직접적으로 대명회복을 주장하지는 않는 대신 다소 격앙된 어조로 그들의 실정(失政)을 비판한다.

> 방백수령 외임들아 진봉다소(進封多少) 책망말고 / 준민고택(浚民膏澤) ᄒᆞᄂᆞᆫ 뉴를 명고공책(鳴鼓攻責) ᄒᆞ여보소 (…)
>
> 져 ᄇᆡᆨ셩이 업셔디면 나라 의디 어디ᄒᆞ며 / 나라 의디 업셔디면 됴정인들 견ᄃᆡᆯ손가

> 천부지성(天賦之性) 일을손가 위기지욕(爲己之慾) 길너내여 / 사단지목(四端之目) 다 모르고 이오지심(利吾之心) ᄲᅮᆫ이로다 (…)
>
> 탐학정사(貪虐政事) 고사(姑捨)ᄒᆞ고 청송일절(聽訟一節) 민망ᄒᆞ다 / (…) 적선적악(積善積惡) ᄒᆞᄂᆞᆫ 듕의 앙경각지(殃慶各至) ᄒᆞᆫ다ᄒᆞ니

이렇게 된 이유, 즉 작자가 이들에게는 직접적으로 대명회복을 주장하지 않은 것은 그들이 국가의 정책 방향을 결정하는 것이 아니라 주어

진 정책을 수행하는 위치에 있기 때문이 아닌가 한다. 그렇지만 정책 수행의 성패 여부는 직접 백성들과 접촉하는 지방관들에게 달렸다 해도 과언이 아니므로 이들이 정사를 잘 하는가 못 하는가 하는 것은 나라의 힘을 길러 '춘추의'를 바로세우는 데 중요한 관건이 된다. 그래서 작자는 목민관들의 학정이 한탄스러운 것이다.

이어서 작자는 목이 메고 눈물 나는 '불샹'한 백성의 참상을 상세하게 서술한다. 이 부분의 마지막은 군정의 문란을 비판한 것이다.

> 무슴일노 군안의는 백골유치(白骨幼穉) 쌘일런가 / 강보군졸(襁褓軍卒) 어린당슈 네로부터 못들을네
> 산천지형 기험(奇險)ᄒᆞ나 눌다리고 막ᄌᆞᄒᆞᆯ고 / 성곽주회(城郭周回) 견고ᄒᆞᆫ들 눌다리고 딕힐손가
> ᄌᆞ내일를 ᄒᆞᄂᆞᆫ거동 우리셩상 아르시면 / 원찬(遠竄)들도 ᄒᆞ려니와 정확(鼎鑊)듕의 둘듯십다

인용문의 마지막 두 행은 부패한 목민관이 군정을 문란하게 한 데 대한 직접적이고 극렬한 적대감을 드러내고 있다.(바로 위에서 인용한 "적선적악 ᄒᆞᄂᆞᆫ 듕의 앙경각지 ᄒᆞᆫ다ᄒᆞ니"의 구절과 비교해 보라!) 대명회복의 성사 여부는 총체적인 국력이 문제가 되지만 직접적으로는 국방력을 키우는 것으로 귀결된다고 생각할 때, 작자의 주된 문제의식을 읽게 해주는 대목으로 이해할 수 있겠다.

실정에 대한 총체적인 비판 끝에 작자는 위정자들이 "무슴 일노 병이 들어 쌔달을쥴 모로"느냐고 한탄하며 병을 치료하기 위해 "약을알나 가랴거든" '지로하문(指路下問)'은 자신이 하겠다며 약방문을 써 주는데, 그것은 성현의 가르침을 존숭하라는 것이다.

이천(利川)낸물 건너셔셔 명도(明道)길로 ᄎᄌ가면 / 회암(晦庵)션싱 경험방(經驗方)의 됴목됴목 발켜시고

져런병의 먹는약을 심경주(心經注)의 닌법(法)ᄒ니 / 인산(仁山)뫼의 킈온약을 지수(智水)물의 씨셔내여

문무화(文武火)의 전반(煎反)ᄒ여 공심온복(空心溫服) ᄒ거되면 / 십이경(十二經)의 씨인내용 거악생신(去惡生新) ᄒ오리다

조선의 사대부로서는 가장 전형적이며 모범적인 답안이라 할 수 있지만, 오늘의 시각에서 보면 허탈하기 짝이 없는 이런 류의 해결책이 가진 한계에 대해서는 일단 논외로 해야 될 듯하다. 이 작품이 창작 유통됐던 19세기 초반에는 오랑캐들이 세운 청나라조차도 더 야만적인(?) 서양 오랑캐의 침략을 받아 괴로움을 당하고 있었는데 작자는 대명회복을 주장하고 있으니, 의식의 한계를 논하는 것은 다른 측면에서 접근해야 할 것이다. 대명회복과 성현의 가르침으로 돌아가라는 말은 작품내적 논리로 보면 오히려 수미일관하다 하겠다.

〈향산별곡〉의 마지막은 부패한 과거제도를 비판하는 데 할애되어 있다. 과거제의 폐단에 대해서는 익히 알고 있는 바이므로 생략하기로 하고 여기서는 한 가지 사실에 대해서만 주의를 환기하고자 한다. 그것은 19세기 벌열정치의 결과로 사대부 내부에서 나타난 경향(京鄕) 간의 차별에 관해서이다.

과거일절(科擧一節) 한심ᄒ다 알성정시(謁聖庭試) 됴흔과거 / 글을 랑은 아니보고 글시보고 정쵸보고

경향갈너 등(等)을쓰니 무세향유(無勢鄕儒) 글줄흔들 / 참방(參榜)ᄒ기 어들손가

식년증별(式年增別) 다더디고 공도회(公都會)가 사도회(私都會)라

두루 알고 있듯이 18세기에 이르러 대부분의 지방에서 사족 중심의 지배 질서가 해체되어 향촌사회는 수령의 일방적인 통제 아래 놓이게 되었다. 또한 중앙에서 붕당정치가 일당 전제적인 형태로 변하고 그 위에 영·정조대의 탕평이 추진되어 중앙과 지방 사족의 정치적 연결이 사실상 끊기게 되었다. 19세기에 중앙권력이 소수 벌열가문의 연합체에 집중, 지속되자 서울양반과 시골양반의 분화가 심해졌으며 중앙 정치세력들 사이에 당색이 지니는 의미는 사실상 스러졌다. 중앙 정치에서 소외된 향촌 사족들은 문중과 동계 등을 통하여 향촌에서 기득권 보전에나 힘쓰게 되었으며, 몰락한 사대부들은 향반화되면서 스스로 향품(鄕品)의 지위로 자신의 신분을 고정시키기도 하고, 경제적 여력이 없는 부류 가운데는 더욱 몰락하여 농민과 다름없는 처지가 되어 민란을 선동하기도 하였다.[12)]

사정이 이러하니 "향산초막 일유생(鄕山草幕 一儒生)"인 작자로서는 "홍패(紅牌) 구경 어이흘고" 하는 탄식이 절로 나올 수밖에 없다. 부패한 과거제도가 부패한 관리를 양산하는 온상임이 분명하지만 자신도 과거시험을 보는 처지인지라 오해의 소지를 없애고자 이 부분을 맨 끝에 끼워넣듯이 첨부한 것이 아닌가 싶다.

간략하게 〈향산별곡〉의 줄거리를 살펴보았거니와 앞서 말한 것처럼 이 작품을 꿰뚫고 있는 문제의식은 대명회복이라 할 수 있다. 이본 가

12) 이 부분은 한국역사연구회 지음, 『조선정치사』 상, 청년사, 1990. 서론과 제 7장에서 발췌 요약한 것이다.

운데 백성의 참상 부분과 과거제의 폐단 부분을 생략한 만언사본은 이 문제에 대해 뚜렷한 증거를 보여준다.

> 이러틋시 병 나으면 ᄉᆞ히 일심 되오리라 / ᄉᆞ히 일심 되오면ᄉᆞ 위국셜한 어려울가
>
> 일츈 간장 못ᄎᆞ마셔 수구가ᄉᆞ 을퍼내니 / 광망ᄒᆞ다 말으시고 명쵹잠심 ᄒᆞ오쇼셔[13)]

앞의 두 행은 만언사본에만 있는 구절로 병을 치료하는 약을 밝힌 다음에 이어지는 작품의 마지막 부분인데, '이국설한(爲國雪恨)'이란 말을 써서 이 가사의 주제를 명확하게 하고 있다.

2)

이제 백성의 참상을 서술한 부분을 검토해 보자.

> 불상ᄒᆞᆯᄉᆞ 백셩이여 잔잉ᄒᆞᆯᄉᆞ ᄇᆡᆨ셩이여 / ᄇᆡᆨ셩의말 들어보소 목이메어 ᄒᆞᄂᆞᆫ말이

작자는 부패한 정사로 인한 백성들의 참상에 심히 동정적인 태도로, 백성의 말을 직접 인용하는 형식을 취하면서 한 해에 걸친 백성들의

---

13) 임기중 편, 『역대가사문학전집』 20, 여강출판사, 1988.에 실려 있는 만언사본 〈향산별곡〉의 끝부분이다. 이 작품은 〈계민사〉, 〈권학가〉, 〈숑양별곡〉, 〈만언ᄉᆞ〉 등과 함께 가사집 『만언ᄉᆞ』에 수록돼 있는 바, 백성들의 참상 부분을 생략하여 양반들의 취향에 맞게 개작한 다음 궁궐 주변에서 유포된 게 아닌가 생각된다.

생활을 순차적으로 묘사하여 관의 수탈에 그들의 생활이 어떻게 파멸해 가는지 서술한다.

구체적으로 살펴보자. '벗고 굶고' 하면서 겨울을 넘기고 정월 이월이 되어 환곡을 타 왔으나 관리들의 농간으로 "너말타면 셔말되고 셔말타면 두말되니" 많은 식구들이 먹을 것이 없어 산나물을 캐다 연명한다. 삼,사월이 되어 농사를 시작하려 하나 온갖 부역으로 때를 잃어 농사를 제대로 지을 수 없다. 그러니 가을이 되어도 추수할 것이 없는데도 '군향미(軍餉米)'는 내야 하므로 '동대서걸(東貸西乞)'하여 겨우 내고 나니, 이번에는 서원에서 '전삼세(前三稅)'를 바치라 한다. 억울한 마음에 "장(場)의가셔 됴회ᄉᆞ셔 글ᄒᆞᄂᆞᆫ듸 겨우비러 / 원통소디 써가디고 관문밧긔 다다르니" '관사(官司)'는 서원의 일이니 자기 소관이 아니라며 내쫓는다. 돌아와 전답을 팔아 겨우 냈는데 또다시 "패자(牌子) 갑셰 장목가(長木價)의 시초조강(柴草糟糠) 치계(雉鷄)들과 유청지지(柳靑遲遲) 홰슌갑" 등 "ᄌᆞ딜홀샤 구실"이 괴롭힌다. "모진마암 도시먹고 관문안의 쒸여들어" 소지를 올리지만 도리어 옥에 갇히고 만다. 뇌물을 써서 겨우 풀려나와 생각하니 "백이사지(百爾思之) 홀디라도 보뎐홀길 바이업"어서 삶의 터전을 떠나 유리하게 된다.

> 늘근놈은 거ᄉᆞ되고 졀믄놈은 즁이되고 / 그도져도 못된놈은 (…) 뉴리사방 개걸타
>
> 늘근이와 어린거슨 구학송댱 졀노되고 / 댱명덜은 ᄉᆞ라나셔 목슘도모 ᄒᆞ랴ᄒᆞ고
>
> 당져그면 셔졀구투 당마ᄂᆞ면 명화적의 / 져일들이 뉘타시랴 제죄쌘도 아니로다

우리가 사학계의 논문으로만 보던 백성들의 유리도망을 생생하게 그려내고 있다. 문학이 한 시대의 흐름이나 정신의 핵심을 구체적인 인물과 사건을 통해 보여주는 것이라 할 때, 이 부분은 그것의 전형이라 할 만하다.

이어지는 이야기는 수많은 이웃들이 흩어진 뒤에도 조상대대로 살아온 고향산천을 차마 버리지 못하고 남아있는 백성들이 당하는 고통과, 여전히 정신을 못 차리는 관리들이 만들어내는 부패한 정치의 폐단에 관한 것이다.

> 그렁져렁 ᄒᆞ노라니 나믄백셩 얼매되랴 (…) 각면소임 ᄌᆞ바들여 가합군졍 알어라고
>
> (…) 생혈미건 강보아를 졋두렵의 ᄊᆞ인거슬 / 울며불며 들어오니 그리여도 군졍이라
>
> (…) 뫼의가나 들의가나 댱졍백셩 만테그려 / 무슴일노 군안의ᄂᆞᆫ 백골유티 섄일런가
>
> (…) ᄉᆞᆫ쳔디형 긔험ᄒᆞ나 눌다리고 막ᄌᆞ말고 / 셩곽쥬회 견고ᄒᆞᆫ들 눌다리고 딕힐손가

백성의 참상을 서술한 마지막 부분으로, 백골징포(白骨徵布)·황구첨정(黃口簽丁)으로 불리는 군정의 문란을 개탄하고 있다. 유리도망으로 군역을 담당할 절대 숫자가 줄어든데다 돈 있고 권력 있는 자들이 빠져나가니 힘없는 백성들이 당해야 하는 겹겹의 고통을 묘사했다.

조선후기에 삼정의 문란으로 인한 백성의 고통과 국력의 낭비에 대해서는 이미 상식화되어 있는 일이라 더 이상의 첨언이 필요 없을 정도지만, 그렇더라도 그 폐단에 접근하는 방법은 여러 가지가 있을 수 있

다. 그런데 이 작품은 군정의 문란상을 맨 뒤에 배치함으로써 작자의 의도가 어디에 있는가를 읽을 수 있게 한다. 즉 모든 문제의 근원인 학정(虐政)과 그것으로 인한 백성들의 고통, 그 결과인 유리도망 끝에 남는 것은 국방력의 약화인 바, 이처럼 허약한 국방력으로는 중원에 쳐들어가 오랑캐에게 당했던 치욕을 씻기는 커녕 나라를 지키기도 어려우니 통탄할 일이라는 것이다. 백성의 참상을 서술한 부분은 그 내용이나 분량으로 볼 때 독립적인 이야기로 볼 수도 있는 정도이지만, 위에서 말한 작자의 의도가 이 작품의 전체적인 주제인 대명회복과 맞아떨어짐으로써 작품의 일관성과 통일성을 담보해내고 있다.

줄거리를 따라가는 식으로 간략하게 살펴보았는데, 이제 이 부분을 서술하는 작자의 태도를 살펴보기로 하자.

첫 번째 특징으로는 작자가 백성의 참상을 서술하면서 상당히 감정적인 어투를 사용하고 있다는 점이다. "불상홀ᄉᆞ 백셩이여 잔잉홀ᄉᆞ 백셩이여" 라는 표현에서 백성들에게 연민의 감정을 드러내는가 하면, "형방놈", "됴수(屠獸)놈" 등 부패한 체제에 기생하여 민을 수탈하는 부류에 대해서는 적대감을 보이고 있다. 이러한 적대감은 "ᄌᆞ내일를 ᄒᆞ는거동 우리셩상 아르시면 / 원촌(遠竄)들도 ᄒᆞ려니와 뎡확(鼎鑊)듕의 둘듯십다"라는 서술에서 정점을 이룬다. 앞 행은 의례적인 언사일테고 하고 싶은 말은 뒷 행일 것이다. 귀양 보내는 정도로는 성이 차지 않아서 가마솥에 넣어 삶고 싶다는 감정은 "때지어 관정(官庭)에 돌입하여 수령 이서(吏胥)를 구타 치사하"[14]던 농민들의 정서와 심리적인 동질감

14) 이이화, 「19세기 전기의 민란연구」, 『한국학보』 35집, 일지사, 1984, 59쪽.

을 느낀 것으로 받아들여도 큰 무리가 없을 듯하다. 수령이나 이서를 구타 치사하는 것이 전면적 민란의 전단계임은 주지의 사실이다.

두 번째 특징으로 백성들이 부패한 관리와 이서들에게 당하는 정황을 생생하게, 실감나게 서술하고 있다는 것이다. "벗고굶고 사라나셔", "허위허위 들어가셔", "업더디며 졉바디며", "싱혈미간(生血未乾) 강보아를 젓두렵의 쓰인거슬 / 울며불며 들어오니" 같은 표현에서 작자는 관의 독촉에 허둥지둥하면서도 따라야만 하는 헐벗고 힘없는 백성들의 모습을 잘 묘사하고 있다. 또 "사오나온 색니아젼 큰매들고 두다리며", "가가호호 들쓰면셔 욕딜매딜 들부부며 / 츳디내라 호통ᄒᆞ며 동아듀의 얼거가니", "급댱스령 내달려셔 듀댱으로 쏙뒤질러 / 족불이지(足不履地) 내쳐주니" 등의 표현에서는 관의 핍박에 속수무책으로 당하는 민의 정경을 잘 보여준다. 이렇게 당하면서 살 수 없어 고향을 떠나 유리함은 어찌 보면 당연한 일일 수 있다.

> 부모분ᄉᆞ 영결ᄒᆞ고 텬싱모발 벳더리고 / ᄉᆞ메쎄여 곡갈ᄒᆞ고 디딕버혀 바랑ᄒᆞ고(…)
>
> 듕의몸이 되온후의 쳐ᄌᆞ권속 싱각ᄒᆞ랴 / 팔도세계 바라보고 삽즉박긔 쌱나서니
>
> 어제그제 발던길이 오날거의 어둡거다 (…) / 가흔졍ᄉᆞ 맹어회라 아니가고 견될손가

집과 전답과 그밖에 모든 것을 빼앗긴 백성이 중이 되고자 집을 떠나는 정황을 묘사한 것이다. 어릴 때부터 수없이 다녀서 눈을 감고도 훤하게 볼 수 있던 동네의 삽작길이 눈에 들어오지 않는다는 표현에서 다 빼앗기고 떠나는 자의 허탈하고 무거운 마음을 손에 잡힐 듯이 그려

내었다. 실로 눈물겨운 정경이 아닐 수 없다.

이렇게 유리하게 된 백성들 가운데는 좀도적이나 '명화대적'이 되기도 했는데, 그들에 대해서도 작자는 온정적인 시각을 보인다.

> 티적ᄒᆞ는 영장(營將)들아 포적ᄒᆞ랴 갈디라도 / 주뢰난댱 급피말고 경듕술펴 되쥬어라
> 민무항ᄉᆞᆫ ᄒᆞ여시니 함익기되 고이ᄒᆞᆯ라 / 저도만일 개과ᄒᆞ면 동시아국 젹ᄌᆡ로다

명화적이 되는 것이 옳은 일은 아니나 그들을 그렇게 몰고 간 근본 원인을 살펴야 하므로 무조건 죄를 주는 것은 불가하다는 것이다. 이런 종류의 언술은 체제에 반하는 물리적 행위에 어느 정도 논리적 근거를 마련해 주었다고 해석할 수도 있지 않을까? 적어도 자신의 행위에 정당성을 찾고자 하는 '행동하는 백성들'에게는 말이다. 이처럼 탐학하는 관과 그 하수인들에 대한 적대감을 표출하고, 핍박받는 민에 연민의 감정을 드러내며 그들이 당하는 정경을 실감나게 그려내고, 나아가서는 그들의 극단적인 행위까지도 온정적인 시각으로 이해하려는 서술이 모종의 행동을 준비 중이거나 이미 행동에 돌입한 이들에게 어떻게 받아들여졌을 것인가를 짐작하는 일은 어려운 일이 아니다.

결론적으로 말해 백성의 참상 부분에 드러나는 작자의 서술태도는 "어서 가고 바삐 가자"(〈거창가〉)는 식의 선동적인 어투는 아니지만, 이 가사를 읽는 당대인들로 하여금 핍박받는 민을 동정하고 탐학하는 관장들과 이서배들에게 적개심을 일으키는 데 상당한 역할을 하기에 충분하다고 하겠다.

마지막으로 한 가지만 더 짚고 넘어가자.

> 관문박긔 셧ᄂᆞᆫ송객(訟客) 무슴일로 왓나닛가
>
> 댱의거셔 됴회ᄉᆞ셔 글ᄒᆞᄂᆞᆫᄃᆡ 겨우비러 / 원통**소디** 써가디고 관문밧긔 다다르니
>
> 모진마암 도시먹고 관문안의 뛰어들어 / 명경ᄒᆞ신 ᄉᆞ도님긔 민망백활(白活) 알외오니

위 구절들은 〈향산별곡〉에서 정장(呈狀)에 관한 부분을 모아본 것이다. 첫 번째 인용문은 관장의 탐학으로 송사하는 백성들이 줄을 섰다는 것이고, 두 번째 것은 서원의 횡포를 참을 수 없어서 관에 소지(所志)를 올리는 대목이다. 마지막은 온갖 자잘한 '구실'들과 도망한 원근 친척의 징포를 물리는 것을 참다 못하여 다시 소지를 올리는 모습을 묘사한 것이다.

19세기의 부패한 정사를 못 견뎌 향촌을 떠난 층들 가운데 상당수는 체제의 저항 세력이 되어 도시를 비롯한 각 지역에서 불만 섞인 와언(訛言), 괘서(掛書)를 통해 민심을 선동하기도 하고, 무리를 모아 명화적, 유단(流團), 녹림당 등의 저항 집단을 형성하여 이후 전면적인 반란의 촉매 구실을 하였다. 한편 향촌에 남은 사람들은 처음에는 정장(呈狀), 등소(等訴) 등의 합법적이고 소극적인 저항 방식에서 출발하여 항조(抗租), 거납(拒納) 등의 경제적 저항을 지나 목숨을 걸고 수령과 충돌을 벌이기도 하고, 끝내는 부농과 소농과 빈농이 함께 민란의 주체로 참가하기도 하였다.[15]

실제로 전라도 영암군에서는 헌종 4년(1838) 7월에 총 187건, 헌종 5년 3월에는 총 234건의 민장(民狀)이 접수되었다.[16] 그러나 대개는 민장을 낸 농민들만 처벌을 받았기 때문에 억울한 농민들이 점차 물리적인 항쟁에 가담하게 되는 것이다.[17] 요컨대 19세기에는 부패한 정사로 억울한 농민들이 대량으로 발생했고, 이에 대응하여 농민들의 활발한 정소 운동이 있었으며 이것이 민란으로 가는 초기 단계로서 역할을 하기도 했던 것이다. 이 작품에서는 집단적인 등소(等訴)의 형태는 보이지 않지만, 정소하는 상황이 세 번씩이나 출현하는 것은 민의 집단적 저항 운동의 전조를 보는 듯하여 예사로이 넘길 일이 아닌 듯싶다.

3. 19세기 초 민란가사의 한 양상

지금까지 〈향산별곡〉을 민란가사로 규정하면서 작품에 나타난 현실비판 의식에 대해서 살펴보았다. 이미 검토한 것처럼 〈향산별곡〉에서 작자가 강조하는 바는 두 가지로 요약할 수 있다. 하나는 오랑캐에 짓밟힌 치욕을 씻고 대명회복을 해야 하는데 위정자들이 올바른 정치를 하지 않아서 답답하다는 것이고, 또 하나는 목민관들의 부패한 통치로 인해 백성들이 당하는 고통이다. 이 가운데 전자는 양반 사대부들의 성리학적 세계관 내지 중화주의에 바탕을 두고 있는 보수적인

---

15) 이 부분은 『조선정치사』 상, 제7장 사회세력의 위상과 저항 참조.

16) 김인걸, 「'민장'을 통해 본 19세기 전반 향촌 사회문제」, 『한국사론』 23, 1990, 243, 253쪽 참조. 이 통계는 『靈巖郡所膽書冊』에 기록된 것만을 대상으로 한 것이므로 실제는 이보다 더 많았다고 보아야 할 것이다.

17) 이이화, 앞의 논문, 59쪽.

것으로, 그동안 〈향산별곡〉을 민란가사로 규정하는 데 장애 요소로 작용해 왔다.

그런데 이글의 서론 부분에서도 언급했지만 민란가사는 자신의 모태가 되는 민란의 성격이나 주도층의 의식과 목적에 따라 현실비판의 강도나 서술 태도, 그리고 유포 대상 등에서 다양한 층위를 가질 수밖에 없다. 따라서 민란의 주모자들이 초기 단계에서 양반 지식층을 주된 동조자로 규합하고자 할 때는 양반 지식층의 정서에 호소하는 내용의 민란가사를 지을 수도 있는 것이다. 여기서는 그 한 예로 안악작변(安岳作變)[18] 때에 창작되었다는 〈안악가(安岳歌)〉[19]를 검토하여 이런 논의를 심화시켜 보고자 한다.

안악작변은 1804년(순조 4) 이달우(李達宇), 장의강(張義綱) 등이 꾸민 사건으로 주모자 중의 하나인 선달 장의강의 집에 많은 사람이 출입하자 포교의 기찰에 의해 모의자들이 체포되었다. 이 사건의 주모자인 이달우는 1798년(정조 22)에 상경하여 무과에 응시했다가 낙방한 경험이 있는 사람으로 그 지방 하층 사족과 교유하여 이들로부터 이인(異人)의 대접을 받으며 선생의 칭호도 들었다. 또한 주역을 두루 읽어 '능문(能文)'하였으며 해점리직(解占理職)을 갖고 사방을 떠돌아다녀 전국의 지리에 밝았다고도 한다.

그는, "국가에서 인재를 수람(收攬)할 것을 생각지 않고 소인이 총애

18) 초창기 연구자들이 '長淵作變', '長淵作變'으로 부르던 것으로, 주모자인 이달우 등이 거사를 기도한 곳이 안악이어서 안악작변으로 부르는 추세다.
한명기, 「19세기 전반 반봉건 항쟁의 성격과 그 유형」, 『1894년 농민전쟁연구 2』, 한국역사연구회, 1992. 참조.

19) 〈안악가〉는 현재 그 전문은 전하지 않으나, 안악작변의 주모자인 이달우, 장의강 등을 심문한 공초에 편린이 남아 있어 부분적이나마 그 내용을 짐작할 수 있다.

를 받으며 오로지 주색연락(酒色宴樂)의 일에만 급급" 한 사회현실에 불만을 품고 "흉칙한 계획을 품고 화(禍)의 기미를 기른 지가 오래되었는데, 처음에는 가사를 지어 인심을 선동하였다." 그는 또 공초(供招)에서 '토지제도에 관한 자신의 방략(方略)을 상(上)에게 진언하려고 (잡혀가기 위해) 일부러 가사를 지어 유포'했다는 요지의 말을 하기도 했는데, 그의 방략이란 "매호(每戶)에 전(田) 칠십부(七十負)를 주고 전두(田頭)에 집을 지어 그 전(田)에 농사를 짓는다면 너댓 식구의 집에 먹을 것이 넉넉할 것"이라는 내용으로, 주나라 때의 정전제(井田制)와 당나라 때의 균전제(均田制)를 모방한 것이다.[20]

이달우가 지어 유포했다는 〈안악가〉의 내용은 어땠을까?

> 제가 밖에 나갔다 돌아오니 종환(宗煥, 이달우)과 종벽(宗璧)이 저의 집 외방(外房)에서 큰 종이를 들고 있었습니다. (…) 대체로 본 즉 상언(上言)과 중언(中言)은 감사(監司)와 본관(本官)의 불선(不善)과 본읍향리(本邑鄕吏) 제인(諸人)의 그릇된 점과 그들을 비방하는 말을 모조리 적은 것이었습니다.[21]

20) 안악작변의 전모에 대해서는 선행 연구에서 활발한 논의가 있었으므로 사건의 진행 과정에 대한 상세한 주는 피했다. 특히 아래의 논문이 참고가 된다.
이이화, 「19세기 전기의 민란연구」, 『한국학보』 35집, 일지사, 1984; 고순희, 「19세기 현실비판가사 연구」, 이화여대 박사학위논문, 1990; 최미정, 「1800년대의 민란과 국문시가」, 『성곡논총』 24집, 1993; 그런데 이들은 모두 안악작변을 '장연작변'이라 이름하고 있다.

21) 矣身自外入來 則宗煥與宗璧 在矣身家外房 持一大紙 … 大體見之 則上言中言監司本官之不善 而本邑吏鄕諸人之疵謗 無不列書. 『推案及鞫案』 26권, 아세아문화사 영인, 1980, 657쪽. 띄어쓰기와 번역은 필자의 것이다. 이하 같음.

〈안악작변〉 주모자 중의 하나인 박효원(朴孝源)의 공술 내용이다. 위 인용문이나 이달우의 공초 내용 등을 종합해 보건대 그가 지은 가사는, 위로는 "조정 대신의 타락과 인재 등용의 문란을 포함한 정치 현실에 대한 비판과 아울러 감사, 수령 및 향리층에 이어지는 수령권에 대해서도 비판하는 내용 … 현전의 현실비판가사가 지녔던 것과 같이 향촌사회 내 당대적 삶의 투영이라는 성격을 지녔던 것"[22]으로 짐작된다. 이와 관련하여 이 가사의 현실 인식이나 비판의 수준이 그리 높지 않았을 것이라는 논의도 있다. 이달우가 자신의 뜻을 전달하고자 목표한 대상은 '조가(朝家)'였지 '영세농민층'에 대한 선동을 의도한 건 아니며, "그럴 경우의 비판 내용은 보다 자기과시적이면서도 순화된 자기반성 혹은 현실 순응적인 것이었을 가능성이 크다"[23]는 것이다.

이달우가 모방했다는 정전제와 균전제가 중국의 현명한 임금들이 이미 실시했던 토지 제도이며, 조선후기에도 유형원이 공전제(公田制), 이익이 균전제, 그리고 정약용이 여전제(閭田制)를 주장했던 사실[24] 등을 감안해 보면, 안악작변 주모자들의 토지 제도에 대한 의식 수준 자체는 그다지 혁명적이라 할 수는 없다. 가사의 내용도 위에서 살펴본 바와 같이 심각한 수준은 아니었던 듯하다.

이들은 변란(變亂)을 모의하고, 또 그것의 실행을 위해 가사를 지었으면서도 왜 그 가사의 내용은 후대 연구자들의 기대(?)에 못 미치게

22) 고순희, 앞의 논문, 29-30쪽.

23) 최미정, 앞의 논문, 1696쪽. 이 언술에 전적으로 동의하는 것은 아니지만 현실 비판의 강도가 그다지 높지 않았으리라는 점은 필자도 동감이다.

24) 이들이 주장한 토지 제도에 대해서는 이기백, 『한국사신론』, 일조각, 1978, 280쪽 참조.

만들었을까? 이 문제에 대한 해답은 이들이 변란을 도모해 나가는 행동 방법에서 찾을 수 있다. 이들은 변란의 초기 단계에 "천여 명의 소인(疏人)을 모아 복궐상소(伏闕上疏)를 하다가 들어주지 않으면 곧바로 대궐에 돌입하여 조정을 차지하고 조관(朝官)들은 「가살자 살지(可殺者 殺之), 가축자 축지(可逐者 逐之), 가작자 작지(可爵者 爵之)」하려는 계획"[25] 이었다고 한다. 그리하여 복궐상소에 참여할 선비들을 모으기 위해 주모자 중 하나인 장의강은 이 가사를 지니고 평양으로, 최광언(崔光彦)은 황해도 지역으로 출발했으며, 최광언은 수십여 명의 선비 명단을 수록해 왔다고 한다.[26]

위의 기록들을 통해 우리는 안악작변의 주모자들이 초기의 행동 지침으로 복궐상소를 계획했고 그 상소에 참여할 선비들을 모으기 위한 수단으로 가사를 지었다는 사실을 알 수 있다. 이처럼 〈안악가〉는 양반 지식층을 포섭할 목적으로 창작된 것이므로 그 내용이 현실을 비판한 것이라 해도 기본적으로 양반 지식층의 정서에 가까운 것일 수밖에 없다. 실제로 이 가사는 양반 지식층 사이에서 꽤 널리 읽혔던 듯하다. 당시 장연의 유족(儒族)으로 훈장을 하던 곽헌의(郭憲儀)의 사재(私齋)에서 이 가사가 발견되어 문초를 받게 되었는데, 곽헌의가 이곳 학동들이 이것을 듣고 '노랫말로 할 수 있는 것이니 꼭 베껴두는 것이 좋을 것 같다'고 하여 베껴두었다는 요지의[27] 진술을 하고 있는 점이 이것을 증명한다.

---

25) 이이화, 앞의 논문, 66쪽.

26) 義綱持矣身所作歌詞 入平壤 爲召募之計 光彦向瑞興·豊川·海州·新溪·私禾等地 爲煽動收聚計矣 … 光彦歷往諸處 收錄以來者 爲數十餘名. 『추안급국안』 26권, 606쪽.

27) 而第遐方學童輩旣聞 稱以歌詞者 必以爲好似 是謄置. 『추안급국안』 26권, 616쪽.

그런데 주모자의 입장에서 보면 상소에 참여하는 선비들에게 상황에 따라서는 '대궐을 접수'한다는 그 후의 행동 계획까지는 알려줄 필요는 없는 것이므로, 〈안악가〉의 현실 비판 강도가 다소 낮다고 해도 당시의 선비들에게 널리 읽혔다면 일단 이 가사의 창작 의도는 성공한 셈이다. 다시 말하면 〈안악가〉의 현실 비판 강도가 낮았느냐 높았느냐, 또는 사대부 취향이냐 평민 취향이냐에 관계없이 이 가사는 변란(變亂)의 내용과 의도에 충실하게 부합한 작품(즉 성공적인 민란가사)이었다고 평가할 수 있는 것이다.

이제 다시 〈향산별곡〉의 문제로 돌아가 보자. '대명회복'이라는 보수적인 이데올로기를 주장하고 성리학적 세계관을 바탕으로 한 양반적 정서에 부합되는 내용과 구조를 가지고 있는데도 〈향산별곡〉은 여전히 '민란가사'인가? 대답은 '그렇다'이다.

결론부터 말하자면 〈향산별곡〉은 안악작변과 비슷한 수준의 변란(變亂) 시(時)에 양반 지식층을 포섭하기 위한 의도에서 창작되었으리라는 것이다. 이 작품을 관통하는 주제인 '대명회복'만 해도 한 때는 국가의 공적인 정책으로 추진된 바 있었고 18, 19세기에도 대다수의 양반 사대부들은 소중화 사상에 젖어 있었다. 더욱이 여러 가지 사정으로 국제정세에 눈이 어두운 시골의 선비들에게는 대명회복이야말로 상당히 중요한 명분이 아닐 수 없다. 중앙에서의 당쟁과 목민관들의 부패한 정사가 백성들의 고통으로 이어지면서 적어도 이론상으로는 '치국평천하(治國平天下)'할 예비군인 시골 선비들의 우국, 애국심을 자극했을 것이며, 정사의 부패가 군정의 문란으로, 이것이 다시 국방력의 약화로 귀결되는 현실과 대명회복이라는 명분이 결합할 때 양반 지식층의 우국지심을 자극하여 그들을 궐기하게 하는 계기로 작용할 수 있을 것이다.

〈향산별곡〉의 서술 방식도 이 작품이 양반 지식층을 포섭하기 위한 목적으로 창작되었으리라는 추리를 더욱 든든하게 해준다. 이 작품은 작자가 위로는 'ᄒᆞᄂᆞ님'으로부터 '셩상님'과 '됴뎡의들 겨신 분내', 그리고 '방백슈령 외임들'과 '문남무변 목민 듕의 학민ᄒᆞᄂᆞᆫ 관당들'을 차례로 등장시켜 잘못된 현실을 비판하고 그로 인한 백성들의 고통을 토로하는 형식으로 되어있다. 현실에 대한 이러한 체계적인 비판은 감정보다는 이성에 호소하는 것으로서 하층 농민들보다는 양반 지식층에 더욱 먹혀들기 쉬운 방법이다. 또한 국가의 구성원들이 각자 자신의 위치에서 자신의 맡은 일에 최선을 다하면 나라가 안정된다는 논리는 엄격한 신분제에 기초한 유교적 통치 이데올로기, 즉 '각수기분(各守其分)'의 논리로 양반들이 좋아하는 종류의 것이다.

어떤 가사가 변란을 선동하기 위한 목적으로 창작되었다면 그 가사는 양반 지식층보다는 하층 농민들에게 호소하는 내용인 것이 일반적일 텐데 〈향산별곡〉은 어째서 그 반대일까? 그것은 아마도 이 작품의 발생과 유포 지역에 관계가 있는 듯하다. 정재호 교수가 소개한 김호연본의 표기상 특징은 'ㄷ'음의 표기이다. '구개음화의 역유추로 인한 교체 현상'인 'ㄷ'음은 평안도 지역에서만 지키고 있는 음운 현상이므로, 평안도를 중심으로 이 가사가 유포되었던 것을 알 수 있다.[28] 그리고

28) 고순희, 앞의 논문, 77쪽. 또다른 이본인 나손본 『향산별곡』에는 〈향산별곡〉 외에도 〈금강산완상록〉, 〈긔셩별곡〉 등이 실려 있으며, 『만언ᄉᆞ』에도 〈숑양별곡〉 등과 함께 실려 있다. 〈긔셩별곡〉은 古都 평양의 역사, 인물, 풍경을 읊은 것이고 〈송양별곡〉은 松都를 찾아 본 기행가사이다. 또 김호연본이 강원도에서 발견된 사실 등을 들어 고순희는

〈향산별곡〉이 창작 유통되던 19세기 전반기는 평안도와 황해도에서 가장 많이 민란이 모의되거나 발생되었던 바, 이런 현상은 19세기 후반기에 들어 영남과 호남 지방에 민란이 집중되는 것과 대비되는 특징으로, 이렇게 된 이유는 서북 지방의 차별 정책으로 인한 소외 문제와 직결돼 있다고 한다.[29] 조선후기 이래 서북 지역은 대외무역 등을 통하여 경제적 성장이 가속화되었는데, 이곳 인사들 가운데 일부는 축적된 부를 바탕으로 기근이나 대화재(大火災)와 같은 천재지변이 발생했을 때 곡식을 바치거나 의연금을 내서 지방 관직을 제수받기도 하고, 일부는 중앙을 오가면서 엽관 운동을 벌이기도 했다. 그러나 이른바 '발신(發身)'의 열망이 강했음에도 불구하고 경제적 능력을 비롯한 여러 가지 사정으로 엽관 활동조차 벌일 수 없는 인물들 가운데 상당수가 이 시기의 변란을 기도했던 것으로 보인다고 한다.[30] 요컨대 〈향산별곡〉은 19세기 초에 평안도 지역에서 변란을 선동할 목적으로 창작 유통되었던 바, 서북지방의 차별 정책으로 인한 소외 문제 등 이 시기 서북 지역의 특수상황이 이 작품을 양반 지식층의 정서에 호소하는 내용으로 규정지은 것이다.

4. 마무리

이 글은 그동안 다소 모호하게 써 왔던 '현실비판가사', '민란가사'의

〈향산별곡〉이 서북 지방을 중심으로 서울 이북 지역에서 널리 향유되었다고 주장한다.

29) 이이화, 앞의 논문, 85쪽.

30) 한명기, 앞의 논문, 119쪽 참조.

개념을 좀 더 명확하게 규정해 보고자 하는 의도에서 집필되었다. 그리하여 우리가 범박하게 '민란'이라고 부르는 조선후기의 저항 운동들에는 다양한 층차가 존재한다는 사실을 환기하고, '민란가사'를 '다양한 저항 운동들을 유발 확대하기 위한 목적으로 창작된 가사'로 규정했다. 따라서 민란가사는 그것의 모태가 되는 민란의 성격에 영향을 받을 수밖에 없으므로 민란가사 내부에는 다양한 내용상의 편차가 존재할 수 있음을 논의했다.

이어서 대표적인 민란가사인 〈향산별곡〉을 분석하고, 1804년 안악 작변 시에 창작 유포되었지만 현재는 실전된 〈안악가〉를 검토하였다. 그 결과 두 작품은 민란[변란]을 유발 확대시킬 목적으로 창작한 민란가사임에 틀림없으나, 그것의 모태가 되는 변란의 특수성 때문에 양반 지식층의 정서에 호소하는 내용을 담고 있음을 확인했다.

역사적으로 엄격한 의미에서의 '민란'이란 용어에 적합한 저항운동은 아마도 임술민란에 국한되지 않나 생각한다. 임술민란보다 낮은 단계의 저항 운동들은 사건의 진행 경과나 미래에의 전망 수준에 걸맞은 각기 다른 이름들로 불리고 있지만, 사학계에서는 19세기를 '민란의 시대'라고 부른다. 다양한 단계의 저항 운동들을 넓은 의미에서 '민란'이라고 총칭하는 것이다.

현실비판가사와 민란가사의 용어 문제도 이런 관점에서 접근하는 것이 옳다고 필자는 생각한다. 단순한 현실 비판과 넓은 의미에서의 '민란'의 차이는, 현실에 대한 문제의식을 가지고 그것을 밖으로 드러내어 발언만 하는 것과 그러한 인식 끝에 집단적이면서 법외적인 행동을 계획하고 실천하는 것의 차이이다. 그러므로 경우에 따라서는 단지 현실을 비판하기만 한 어떤 현실비판가사는 민란을 선동할 목적으로 창작한 어떤 민란가사보다도 현실 비판의 수준이나 강도가 높을 수 있고 더 투철한 역사의식을 가질 수도 있다. 현실 비판의 수준이나 과격한 어투 등이 민란가사냐 아니냐를 규정하는 유일한 척도가 될 수는 없는 것이다. 그러므로 개별 작품을 어느 하위 갈래에 귀속시킬 것인가 하는 것은 내용보다도 그것을 창작하게 된 동기 등에 중점을 두어야 하리라고 본다.

이 글에서 검토한 〈향산별곡〉 외의 민란가사 작품들을 구체적인 민란의 단계와 연결시키고 그 과정에서 가사 작품들이 한 역할에 대한 깊이 있는 탐구가 앞으로의 과제라 할 수 있다.

第3장
〈덴동어미 화전가〉의 세계인식과 조선후기 몰락 하층민의 한 양상

1. 머리말

중세 봉건사회의 해체기 또는 중세사회에서 근대사회로의 이행기라고 일컬어지는 조선후기 사회는, 그 명칭이야 어떻든 역사의 전환기로서 매우 중요한 의미를 갖는다. 이러한 전환기는 기존의 체제나 이념 질서가 부정되기 시작하고 그것을 대체할 새로운 움직임이 일어나는 때이므로, 계층마다 자신의 처지나 이해에 따라서 이전에 볼 수 없던 다양한 행동들을 드러낸다. 이른바 '민중의 성장'으로 명명되어 왔던 것처럼, 계급적 역관계의 재편에 따라 기층민·평민의 문학이 문학사의 전반에 떠오르게 된 것은 이 시기 문학의 대표적인 특징이라 할 수 있다. 가사문학에서 이러한 사정은 평민층의 경험과 생활감정을 반영한 '평민(층)가사'의 대두로 나타난다. 평민층의 가사는 대체로 세 계열로 나눌 수 있다고 하는데, '당대사회의 모순과 학정(虐政)으로 인한 민중들의 고통을 노래한' 작품들과, '추하고 탐욕스런 인물을 등장시켜 신랄한 풍자를 가하면서 당시의 변환기적 세태를 재미있게 희화화(戱畵

化)'한 작품들, 그리고 '남녀간의 애정을 중심으로 하여 욕구의 좌절·지연·성취 등의 문제를 다룬 작품'들이 그것이다.[1)]

이글에서 다루고자 하는 〈덴동어미화전가〉[2)]는 평민가사에 속하는 작품이지만 위의 어느 계열에도 편입되기 어려운 작품이다. 〈덴동어미화전가〉는 규방가사의 한 종류인 화전가(花煎歌)의 형식을 취하고 있다. 화전가란, 부녀자들이 봄에 일기(日氣)가 청명(淸明)한 날을 골라 하던 화전놀이를 기록한 것으로 택일과 인원 선정, 제반 경비와 소요 물품의 선정에서부터 화전놀이를 가는 부녀자들의 몸단장, 놀 때의 여러 모양, 그리고 날이 저물어 돌아오는 과정 등을 기록한 일정한 형식을 갖춘 가사이다. 화전가에는, 시집살이의 고달픔이나 친정식구들에 대한 그리움 등의 신세 한탄이 들어있기도 하고, 부녀자들이 갖춰야 할 올바른 행실 등에 관한 교훈이나, 화사한 봄을 맞이하여 짧은 인생을 즐기자는 풍류 등이 노래되기도 한다. 따라서 화전가를 통해 당대 부녀자들의 일상생활과 의식의 한 단면을 엿볼 수 있다.[3)]

---

1) 김흥규, 『한국문학의 이해』, 민음사, 1986, 121쪽. '평민(층)가사'라는 용어는 '평민들이 지었거나 평민들의 생활감정을 반영한 가사' 정도의 의미이다. 이런 종류의 가사는 연구자에 따라 이름을 달리하여, 김문기는 '서민가사'로 부르기도 한다. 김문기, 『서민가사연구』, 형설출판사, 1983. 필자는 평민가사라는 용어를 쓰기로 한다.

2) 이 작품은 경북대에 갊아 있는, 4·6 병려체의 기행문인 『小白山大觀錄』의 뒷부분에 〈화전가〉란 이름으로 한글 필사되어 있다. 총 45장으로 된 이 작품은 한 장에 2음보 1구를 3단으로 세로쓰기해서 12줄씩 기록하여, 4음보를 한 행으로 치면 총 809행에 이르는 장편가사이다. 이 작품의 필사년대는 1938년으로 추정된다고 하는데, 그 내용은 조선후기적인 것이다. 19세기에 창작되어서 흘러 다니다가 1938년에 필사된 것이 아닌가 한다. 김문기가 『서민가사연구』에 〈화젼가〉 전문을 소개했다. 이글에서는 다른 화전가들과 구분하기 위하여 〈덴동어미화전가〉로 쓰기로 한다.

3) 김영숙, 「화전가 고찰」, 『덕성어문학』, 덕성여대 국문과, 1986.에 화전가의 일반적 형식과 주제에 대한 개략적인 언급이 있다.

〈덴동어미화전가〉도 화전가의 형식을 충실하게 지키고 있다. 처음에는 화전놀이를 가기까지의 준비 과정이 서술되며, 화전을 가서 모두들 즐겁게 노는데 열일곱 살 청춘과부가 신세 한탄을 하며 집에 가겠다고 하자, 덴동어미가 나서서 고난으로 가득 찬 자신의 일생을 이야기하니 청춘과부가 크게 깨닫고, 즐겁게 놀다가 돌아온다는 내용이다.

그런데 작품 전체 중에서 덴동어미의 일생담 부분이 삼분의 이 정도를 차지하며, 이 부분은 덴동어미 자신이 화자로 되어 있다. 일종의 액자 형식으로 된 이 작품의 핵인 덴동어미의 일생담 부분은, 향리 계층 출신의 한 여인이 몰락하여 기구한 삶을 살아가는 과정을 사실적으로 그리고 있으며 그 과정에서 당대 하층민의 생활을 자세하게 묘사해서 주목된다. 덴동어미의 하층민적 삶의 역정이 동시대의 어떤 문학작품보다도 대단히 사실적으로 묘사되어 있어서, 조선후기의 가사의 특징적인 경향과 관련하여 이 작품의 문학사적 위치의 중요성을 감지할 수 있게 한다.

이 글에서는 덴동어미의 일생담 부분을 중심으로, 향리 집안 출신인 덴동어미가 몰락하는 과정과 몰락한 이후의 하층민적 삶을 당대사회의 구체적 실상과 관련해서 살펴본 뒤, 〈덴동어미화전가〉의 세계인식과 그 미적 성과와 한계를 작품의 서사적 특징과 연결해서 검토하고, 조선후기 사회 하층민의 삶을 다룬 다른 작품들과 비교하면서 이 작품의 문학사적 위치를 가늠해 보고자 한다.[4]

---

4) 이 논문의 발표시점에서, 이 작품은 그 내용의 중요성에 비해서 연구는 거의 이루어지지 않았다. 김문기가 다른 여러 서민가사들을 다루면서 부분적으로 언급했으며(『서민가사연구』, 형설출판사, 1983. 조동일은 『한국문학통사』 3, 지식산업사, 1984.에서 '사대부 부녀자들의 규방가사를 변형시켜 하층민의 감정을 노래했다'는 관점에서 간략히 언

2. 덴동어미의 몰락과정과 하층민적 삶

덴동어미의 일생담은 크게 두 부분으로 나눌 수 있다. 앞부분은 덴동어미가 하층민으로 전락하는 과정이고 뒷부분은 몰락한 덴동어미의 고달픈 생활을 묘사한 대목이다. 사건의 전개 순서를 따라가면서 살펴보기로 하자.

덴동어미는 본래 순흥읍내 임(林) 이방의 딸이다. 열여섯에 예천읍의 장(張) 이방 아들에게 시집간다. 그 이듬해에 친정에 오니 마침 단오인지라, 삼백 장 높은 가지에서 그네를 타다 그넷줄이 끊어지는 바람에 남편이 떨어져 죽는다. 열일곱에 과부가 된 덴동어미가 밤낮으로 통곡하니, 불쌍히 여긴 양가 부모가 의논하여 상주읍 이(李) 상찰-이방-의 아들인 이승발의 후취로 개가시킨다. 덴동어미가 순흥 임 이방의 딸로서 예천의 장 이방 아들에게 시집갔다가 실패하고 다시 상주의 이 이방의 후취로 들어가는 것은 조선후기사회에서 향리층끼리의 계급내혼제도(階級內婚制度)의 연장선상에서 이해할 수 있다.[5)]

급했다. 작품론으로는 고혜경이 한국고전문학연구회 제118회 월례발표회, 1888.4.2.에서 「가사에 나타난 조선말기 하층민의 삶과 의식」이라는 제목으로 발표한 것이 유일하다. 고혜경의 발표는 주로 구조와 형식적인 측면에만 관심이 기울어 작품의 본질에 접근하지 못한 듯하다. 내용의 중요성에 비해 연구가 소략한 것은 이 작품의 성립년대를 추정하기 어려운 점에도 원인이 있다.

5) 여기서 잠시 덴동어미가 속했던 향리층에 대해서 살펴보자. 조선시대의 향리는 라말여초의 지방의 호족에서 유래한 것이다. 호족들은 고려의 성립과 함께 개편되어 한편으로는 중앙의 귀족·관료로 진출하고, 다른 한쪽에서는 그대로 토착하면서 郡縣 통치자로서의 각 읍 戶長層을 형성해 갔다. 한편 조선시대의 京·外官署는 관리직인 양반출신의 관료와 행정실무 담당층인 중인계의 吏屬으로 구성되어 있었다. 양자는 본래 土姓이라는 같은 뿌리에서 나왔으나 15세기 이래 양반사회가 성립되는 과정에서 士族과 吏族으로 명확히 구분되어 갔다. 한 예로 안동의 김씨와 권씨는 麗朝 이래 한말까지 호장직을 세습하면서 계파에 따라 사족화의 길을 걸었고, 조선시대 이족으로 고정된 계열은

덴동어미가 개가한 상주 이 이방의 집은 "가셔도 웅장ᄒᆞ고 시부모임도 자록ᄒᆞ고 낭군도 츌듕ᄒᆞ고 인심도 거룩ᄒᆞ되 … 포가 마나"[6] 걱정이었지만 행복하게 살았다. 그러나 'ᄒᆡ로삼연이 못다가셔 셩쏫든 조등ᄂᆡ 도임ᄒᆞ고' 나서 '슈만냥 이포'를 걷어가니, 전답과 세간살이마저 팔았으나 수천 냥이 모자라 일가친척의 도움을 받아서 갚는다. 시아버지는 장독(杖毒)이 나서 죽고 시어머니는 '잇병'이 나서 초종 후에 죽으니, 시동생들과 '건 이십 명' 남녀노복이 다 흩어지고 내외만 남았으나 고향에서 살 수 없어 '전전걸식'하며 경주읍내로 간다.

첫 번째 결혼에 실패한 것은 일종의 불가항력이라 할 수 있는 것으로

안동의 향리세계를 주도했다. 고려후기 이래 시대적·사회적 변동과 지방제도의 정비에 따라 군현간·지역간 토성들의 대규모적인 이동이 있었고 종래의 村姓이나 鄉, 所, 部曲姓이 郡縣姓에 흡수되면서 非土姓 향리층이 증가해 갔다. 그래서 조선시대에는 土姓吏族을 鄕吏라 하는 데 반해 非土姓 吏族을 假吏라 하여 구분하였고, 이러한 가리는 향리의 지위가 현저하게 격하된 조선후기에 와서 급격하게 증가했으나, 兩界 지방이나 토성이족의 유망이 심했던 경기도와 황해도 및 沿海, 島嶼 지방을 제외한다면 列邑 향리의 주체는 역시 토성이족이었다. 그리하여 경주, 안동, 강릉과 같은 곳에서는 몇몇 명문이족이 천년에 걸쳐 호장층을 세습하기도 했다. 또한 조선시대 군현 향리계를 통솔했던 호장층은 신분이 현저하게 세습되고 그들의 통혼권도 계급내혼제를 지키고 있었다. 조선후기에 오면 그들의 통혼권도 확대되어 同邑吏族에 국한하지 않고 도내 列邑吏族과도 결혼함으로써 그들의 세력조직은 일 읍에서 일 도로 확산되어 갔다. 그리하여 이들은 일정한 세력집단을 형성하기도 했는데, 이것은 향리 자리가 치부와 영산의 수단이 되기도 했으므로 기존 향리끼리의 쟁탈전은 물론, 비 향리계에서 향리가 되려는 자가 많아졌으며, 특히 임란 이후에 가리가 번성하는 등 향리의 수가 기하급수적으로 증가한 상황에서 기득권을 지키기 위한 방법이었다. 조선후기에는 이와 같은 치열한 자리다툼의 결과로 향리세계에도 자기도태 작용이 활발하게 일어났으며, 중앙의 朋黨政治가 지방사회에까지 미치게 되고 향리들도 黨色과 연결되면서 집권세력의 교체가 군현이족의 勢力消長과 관계가 있기도 했다. 이수건, 『조선시대지방행정사』, 민음사, 1989, 제4장 3절 鄕吏職制와 그 權限(268-310쪽) 참조.

6) 〈화젼가〉, 9쪽. 〈화젼가〉가 실려있는 『소백산대관록』에는 쪽수가 기록되어 있지 않은데, 필자가 편의상 〈화젼가〉에만 페이지를 부여했다. 이하 인용은 '〈화젼가〉, 쪽.'의 방식으로 한다.

다시 결혼함으로써 불행은 극복된다. 그러나 두 번째 결혼생활은 이포(吏逋)를 물다가 집안이 결딴나는 바람에 위기를 맞게 된다. 이포라는 것은 수령과 관속이 자신들의 포흠 분을 환곡대장에 첨부시켜 농민에게 징수해야 할 부세로 전변(轉變)시키는 행위로서, 정약용은 이것을 '세전(稅轉)'이라 하여 문제로 삼고 있으며[7] 1862년 농민항쟁 때 제기된 환곡의 모순 가운데 가장 심각한 것이었다.

이승발의 아버지인 이 이방이 이포를 물다가 망했다는 말은 두 가지로 생각할 수 있다. 하나는 1860년대의 농민항쟁이다. 당시 대부분의 봉기 사례에서 이서(吏胥)들은 주 공격대상이 되었다. 그것은 당시 농민항쟁이 대 조세투쟁(對 租稅鬪爭)을 중심으로 전개되었는데, 이서들은 수탈의 직접적인 집행자였으며 특히 경상도 지역에서는 이들의 위세가 대단했으므로 폐단도 상대적으로 컸다. 실제로 경상도 지역에서는 다수의 이서가 살해되고 재산도 압류되었는데, 항쟁 초기에 진주 우병영에서 병사(兵使) 백낙신이 자신의 위기를 모면하기 위해 이서를 장살(杖殺)하자 그 뒤부터 빈번히 살해되었다.[8] 작품에서 이승발의 아버지가 이방으로 있던 상주에서도 조세수탈이 심하여 농민항쟁이 활발했으나 이서들을 살해한 기록은 보이지 않는다.[9] 그리고 덴동어미의 술회에서도 농민항쟁에 대한 언급이 전혀 없는 것으로 보아 이 가능성은 희박하다.

다른 하나는 앞에서 말한 조선후기 향리층의 자기 도태 과정이다.[10]

---

7) 역주『목민심서』3, 창작과 비평사, 1981, 27쪽.
8) 망원 한국사연구실 편,『1862년 농민항쟁』, 동녘, 1988, 108쪽.
9) 상주의 농민항쟁의 경과에 대해서는 위의 책, 216-231쪽 참조.
10) 향리층의 자기도태과정은 주 5)를 참조할 것.

'수만냥 이포'는 아전 한 사람만의 문제로 보기는 어렵다. 더욱이 새로운 수령이 부임하고 나서 일시에 망하게 되는 것은 수령권의 교체와 관련된 향리들의 세력 다툼에서 패배한 것이라 여겨진다. 세월이 지난 후에 덴동어미가 고향에 갔을 때 친정 집안이 이미 망해버린 일도 혼인을 통해 맺어진 특정한 향리세력이 몰락한 것으로 이해할 수 있는 단서를 제공해 준다. 이런 추리는 경상도 지방의 명문 이족과, 작품에 나오는 덴동어미와 관련된 사람들의 성씨 비교에서도 방증자료를 얻을 수 있다. 즉 덴동어미의 친정인 순흥에는 안(安)씨와 김(金)씨의 명문이족이 있었으며, 처음 결혼해 간 예천에는 권, 윤, 임(權, 尹, 林)씨, 그리고 두 번째 결혼해 간 상주에는 김, 박, 이(金, 朴,李)씨의 명문 이족이 있었는데,[11] 덴동어미는 순흥 임 이방의 딸이고 예천의 장 이방 집에 시집가며 상주의 이 이방 집에 다시 시집간다. 그런데 순흥 임 이방과 예천의 장 이방은 그 지역의 명문 이족이 아닌 것으로 보아 가리(假吏)로 볼 수 있으며, 상주의 이 이방은 명문 이족에 속하지만 '래성(來姓)'[12]이다. 이들은 향리가 아닌 가리들의 세력 연합으로 볼 수 있는 것이다. 어떠한 원인이든 덴동어미가 몰락하는 것은 결국은 조선후기라는 불안정한 사회 상황이 배경으로 작용하고 있다.[13]

경주읍내의 큰 여객에 밥 빌러 들어간 덴동어미는, 사정을 들은 주인이 일년에 이백 오십 냥을 줄 터이니 '안팍담사리' 해 달라고 부탁하자

---

11) 이수건, 위의 책, 273-274쪽.

12) 같은 곳.

13) 물론 작품 속의 지명이나 인명을 실제 현실에서의 그것과 일대일로 대응시키는 것은 문제가 있지만, 기본적으로 문학작품이 현실을 반영한다는 점에서 볼 때 어느 정도의 연관성은 고려해도 좋을 듯하다.

남편과 의논한다. 과거의 체면을 생각하며 차라리 빌어먹다가 죽고 말지 남의 사환이 되어 무지한 욕을 볼 수 없다는 남편을 "이리히셔 버러 가지고 고향가면 이방乙 못ᄒᆞ며 호장乙 못ᄒᆞ오 부러울게 무어시요"[14] 하고 설득하여 그 집에서 일하기로 결정한다. 주인에게서 받은 돈은 일수와 월수를 놓아서 불려나가고 억척같이 일을 하여, 삼년이 지나지 않아 만여 금 돈을 모은다. 다음해에는 고향에 돌아가려 하였으나 '병술년 괴질'이 닥쳐 남편과 돈을 빌려간 사람들이 모두 죽는다. 덴동어미는 두 번째 결혼도 실패하고 '또다시 비러먹'는 신세가 되었다.

불안정한 사회상황에서 일시에 몰락했지만, 덴동어미 부부의 의식에는 아직도 향리층의 그것이 남아 있다. 돈을 벌어 고향에 가서 이방이나 호장을 하려는 생각이 그렇고, 고리대로써 재산을 불려나가는 방법은 향리층이 농민을 수탈하는 전형적인 수법이다. 이러한 의식은 이승발이 경제력만 뒷받침되면 다시 이방이나 호장을 할 수 있기 때문에 가능한 것이다. 과거의 안정된 생활을 회복하려는 덴동어미의 꿈은 괴질로 남편과 채무자들이 죽음으로써 깨어진다. 아울러 덴동어미는 몰락한 하층민이 되어 과거의 세계로부터 완전히 고립된다. 남편인 이승발의 죽음과 동시에 향리층으로 통하는 출구가 봉쇄되어 버린 것이다.

경제적으로나 신분적으로 완전히 몰락하여 빌어먹으며 울산 읍내까지 흘러 들어간 덴동어미는 황도령을 만나 세 번째로 결혼한다. 황도령은 육대 독자인데 "셰살먹어 모친죽고 네살먹어 부친죽ᄂᆡ 강근지족 본ᄃᆡ읍셔 외조모손"[15] 에서 자란다. 그런데 열네 살에 외조모가 죽고 열

14) 〈화젼가〉, 14쪽.

15) 〈화젼가〉, 17쪽.

다섯에 외조부도 죽는다. 그래서 외사촌 형제와 같이 살았으나 "삼연초토乙 지나더니 남의 빗데 못견듸셔 외사촌 형제 도망ᄒᆞ고"[16] 의지할 곳이 없어 남의 집 머슴살이로 십여 년을 고생해서 장가 밑천을 마련했으나, 서울 장사가 남는다는 말을 듣고 장가밑천을 다 털어서 참깨를 무역하여 대동선에 부쳐 싣고 가다 풍랑을 만나 모두 빠져 죽고 황도령만 겨우 살아남아 제주도까지 표류하다 돌아와서, '사긔졈의 … 도부ᄒᆞ며' 살아가는 인물이다.

향리층과 자신을 이어주던 마지막 끈[남편 이승발]을 잃어버려 완전히 몰락한 덴동어미가 떠돌다가 만난 황도령은 조선후기 하층민의 한 전형을 보여준다. 황도령의 부모가 일찍 죽어 고아가 되는 것이나 외조부와 외조모마저 죽는 것은 당대사회 하층민의 열악한 삶의 조건을 반영한다. 조선후기 사회는 이른바 '삼정의 문란'으로 상징되는 극도로 부패한 체제에다가 전염병, 홍수, 가뭄 등 자연재해마저 자주 일어났으며, 한편으로는 농업생산력의 발전과 상품화폐경제의 일정한 발달 등으로 농촌의 양극분해가 이루어져 토지를 잃은 '무토불농지민(無土不農之民)'이 급속하게 늘어났다. 이러한 상황에서 병들어 죽거나 굶어죽는 자가 속출했으며 살아남은 자들은 고향을 버리고 유랑의 길을 떠나 한 마을 전체가 폐촌이 되기도 하였다. '삼년초토'가 구체적으로 어떤 상황인지 여기서는 알 수 없지만 그것이 흉년이든 전염병이든 악랄한 관의 수탈이든 문제는 달라지지 않는다. 외사촌 형제들이 뿔뿔이 흩어져 유랑하게 되자 혼자 남은 황도령이 할 수 있는 일은 오직 한 가지, 고용노동자[머슴살이]가 되는 것뿐이었다.

---

16) 같은 곳.

황도령의 청혼을 받은 덴동어미는 "가만이 곰곰 ᄉᆡᆼ각ᄒᆞ니 먼져으든 두낭군은 홍문ᄋᆞᆫ의 사ᄃᆡ부요 큰부자의 셰간사리 ᄑᆡ가망신 ᄒᆞ여시니 흥진비ᄅᆡ 그러ᄒᆞᆫ가 져총각의 말드르니 육ᄃᆡ독자 나려오다가 죽운목슘 사라시니 고진감ᄂᆡ ᄒᆞᆯ가부다"[17] 하고, '우리셔로 불상이 여겨 허물읍시 사라보셔' 하며 청혼을 승락한다. 이제는 큰 부자가 되어 옛 생활을 회복하려는 꿈도 없고, 떠돌이 도부장수와 결혼하여 그저 허물 없이 살기만을 바라게 되어 덴동어미는 비로소 처지도 의식도 완전한 하층민이 되었다.

이들은 십여 년 동안 '장바군니의 털이읍고 모가지가 자ᄅᆡ목되고 발가락이 무지러'질 정도로 열심히 도부했으나, 돈이 조금 모일 만하면 그 때마다 둘 중의 한 사람이 병이 나서 남의 신세를 지곤 하여 어려운 생활을 계속한다. 이 부분은 조선후기 하층민의 생활과 관련하여 좀 더 따져볼 필요가 있다. 앞에서 우리는 덴동어미가 완전히 하층민으로 전락하게 된 것은 돌림병으로 남편인 이승발과 채무자들이 모두 죽었기 때문이라 했다. 양난 이후, 특히 18,9세기에 들어와서 유난히 돌림병이 많았는데, 그것은 농업생산력의 발전 등으로 인구는 빠른 속도로 늘어난 반면 봉건체제의 극심한 수탈로 당시 민중들의 생활 환경이 매우 저열했던 데 원인이 있다. 실제로 현종(顯宗)이 즉위한 17세기 중엽부터 철종(哲宗)이 죽은 19세기 중엽까지 총 79회의 비교적 큰 규모의 전염병이 발생했는데, 이 가운데 28회는 기근(饑饉)과 병행하여 발생했다.[18] 당대 민중들은 기아(飢餓)로 인한 영양실조 등의 이유로 "병

17) 〈화젼가〉, 22쪽.

18) 조광, 「19세기 민란의 사회적 배경」, 『19세기 한국 전통사회의 변모와 민중의식』, 고대 민족문화연구소, 1982, 197-198쪽.

자의 절반이 유개(流丐)", "배고픔과 질병으로 죽은 사람이 무수하다"[19]는 기록에서 보이는 바와 같이, 돌림병에 거의 무방비 상태로 노출되었다. 덴동어미와 황도령이 도부장사를 하면서 번갈아가며 병이 나는 것도 같은 맥락에서 이해된다. 즉 어려운 조건에서 무리를 해서라도 돈을 모으지만 그 열악한 조건과 무리로 인하여 병에 걸려서 애써 모은 재산을 날려 버리는, 당대 민중들의 '빈곤의 악순환'을 엿볼 수 있는 것이다.

그러다가 '구진비 실실 오난' 어느날, 덴동어미가 남편을 주막집에 둔 채 주막집 주인댁과 도부하러 나간 사이에 소나기가 쏟아져 주막 뒷산이 무너져 남편이 죽는다.

삶의 의욕을 잃어 버려 넋을 놓고 앉아 있는 덴동어미에게 주막집 주인댁은 다시 결혼해서 자식을 낳고 잘 살아 보라고 한다. 갖은 풍상을 다 겪은 덴동어미는 '자식을 낳아 잘 살아 보라'는 주인댁의 말에 평범한 삶에 대한 희망을 다시 찾아 엿장사 하는 조서방과 네 번째 결혼을 한다. '나는 집의셔 살임ᄒᆞ고 영감은 장마다 다니며 엿장사'를 하면서 살다가 '웃지ᄒᆞ다가 틔긔잇셔' 나이 오십에 사내아이를 낳는다. 늦게 얻은 자식과 그런대로 행복하게 살던 어느날, 조서방은 근처에서 '수동별신 큰 별신굿'을 한다는 말을 듣고, 한 밑천 잡으려고 친구의 돈을 빌려서 큰 솥에다 엿을 삼사일 곤다. 그런데 갑자기 한밤중에 큰 바람이 불어 큰 불이 나서 집과 함께 영감은 불에 타 죽고 아들만 간신히 구했으나, 불에 데어 '조막손 장치다리 가진병신'이 되었다. 아들

---

19) 『영조실록』 8년 4월 戊戌條. 病者半是流丐 必有糜粥之資 然後可以救濟.
『현종개수실록』 13년 3월 乙亥條. 因飢病死者 無數.
위의 논문, 198쪽에서 재인용.

때문에 죽지도 못하여 덴동이를 업고 친정동네로 돌아왔으나 친정집도 이미 결단난 후라 할 수 없이 오촌 형님 집에서 드난살이를 하게 된다.

조서방이 별신굿판에서 크게 한 몫 잡으려고 엿을 고다가 화재로 패가하는 대목은 당대사회 민중 생활의 한 측면을 잘 반영하고 있다. 알고 있듯이 조선후기에 상품화폐경제가 발달하고 도시의 상업적 문화가 농촌사회에 침투하여 공동체적 질서가 동요하기 시작하자, 농민층의 분화 과정에서 토지의 기반을 상실한 빈농층 중에는 상업적인 방법으로 생계를 유지하거나 부를 축적하려는 자들이 나타났다. 황도령이 머슴살이해서 마련한 장가 밑천을 아낌없이 투자하여 참깨무역을 하려 한 것이나 조서방이 친구의 돈을 빌려서 크게 한 번 엿장사를 하려 한 것은 당대사회에 이러한 움직임이 널리 퍼져 있었기 때문에 가능한 일이었을 것이다. 그러나, 이들 중 극소수는 성공적인 상인자본의 길을 걸어가기도 하지만, 대부분은 실패할 수밖에 없다. 기본적으로 불안정한 조선후기 사회의 경제체제에서 이들의 행위는 투기적일 수밖에 없었으며, 이런 상황에서는 권력의 비호도 받지 못하고 영세한 자본만을 가진 하층민들은 성공하기가 어렵기 때문이다.[20] 조서방

---

20) 조선후기에 토지의 기반을 상실한 인물들이 상업적인 방법을 통해 재산을 모으려는 모습은 여러 작품에 보인다. 이들은 대부분 밑천이 없기 때문에 안정된 방법이 아닌 투기적 행위를 할 수 밖에 없다. 〈우부가〉의 꼼생원이 대표적인 인물이다. "欺人取物하자하니 일갓집에 부자없고 뜬재물 경영하고 京鄕없이 싸다니며 … 부자나 후려볼까 堰막이며 洑막이며" 『주해가사문학전집』, 집문당, 1961, 269쪽. 조선후기 우화소설인 〈황새결송〉에 나오는 시골부자의 친척도 비슷한 인물형이다. 중요한 것은 꼼생원이나 시골부자의 친척이 모두 실패한다는 점이다. 이 부분에 대해서는 정흥모, 「訟事型 우화소설의 인물형상과 조선후기 향촌사회의 변모」, 『고전문학연구』 제5집, 한국고전문학연구회, 1990. 12, 233-244쪽 참조.

이 화재를 당한 일차 원인은 한밤중에 큰 바람이 분 것이지만 근본적인 원인은 자본의 영세성으로 인한 열악한 시설에 있다. 황도령의 참깨무역의 실패와 도부장수 생활의 비극적 결말, 그리고 엿장수 조서방의 실패에서 우리는 조선후기 사회 토지에서 유리된 하층민 생활의 귀결점을 엿볼 수 있는 것이다.[21)]

간략하게 살핀 덴동어미의 일생담을 통해서 조선후기 사회 일부 향리층의 자기 도태 과정과 하층민의 신산(辛酸)한 삶, 그리고 그들의 안정된 생활에 대한 욕망과 좌절을 볼 수 있었다.

3. 〈덴동어미화전가〉의 서사구조와 세계인식

덴동어미는 기구한 운명의 여인이다. 잘 사는 향리의 딸로 태어나 향리의 아들에게 시집갔으나 돌발사고로 남편을 잃었다. 다시 향리 집에 시집가서 행복하게 살다가 이포(吏逋) 때문에 집안이 망하자 남편과

21) 조선후기사회 토지에서 유리된 하층농민의 유민화에 대해서는 변주승, 「19세기 유민의 실태와 그 성격」, 고대 석사논문, 1990.7을 참조할 것. 조선후기 유민의 특징은 그들이, 前代의 유랑민들처럼 限時的으로 유랑하는 것이 아니라, 다시는 돌아오지 않는 직업적(!) 유랑민이 절반 이상을 차지한다는 점이다. 이들은 도시 주변의 부랑자가 되거나, 사당패에 들어가거나, 광산 등지에서 고용노동자가 되거나, 혹은 명화적이 되기도 했다. 이들의 삶이 어떠했으리라는 것은 짐작하기 어렵지 않다. 판소리계소설인 〈변강쇠가〉는 농촌공동체에서 이탈된 농민이 유랑하다가 끝내 농촌공동체에 편입되지 못하고 비극적 죽음에 이르는 모습을 잘 형상화했다. 변강쇠나 황도령, 조서방이 모두 죽는 것으로 묘사된 점은 당대사회 유랑민 생활의 실상과 관련지어서 중요한 시사를 준다. 〈변강쇠가〉에 대해서는 김종철, 「19세기 판소리사와 〈변강쇠가〉」, 『고전문학연구』 제3집, 한국고전문학연구회, 1986. 12. 참조.

함께 남의 집 담살이를 하며 돈을 모으지만 돌림병으로 남편과 돈을 모두 잃고 몰락한다. 이리저리 떠돌다가 밑바닥 인생을 살아온 도부장수를 만나 열심히 일하지만 재산을 모으지 못하고 고생만 하다가 또다시 남편을 잃는다. 엿장수와 다시 결혼하여 나이 오십에 아들까지 두고 행복하게 살았으나 남편이 한 밑천을 잡고자 크게 엿을 고다가 불이 나서 집과 남편을 잃고, 병신이 된 자식을 데리고 어렵게 사는 여인이다.

이렇듯 덴동어미의 일생은 끊임없는 좌절의 연속이지만 그것에 굴하지 않고 억척스럽게 살아간다. 두 번째로 결혼해서 살던 시집이 망하고 남편과 빌어먹으며 다닐 때, 과거의 체면을 생각하며 망설이는 남편[22]을 적극적으로 설득하여 객주집의 담살이를 하며 돈을 모으고, 세 번째 결혼에서는 도부장사 십년에 고생만 하고 한 푼도 벌지 못했음에도 비가 와서 남편은 주막에서 쉬고 있을 때까지도 억척을 부려 장사를 나간다. 네 번의 결혼에 실패하고 병신이 된 자식과 함께 고향에 돌아와 어렵게 살 때도 덴동어미는 매사에 적극적이다. 덴동어미는 드난살이의 처지임에도 기죽지 않고, 초청받지도 않은 화전놀이에 '엿혼고리 이고가셔' '그즁의도' '먼나게도 잘도노라 츔도추며 노릭도 ᄒᆞ'여 '우슘쇼릭 낭자'하게 한다. 한 청춘과부가 '눈물콘물 귀쥐ᄒᆞ'여 자신의 신세를 한탄하며 놀이판의 흥을 깨자, 자신의 과거를 이야기해서 청춘과부의 마음을 돌리고 이어지는 놀이에서도 '꼿노릭' 등을 하여 여러 부인들의 칭찬을 받는다.

---

22) "임상찰의 짜임이요 니상찰 외아들로셔 돈도돈도 좃치만는 닉사닉사 못ᄒᆞ긴닉 그런딕로 다니면셔 비러먹다가 죽고마지 … 굴노놈의 사환되여 … 무지ᄒᆞᆫ 욕乙 웃지볼고" 〈화젼가〉, 13쪽.

이러한 덴동어미의 적극적이고 억척스러운 성격은 작품 속에서 사건을 주도해 나가는 중요한 고리로서 작용한다. 그런데 덴동어미의 끈질긴 생명력과 억척스러운 성격은 상당 부분 당대사회의 열악한 상황 속에서 살아남기 위한 처절한 몸부림이며, 하층민에 드리워진 당대사회의 질곡을 반영하는 것이다.

〈덴동어미화전가〉는 이처럼 덴동어미의 끈질긴 생명력과 억척스러운 성격을 작품의 곳곳에서 리얼하게 형상화한 점에서 훌륭한 성과를 거두었다. 뿐만 아니라 다른 작품에서 보기 어려운 구체적 현실에 대한 생생한 묘사는 이 작품이 도달한 문학적 성과를 가늠케 한다.

가) 영감은 사긔ᄒᆞᆫ짐지고 골목의셔 크게위고 나ᄂᆞᆫ 사긔광우리이고
가가호호이 도부ᄒᆞᆫ다 조셕이면 밥乙비러 ᄒᆞᆫ그릇셰 둘이먹고

나) 돈빅이나 될만ᄒᆞ면 둘즁의하나 병이난다 병구러 약시셰 ᄒᆞ다보면
남의신셰乙 지고나고 다시다니며 근사모와 ᄯᅩ돈빅이 될만하면
ᄯᅩᄒᆞ나이 탈이나셔 한푼읍시 다쓰고나ᄂᆡ

다) 도부장사 ᄒᆞᆫ십년ᄒᆞ니 장바군니의 털이읍고 모가지가 자ᄅᆡ목되고
발가락이 무지러젼ᄂᆡ[23)]

가)는 황도령과 덴동어미가 결혼하고 나서 사기 짐을 지고 도부하는 모습이다. 한 푼이라도 절약하기 위해서 부부가 밥을 빌어먹으면서까지 부지런히 일하는 모습이 사실적으로 그려져 있다. 나)에서는 억척스럽게 일하지만 무리한 노동으로 끊임없이 병고에 시달려 돈을 모으

23) 〈화젼가〉, 22-23쪽.

지 못하고 어렵게 생활하는 형편을 서술했다. 다)는 덴동어미 부부가 그렇게 억척스럽게 일한 결과가 그대로 묘사돼 있다. 십여 년 동안 밥을 빌어먹으면서까지 열심히 일했지만 돈을 모을 만하면 병에 걸리고 하여, 남은 것은 망가진 몸뿐이라는 사실이 군더더기 없이 깔끔한 구절 속에 섬뜩할 정도로 사실적으로 서술되었다. 특히 '사기 광주리'를 이고 도부장사를 다닌 결과 몸이 망가진 모양을 묘사한 것은 생생하고 구체적이어서 이 작품의 작자층을 추정할 수 있는 단서가 되지 않을까 생각될 정도이다. 이밖에도 손굴노 집에서 이승발과 일하는 모습이라든가 조서방과 엿장사 하는 대목 등 노동하는 하층민의 구체적인 형상을 묘사한 부분은 자주 보인다.

이처럼 〈덴동어미화전가〉는 당대사회에서 열악한 삶을 벗어나려는 하층민의 눈물겨운 노동과 좌절을 핍진하게 묘사하고, 그들의 생활 자체를 전면적으로 문제 삼았으며, 토지에서 유리되어 살아가는 하층민의 이러저러한 모습을 전형적으로 형상화하는 데 성공함으로써 조선후기 문학이 도달한 이른바 '사실주의적 성과'의 한 수준을 보여준다.[24)]

그러나, 이 작품은 사실주의적 성과뿐만 아니라, 사건 전개 등에서 낭만적 세계인식을 보여주기도 한다. 덴동어미의 일생담은 (첫 번째의 결혼을 제외하고) 각기 독립적으로 존재하는 나머지 세 번의 결혼 생활의

24) 이우성·임형택 역편, 『이조후기한문단편집』 상, 일조각, 1973, 제1부 「富」에는 밑천이 없는 인물이 열심히 일해서 부를 축적한 이야기가 많이 나온다. 〈夫婦各房〉이나 〈鹽〉 등이 대표적인데, 조선후기의 전환기적 사회에서 일정하게 성공하는 사람도 있겠지만 대부분은 실패했다고 봐야 한다. 그런데도 야담 계통에 성공하는 이야기가 많은 것은, 그런 이야기들이 야담의 작자층의 의식에서 일차적으로 여과된 후에 문자화되었기 때문일 것이다. 〈덴동어미화전가〉에서 좌절하는 인물을 형상화한 것은, 야담 계통과는 또 다른 차원에서, 당대사회의 한 전형을 보여줬다고 할 수 있다.

일화들로 이루어져 있는데, 현실의 필연적인 인과 관계에 의해서 규정되는 것이 아닌 '덴동어미의 기구한 팔자'라는 다소 관념적인 모티프로 이들을 통합하고 있다. 이처럼 여러 개의 삽화로 이루어진 일종의 연작 형식을 가지고 있는 덴동어미 일생담의 구조는 세 번째 남편인 황도령 일생담의 후반부에서 그 낭만적 성격을 더욱 분명히 한다. 조실부모하여 어렵게 자란 황도령은 머슴살이를 통해 마련한 장가밑천으로 참깨를 사서 대동선에 부쳐 싣고 서울로 향한다. 도중에 풍랑을 만나 배가 부서져서 바다에 빠지는 신세가 되었으나 깨어진 뱃조각을 붙잡고 표류하다가 제주도까지 떠내려갔다. 황도령이 제주 목사에게 가서 자신의 상황을 설명하니 제주 목사는 돈 오십 냥과 육지로 가는 배를 공짜로 탈 수 있는 증명서를 준다. 우여곡절 끝에 고향에 돌아와 남은 돈 두 냥으로 도부장사를 시작한다. 황도령 일생담의 전반부(어릴 때의 고생부터 대동선이 파선하기까지)는 조선후기사회에서 일어날 수 있는 전형적인 사건이다. 그러나 후반부는 약간은 낭만적이고 과장된 서술이다. 파선(破船)하여 표류해 온 일개 하층민을 제주 목사가 만난다는 것도 그렇고, 거기에 더해서 돈 오십 냥과 육지로 가는 배의 무료 승선권을 준다는 것은 조선후기의 부패한 관료 체제에서 일어나기 어려운 사건이다. 현실적인 개연성이 희박한 황도령 일화의 후반부는 작품 구조에 그다지 중요한 역할을 하지는 않아서, 오로지 독자들의 흥미를 위해 첨가된 것으로 보인다. 이 다소 과장되고 황당스럽게 느껴지는 황도령의 모험담은 그것대로 당대사회 민중들의 세계인식의 수준을 반영한다. 즉 지배이데올로기를 극복하지 못하고 그것에 감염된 당대 민중들의 모습을 보여주거나, 현실세계의 실상이나 모순에 대한 정제되지 못한 민중들의 소박하고 낭만적인 사고나 원망(願望)이 이 일화에 투영되어 있는 것이다.

덴동어미의 파란만장한 일생을 구성하는 가장 중요한 요소는 거듭되는 남편의 죽음이다. 그런데 덴동어미가 겪은 여러 가지 고난스런 하층민적 삶을 연결시켜 주는 남편들의 죽음은, 액면적인 의미에서만 보면, 그 원인이 사회적 배경을 가진 것이라기보다는 자연재해적 성격을 띤 것이다. 첫 남편이 그네를 타다 죽는 일은 문자 그대로 순수 돌발적인 것이다. 거기에는 어떤 종류의 사회적인 배경이 개입될 여지가 없다. 둘째 남편이 괴질로 죽은 것은 어느 정도의 사회적 의미를 부여할 수 있겠으나 대체로 자연재해적 성격이 짙다. 셋째 남편이 죽게 된 산사태도 역시 그렇고, 넷째 남편의 죽음의 원인인 화재도 약간의 여지는 있겠으나 자연재해인 것만은 틀림없다. 이처럼 덴동어미 일생의 한 국면이 우연적이고 자연재해적 성격을 띤 남편의 죽음으로 마무리되고 다시 다른 국면으로 넘어가는 식의 구성은, 현실세계의 모순의 원인을 정확하게 파악하지 못했다는 점에서 이 작품의 사실주의적 성과를 일정하게 손상시키는 요소로서 작용한다.

덴동어미 일생담은, 이와 같은 인과관계의 필연성이 결핍된 우연적인 사건들이 독자(혹은 청자)의 공감을 얻게 하기 위해서, 죽는 상황의 처참함을 증폭시키고 그로 인해 발생하는 덴동어미의 불행을 순차적으로 강화하고 있다. 즉 첫째 남편의 죽음의 의미는 덴동어미가 과부가 된 것인데 그것은 재혼을 함으로써 극복된다. 그러나 개가해 간 시집이 몰락함으로써 불행한 삶의 싹이 움트기 시작한다. 둘째 남편의 죽음은 덴동어미에게서 향리층으로서 과거의 생활을 회복하려는 꿈을 빼앗아 버리고 그를 완전한 하층민으로 몰락하게 하는 의미가 있다. 계층적 몰락으로 불행의 심도는 강화된다. 셋째 남편의 죽음은 완전한 하층민으로서 그저 허물이나 없이 살아보려고 했던 십여 년의 갖은 고생을 무로 돌리는 것이다. 남은 것이라고는 고된 노동으로 망가진 몸과 이미 한창때를 넘긴 나이뿐이다. 덴동어미의 불행은 극에 도달한 느낌이다. 이제는 보통의 방법으로는 더이상 사건을 진행시킬 수 없다. 그래서 마지막 남편인 조서방과의 결혼은 자식을 낳아 키우고자 하는 '보편적이고도 근원적인 욕망'을 동기로 이루어진다. 조서방과의 생활은 경제적으로는 그다지 어렵지 않은 것 같다. 또한 바라던 자식도 낳아서 그 동안의 고생에 대한 보상을 받는 듯이 행복한 생활을 한다.[25] 그런 상황에서 조서방의 죽음은 고생 끝에 말년에 얻은 조그만 행복마저 깨어질 뿐만 아니라, 길고도 지겨운 몰락에서 탈출할 수 있는 마지막 희망인 자식마저 병신이 되었다는 점에서 처참함의 극치라 할 수 있다. 이처럼 남편을 잃으면서 증폭되는 덴동어미의 생활의 몰락과 고난은 기구한 여자의 일생이라는 모티프와 맞물리면서 독자의 공감을 획득하는 요소로 작용한다. 거듭되는 고난의 강화는, 비록 그것이 우연적 요소로 매개되어 있다 할지라도, 당대사회 하층민들에게는 자신들의 생활적 경험에서 우러나오는 공감으로 다가왔을 것이다.

이와 같이 현실적 필연성에 의한 사건 전개가 아닌 '기구한 팔자'를 매개로 덴동어미의 고난을 강화시켜서 독자의 공감을 얻으려는 구성은, 민중들의 고된 삶을 당대사회 체제의 전면적 모순에서 보지 못하고

---

25) "나는 집의셔 살임ᄒᆞ고 영감은 다니며 엿장사라". 〈화전가〉, 26쪽.
구차하지만 자기 집을 가지고 정착해서 살림하며, 이전의 생활처럼 덴동어미가 직접 장사를 나가지 않아도 되는 상황은 경제적 형편이 약간은 나아졌음을 의미한다. 기구한 팔자의 덴동어미가 잠시나마 정착해서 자식까지 낳아 행복한 생활을 하는 것은 '폭풍전야의 고요함' 같은 느낌을 주며 다음에 올 파국의 심각함을 예감하게 한다.

개인의 팔자에 돌리려고 하는, 현실세계를 낭만적으로 바라본 결과이다. 이러한 철저하지 못한 세계인식은, 온갖 고생 끝에 병신이 된 자식을 데리고 고향으로 돌아온 덴동어미가 자신의 일생담을 끝맺으면서, 사람이 호강하고 고생하는 것은 다 팔자를 타고나는 것이며 팔자는 억지로 고칠 수 없으니, 단단하게 마음을 잡아 "마음만 여사 틱평ᄒᆞ면 여사로보고 여사로듯지 보고듯고 여사ᄒᆞ면 고싱될일 별노읍소"[26]라며 다소 장황한 어투로 청춘과부를 달래는 부분에서도 드러난다.

이 작품이 노동하는 하층민의 삶을 핍진하게 묘사하고 인물형상의 전형성을 획득하는 등 높은 수준의 사실주의적 성과를 획득했음에도 불구하고 왜 이와 같은 세계관적 한계를 동시에 가지고 있는가? 그것은 일차적으로는 이 작품의 존재 방식, 즉 화전가라는 형식에서 찾아야 할 것이다. 앞에서도 말했듯이 화전가란 사대부가의 부녀자들이 향유하던 규방가사의 한 형식으로서, 풍류나 교훈적인 주제 그리고 부녀자들의 신세 한탄을 주요 내용으로 한다. 이 작품은 사대부 부녀자들의 신세한탄류의 화전가 형식을 본떠서 하층민의 고생담을 노래한 것이며 사대부가에서 필사되었다.[27] 알고 있듯이 상층 부녀자들은 집안에만 틀어박혀 있으면서 바깥 세상으로부터 격리된 집단이었으므로 현실의 모순구조에 대한 인식이 차단되어 있었으며, 그들이 경험하지 못하는 바깥 세상에 대한 호기심이 많았다. 그래서 그들은 황도령의 모험

26) 〈화전가〉, 37쪽.

27) 〈화전가〉가 필사되어 있는 『소백산 대관록』은 4·6 병려체의 한문으로 쓰여졌으며, 그 뒤에 국역되어 있고 맨 마지막에 〈화전가〉가 첨부되어 있다. 이 작품은, 어휘 사용이나 문장 등으로 볼 때 교양 있는 상층 부녀자의 창작은 아닌 듯하나, 사대부가의 부녀자들에게 재미있게 읽혔기에 필사되었을 것이고 그렇다면 그들의 의식지향과 어느 정도 공감되는 부분이 있었을 것이다.

적 삽화나 덴동어미의 파란만장한 일생담을, 일정하게는 호기심 섞인 눈빛으로, 그리고 많은 부분은 기구한 삶에 동정을 보내며 읽거나 들었을 것이다. 그들은 대부분 현실에 즉자적으로 대응하는 데 익숙하기 때문에, 덴동어미의 일생담에 자신들의 현실적 불행을 투사해서 눈물을 흘리다가, 현실로 돌아와서는 모든 것이 팔자소관이라는 다분히 관념적인 주제로 색다른 경험을 정리했을 것이다. 그러므로 밖의 세상에 대한 상층 부녀자들의 호기심이 이 작품을 연작형식으로 구성하는 데 일정한 역할을 했다고 말할 수 있다.[28)]

한편 하층 부녀자들은 그 계급적 속성으로 말미암아 당대사회의 모순에 무방비 상태로 노출되어 있었으므로, 그 모순을 직접적으로 감지하고 겪었을 것이다. 그러한 모순이 가져오는 생활의 고난을 구체적으로 반영하고 묘사한 부분이 이 작품의 사실주의적 성과를 얻게 했다. 반면에 조선후기 사회의 이른바 일반적인 '민중의식의 한계'에 더해서, 중세사회의 부녀자층이 경향적으로 가지고 있는 '전망의 부재'와 '무정향적 속성' 등이 현실의 필연적인 인과관계를 생각하기 보다는 '기구한 팔자'라는 다소 낭만적인 장치로 덴동어미의 고난을 강화시키는 데 동조한 것이라 생각된다.

결국 〈덴동어미화전가〉의 문학적 성과와 한계는 이 작품의 존재 방

---

28) 보통 액자형식이나 연작형식은 떠돌아다니는 이야기들을 더 큰 덩어리로 묶을 때 흔히 사용되는 방법인데, 이 양식들은 중세적인 이야기 문학이 근대적인 서사문학으로 전환되는 한 단계로서 중요한 의의를 가진다. 박지원의 〈玉匣夜話〉나 〈방경각외전〉은 그 대표적인 형태이다. 그러나 이러한 연작형식·삽화적 구성은 종종 세계를 유기적인 통일체로 바라보는 것이 아니라 일종의 파노라마로 대함으로써 세계에 대한 진지한 접근과는 일정한 거리를 두기도 하는데, 서구의 피가레스크의 후대적 변모가 좋은 예가 된다.
최원식, 「鳳伊型 건달의 문학사적 의의」, 『이조후기 한문학의 재조명』, 창작과 비평사, 1983 참조.

식에서 연유한 담당층의 성격, 즉 상하층 부녀자들의 의식이 교차하는 지점에 있다. 조선후기 하층민 생활을 핍진하게 반영하고 당대사회의 전형을 창출한 사실주의적 성과는, 모순의 담지자인 하층 부녀자들의 생활 경험을 문제적으로 작품화하는 데서 이룩된 것이다. 한편 이 작품에 보이는 현실세계의 모순에 대한 낭만적이고 불철저한 인식은 담당층인 부녀자들의 세계인식과 관련이 있다. 이것은 기본적으로 신세한탄류 화전가의 원 담당층인 상층 부녀자들의 의식 지향과도 무관하지 않지만, 사회적 모순의 담지자였으면서도 그것을 철저하게 인식하지 못한 하층 부녀자들의 의식 지향도 중요한 작용을 했다. 덴동어미가 끝까지 패배하고 마는 것도 이런 각도에서 해석이 가능하다. 한 사회체제가 무너져가고 새로운 사회 체제가 형성되는 격변기에, 다가오는 사회에 대한 전망이 서 있지 않은 데다 체제의 급속한 붕괴로 생존마저 위협받는 하층민의 처지에서 조선후기 사회는 어두운 현실일 수밖에 없다. 더욱이 사회적 억압과 성의 억압이라는 이중적 고통을 감내하며 살아야 하는 봉건시대의 부녀자들에게는 삶이 고통스러운 것이었으며, 그들을 내리누르고 있는 이중적 억압이 강요하는, 현실 생활에 대한 전망의 부재와 무정향적 경향성들이 덴동어미의 일생을 어둡고 패배적인 것으로 만들었다. 그리하여 현실의 벽에 좌절하고 말았지만, 어둡고 패배적인 현실을 그 자체로 작품화해 낸 문제의식은 심각하고 엄연한 것이다. 또한 결국 패배하고 말지라도 끝까지 굴하지 않는 하층민의 끈질긴 생명력을 포착해 내고, 그 과정 속에서 고난이 강화될수록 미래의 희망을 다잡아 쥐는 민중의 낙천적인 성격을 형상화해서 하층민 여성들의 공감대를 형성한 것 등은 이 작품이 이루어낸 문학적 성과이다.

4. 〈덴동어미화전가〉의 문학사적 위치 – 결론에 대신하여

〈덴동어미화전가〉는 덴동어미의 고난스런 삶을 소재로, 조선후기 하층민의 신산한 삶과 그것을 극복하려는 민중의 노력과 좌절을 보여주면서, 그들의 구체적 삶의 모습을 핍진하게 묘사하고, 고난에도 굴하지 않는 낙천적인 민중의 성격과 당대사회의 전형적인 인물형상의 창조에 성공함으로써 뛰어난 사실주의적 성과를 획득했다. 당대사회의 일반적인 민중의식의 한계와 부녀층의 세계인식의 한계로 인하여 다소 낭만적으로 현실의 모순을 파악한 면도 있지만, 이 작품이 이룩한 사실주의적 성과는 조선후기 문학사에서 높이 평가되어야 한다.

조선후기의 평민가사를 세 계열로 나누는데, 이 작품은 그중 어느 계열에도 속하지 않는다는 말을 이글의 서두에서 했다. '당대사회의 모순과 학정으로 인한 민중생활의 고통을 노래한' 〈갑민가〉, 〈정읍가〉나 '추하고 탐욕스런 인물을 등장시켜 신랄한 풍자를 가하면서 당시의 변환기적 세태를 재미있게 희화화(戱畵化)'한[29] 〈우부가〉, 〈용부가〉 같은 이른바 '현실비판류 가사'들은, 조선후기 사회의 모순된 한 측면(예컨대 수탈체제나 과도기에 등장하는 인물의 윤리 파탄적 성격)을 집중적으로 부각시켜 풍자하고 비판하고 있다. 따라서 이들 작품에 등장하는 인물들은 그들이 대표하는 계층 또는 인물형 일반을 추상화해 놓았거나 인물성격의 한 단면만을 묘사하고 풍자한 것이다. 그리고 애정가사류의 작품들은 인생의 여러 단면 중에서 '애정'이라는 부분을 특화해서 제시한 것이므로, 자유로운 애정의 성취를 통해서 중세의 질곡적 이데

29) 김흥규, 같은 책, 같은 곳.

올로기를 타파한다는 그 나름의 의의가 있지만, 사람살이의 총체적인 문제들을 다루었다고 보기 어렵다. 이에 반해서 〈덴동어미화전가〉는 덴동어미라는 구체적인 인물을 통해서 당대사회의 모순과 하층민 생활의 고난을 전면적으로 다루었다. 아울러 현실비판류 가사들이 부정적인 인물을 내세워 그들과 일정한 거리를 두고 공격적이고 비판적으로 묘사한 데 비하여, 이 작품은 당대사회 하층민의 처지에서 그들 생활의 고난에 진지하게 접근하여 작중인물과 일치된 입장을 취하거나 적어도 동정적인 자세를 보여준다.[30] 자아와 세계가 모순된 관계여서 심각한 갈등이 일어나 자아가 패배하면, 세계에 대해서는 공격적이 되지만 자신의 내면으로 돌아오면 비극적일 수밖에 없다. 〈덴동어미화전가〉는 이처럼 패배한 자아의 비극적 형상을 묘사했다는 점에서, 대부분의 조선후기 평민가사들과는 다른 독특한 위치를 차지한다.

〈덴동어미화전가〉는 가사의 자기발전 과정에서도 중요한 의미를 가진다. 이 작품은, 이전 시기까지 주로 사대부 부녀자층의 개인적 소회나 윤리의식을 담아내어 한정적이고 폐쇄적으로 존재하던 규방가사[화전가]를 하층 여인의 고난스런 삶을 폭넓게 담아내는 그릇으로 확대시켰다. 이것은 조선후기 사회에 재편된 계급 역관계를 따라 성장한 민중들의 미의식이, 상층의 문화적 미적 경험들을 자신의 것으로 소화하고 변형시켜 사용하기 시작했다는 의미에서, 상하층 문화의 상호 교섭 양상을 살피는 데 좋은 단서가 된다. 조선후기에 오면 가사가 서사적 구성을 갖추게 되는데[31], 특히 평민가사에서 그런 경향은 하층민들이

30) 이런 태도는 덴동어미 일생담 부분에서 덴동어미 자신이 화자로 되어있는 것을 보아도 알 수 있다.

31) 최원식, 「가사의 소설화경향과 봉건주의의 해체」, 『창작과 비평』, 1977, 겨울. 참조.

자신의 생활 경험을 담아낼 수 있는 적절한 문학적 형식을 모색하는 과정으로서 이해되며, 〈덴동어미화전가〉는 그런 모색이 성공한 모범적 사례이다.

그는 조선후기의 가사가 소설화되는 것이 '가사문학이 사대부문학에서 평민문학으로 전환하는 질적 비약의 과정'이며, 이것은 '상층의 고급한 문학이 일반화되어 갔음'을 의미한다고 한다. 필자도 대체로 이런 논의에 동의하지만, 세부적인 데서는 다른 의견도 있다. 예컨대, 조선후기에 가사가 소설화되는 것이 '가사 내부의 반 가사적 모멘트의 성장'이라는 부분 등이 그것으로, 실제로는 소설이 가사화되는 일이 더 많아서 가사장르 자체를 재검토할 필요가 있다고 생각된다.

제4장

영조조(英祖朝)의 유배가사 연구

– 〈속사미인곡〉과 〈북찬가〉를 중심으로 –

1. 문제제기

유배가사의 일차적 함의는 '유배의 체험을 소재로 한 가사 작품'을 의미한다. 그러나 실제 유배 생활을 하지 않으면서도 작자가 '유배 상황에 준하는 정서'를 느끼고 그것을 작품화한 것도 포괄적 의미의 유배가사에 포함될 수 있겠다. 이렇게 넓은 의미의 유배가사를 상정한다면, 1503년에 창작한 조위(曺偉, 1454-1503)의 〈만분가(萬憤歌)〉로부터 1870년에 지은 채구연(蔡龜淵, 1839-1917)의 〈채환재적가(蔡宦再謫歌)〉에 이르기까지 20여 편의 유배가사 작품을 꼽을 수 있다.

대략 4세기에 걸쳐 창작된 유배가사는 양반층뿐만 아니라 중인층까지 작자로 등장하고 있으며, 같은 양반이라도 유배의 동기나 정치상황이 각기 다르기 때문에 작품 내용도 다양할 수밖에 없다. 거기다 조선 전기와 후기라는 상이한 문학적 토양의 배경까지 작용하는 까닭에 유배가사는 그 내용과 표현 방식에서 다양한 편차를 보여주고 있다. 따라서 유배가사의 흐름과 특징을 일목요연하게 정리하는 것은 쉽지 않은 일인 바, 이를 위해서는 개별 작품에 대한 정밀한 분석과 검토가 선행되어야 한다. 유배 전후의 정치 상황과 그것을 바라보는 작자의 관점, 내용 및 표현 형식상의 특징, 작자의 신분과 현실적 처지 등에 대한 개별 작품 차원의 검토가 수행된 다음에야 비로소 거시적인 안목으로 유배가사의 흐름을 파악할 수 있을 것이다.

이런 관점에서 본고는 이진유(李眞儒, 1669-1730)의 〈속사미인곡(續思美人曲)〉과 이광명(李匡明, 1701-1778)의 〈북찬가(北竄歌)〉를 중점적으로 검토하고자 한다. 이진유와 이광명은 백부와 조카의 관계이다. 이진유는 경종·영조조의 노소당쟁 때에 소론 과격파인 김일경(金一鏡, 1662-1724)의 당(黨)으로 몰려 추자도에 귀양갔다가 다시 의금부에 불려와 물고(物故)되었으며, 그의 아우 이진검(李眞儉, 1671-1727)도 강진에 정배되었다. 죽은 이후에도 거듭되는 노론의 공격에 결국 역적으로 몰려 조카들까지 귀양을 가게 되고 집안이 폐문되다시피 하였다. 〈속사미인곡〉은 이진유가 겪은 귀양살이의 전말을 기록한 것이고 〈북찬가〉는 백부가 역적으로 몰리는 바람에 연좌되어 함경도 갑산에서 귀양살이를 하게 된 이광명이 지은 것이다. 이 두 작품은 〈만분가〉나 〈사미인곡〉 같은 초기 유배가사와는 조금 다른 내용과 형식을 가지고 있다. 특히 〈북찬가〉는 당쟁에서 밀려나 폐가한 가문의 고단하고 암울한 상황을 절절하게 묘사하여 조선후기 당쟁하의 유배 생활과 그로 인해 몰락한 양반가의 실상을 생생하게 파악할 수 있는 좋은 자료가 되고 있다.

본고는 먼저 두 작품의 산출 배경인 경종·영조조의 노소당쟁과 그로 인한 이진유 가문의 몰락 양상에 대해 간략히 살펴본 뒤, 두 작품의 내용과 문학적 특성을 차례로 검토하고 이어서 유배가사의 전체적 흐름에서 두 작품이 가지는 위치에 대해 논의하는 순서로 진행한다.

2. 당대의 정치 상황과 작품 분석

이 장에서는 이진유 가문이 처했던 당시의 정치적 상황과 당쟁에서 밀려나 몰락해가는 과정을 살펴보고 차례로 두 작품을 분석하기로 한다. 이진유는 왕족인 전주 이씨 덕천군파(德泉君派)의 33대손이다. 가계도를 보면 다음과 같다.[1]

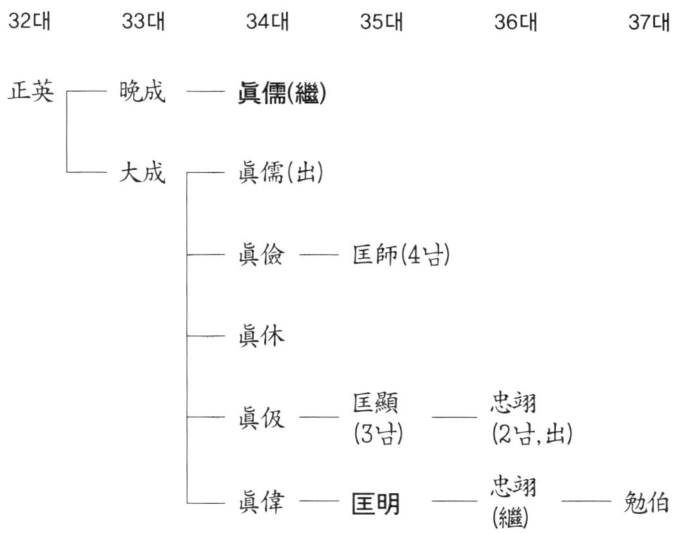

1) 이 가계도는 『전주이씨덕천군파보』, 이문사, 1938.에서 본고의 논의에 필요한 인물만을 발췌한 것이다.

1) 경종·영조조의 당쟁과 이진유 가문

경종·영조조에 벌어진 노론과 소론 사이의 당쟁은 후에 영조가 되는 연잉군(延礽君)의 세제 책봉 사건으로부터 촉발되었다. 경종의 건강이 안 좋아 후사가 없으니 나라의 대계를 위해 경종의 이복동생인 연잉군을 왕세제로 책봉해야 한다는 논리는 노론의 입장이었다. 연잉군의 세제 책봉에 성공한 노론은 한걸음 더 나아가 왕세제의 대리청정을 주장하고 나왔다. 소론은 이 기회를 놓치지 않고 반격하여 노론 세력을 몰아내고 조정의 요직을 차지하게 되는데, 결정적인 계기가 된 것은 김일경 등 7인의 연명으로 된 상소였다. 이 상소문을 통해 연잉군의 세제 책봉과 대리청정 문제를 주도한 노론 4대신(김창집, 이건명, 조태채, 민진원) 등을 역모로서 공격하여 노론 4대신이 위리안치되고 수많은 노론 세력이 처벌을 받았다(1721년의 신축옥사). 다음해인 1722년, 노론 명문가의 자제들이 경종을 살해하려 한다는 목호룡의 고변 사건이 일어나자 노론 4대신을 포함한 수많은 노론계 인사들이 죽임을 당하거나 숙청되어 권력은 소론에게 넘어갔다. 이 임인옥사의 과정에서 "왕세제의 이름이 수없이 거론되었으나 왕위 계승자라는 특수한 신분과 경종의 특별한 배려 덕에 무사할 수 있었다"[2]고 한다. 이 사건으로 소론 세력은 권력을 온전히 잡게 되었으나 2년 후 경종이 갑작스럽게 죽고 영조가 즉위하자 정국은 다시 요동치기 시작하였다.

여기서 잠시 노·소간 권력 교체의 계기가 되는 김일경의 상소가 가지는 정치적 의미에 대해 살펴보자. 경종 1년 12월 6일, 사직(司直) 김일경이 소두(疏頭)가 되어 이진유, 박필몽(朴弼夢), 이명의(李明誼), 정해(鄭

2) 이성무, 『조선시대당쟁사』 2, 동방미디어, 2000, 134쪽.

楷), 윤성시(尹聖時), 서종하(徐宗厦)가 서명한 상소가 있었다. 이 상소를 신축소(辛丑疏)라 한다. 이 상소에서 이들은 왕세제의 대리청정을 주장하는 상소를 올린 조성복(趙聖復)과 이를 시행하려 한 노론 4대신을 '적(賊), 사흉(四凶)' 등으로 명명하며 준엄하게 비판하였는데, 실록을 기록하는 사관은 김일경의 행위가 '토역(討逆)'이었다고 말하고 있다.[3] 이제 노론 4대신(혹은 노론 전체)과 김일경의 상소에 동참한 사람들은 공존이 불가능해졌다. 한쪽이 역적이 되면 반대편은 충신이 되는 것이니, 영조가 즉위하고 노론이 집권한 상태에서 이 상소에 참여한 사람들은 역적이 될 수밖에 없었던 것이다. 이진유 가문의 불행은 여기서부터 시작된다.

경종이 갑작스럽게 죽고 왕세제인 연잉군[영조]이 즉위하자 정국은 급반전되었다. 1725년(영조 1) 영조는 을사처분을 단행하여 신축년과 임인년의 옥사를 '무옥(誣獄)'으로 규정했다. 이 조치로 노론 4대신은 신원(伸寃)되었다. 노론 4대신은 '역적'에서 '충신'으로 바뀌어 과천 땅에 사충서원(四忠書院)이 건립되었다. 영조로서는 집권의 정당성을 확보하기 위해 자신의 세제 책봉에 앞장섰던 이들을 복권시키는 것이 필수였을 것이다. 이 과정에서 신임옥사의 주동자와 하수인 격인 김일경과 목호룡이 역적으로 몰려 죽음을 당하고, 김일경의 상소에 서명했던 인사들은 유배되었다. 이진유는 북경에 사신으로 갔다 오는 길에 배소인 나주로 압송되었다가 후에 추자도에 이배되고 영조 3년에 다시 나주로 이배되었다. 그의 아우 이진검도 강진에 유배되었으며 자질(子

3) 『경종실록』 1년 12월 6일자 참조. 실록은 김일경을 상당히 비판적으로 기록하고 있다. '토역'이라는 표현은 노론 4대신의 죄가 역률에 해당된다는 뜻이 아니고 김일경이 그렇게 강경하게 주장했기 때문에 다른 이들이 반발할 수 없었다는 의미로 썼다.

姪)들은 제직(除職)되었다.

영조 4년(戊申) 소론과 남인의 급진파인 박필현(朴弼顯), 이인좌(李麟佐), 정희량(鄭希亮) 등이 반란을 일으켰다[무신란]. 이들은 경종의 독살설을 유포하면서 밀풍군(密豊君)을 추대하고, 경종의 복수를 명분으로 거병하여 한 때 청주성을 점령하는 등 기세를 올렸으나 결국 진압 당했다. 무신란의 정리 과정에서 김일경의 소하인(疏下人)들에 대한 노론의 공격이 시작되었고 이진유는 서울로 압송되어 국문을 받은 후에 혐의 없음이 밝혀져 다시 나주 배소로 돌아갔다. 그러나 이들에 대한 노론의 공격은 끊이지 않았다. 영조 6년, 그때까지 살아있던 김일경의 소하 3인(이진유, 윤성시, 서종하)은 다시 서울로 압송되어 국문을 받는다. 그 해 5월 5일, 국문을 받은 이진유는 일종의 최후진술 같은 공초에서, 자신이 영조에게 충성스럽게 행동했던 과거사들을 밝혀 해명하고 안목이 없어 김일경과 절교하지 못한 점이 한스럽다고 진술했다. 그리고 5월 13일, 마침내 이진유는 물고(物故)되었다.[4)]

그로부터 25년이 흐른 1755년(영조 31) 1월, 전라도 나주목의 객사 기둥에 반란을 선동하는 괘서(掛書)가 붙었다. 이 괘서사건의 주동자는 윤지(尹志)로 드러났는데, 윤지는 을사처분 당시 김일경의 당인으로 지목되어 처벌받은 윤취상(尹就商)의 아들로서 자신도 목호룡 사건에 연루되어 나주에 유배 중이었다. 이 사건을 해결하는 과정에서 또다시 대대적인 숙청 작업이 진행되어 소론의 명문가들은 대부분 몰락하여 거의 재기 불능 상태가 되었다. 이 사건의 여파로 과거의 사건에 연루

4) 5월 5일 『영조실록』의 관련 기사 제목은 〈이진유가 자신의 치적을 자평하고 역적과 절교하지 못한 것을 후회하다〉이고, 5월 13일 관련 기사의 제목은 〈죄인 이진유가 물고되었다〉이다.

된 많은 소론 인사들이 소급하여 추율(追律)을 당했으며, 죽은 지 25년이 지난 이진유에게도 역률이 추가로 시행되었다.[5] 이른바 을해사옥이다.

'역적은 3족을 멸한다'는 연좌율(緣坐律)[6]에 따라 이진유의 형제와 아들, 조카들이 모두 유배 길을 떠나게 되었다. 그러나 이때는 이미 아버지 세대와 형제들이 모두 세상을 떠난 다음이라 이진유의 직계손들과 조카들이 유배 생활을 하게 되었는데, 글씨로 유명한 이광사도 그의 조카이다. 이광명은 이진유의 막내 동생 이진위의 아들이므로 연좌율에 따라 함경도 갑산으로 유배를 갔으며 이때 〈북찬가〉를 지었다. 이광명은 일찍이 후사가 없어 사촌 동생 이광현의 둘째 아들 충익을 양자로 맞았는데, 충익이 12세 되던 해에 양부는 함경도 갑산으로, 생부는 경상도 기장으로 유배를 가게 되었다. 이충익은 어린 나이에 남과 북을 오가며 두 부친의 유배 생활 뒷바라지를 하는 신세가 되었다. 집에는 팔순 양할머니와 병든 양어머니가 있었을 뿐 백부와 숙부들은 모두 귀양을 갔다. 이로써 당쟁에서 패배한 가문의 몰락 시나리오가 완성되었다. 전주 이씨 명문가로서 누리던 과거의 위상을 생각하면 참담하다 하지 않을 수 없다. 당쟁에서 패배한 결과의 혹독함을 느끼게

5) "김일경 박필몽 목호룡에게는 이미 역률을 시행하였으니, 윤취상 이사상과 역적 김일경 소하의 이진유 이명의 정해 윤성시 서종하 및 유봉휘 조태구를 아울러 역률을 추가해서 시행하도록 하라" 『영조실록』 31년 3월 2일 영조의 교시 중에서 이진유 관련 부분을 발췌한 것이다.

6) "三族이란 三代의 친족을 말하는 것으로, 위로는 諸父(아버지와 아버지의 형제들)에 미치니 이것이 祖族이요, 옆으로는 형제와 그 소생에게 미치니 이는 父族이요, 아래로는 아들 및 손자에게 미치니 이는 己族이다". 『역주목민심서』 5, 창작과비평사, 1985, 86쪽.

해 주는 사례이다.[7)]

2) 이진유의 〈속사미인곡〉

이진유(1669-1730)의 호는 북곡(北谷)으로, 전주 이씨 덕천군파 34대 손이다. 생부는 호조참판을 지낸 대성(大成)인데, 돈녕부 도정(都正)을 지낸 백부 만성(晩成)의 양자로 입적되었다. 1707년(숙종 33) 사마시에 합격하여 진사가 되고 같은 해에 별시문과에 병과로 급제하였다. 이후 교리, 수찬 등의 관직을 거쳐 경종 때에는 이조참의, 부제학, 대사성 등을 역임하고, 1724년 경종이 죽자 이조참판이 되어 고부 겸 주청사(告訃兼奏請使)의 부사로 청나라에 갔다.

이진유가 사신으로 청나라에 가 있는 사이에 국내의 정국은 급변하여, 신축·임인옥사의 책임을 물어 김일경과 목호룡이 죽음을 당하고 신축소하(辛丑疏下) 6인도 삭탈관작되어 문외출송(門外黜送)되었다. 신축소에 두 번째로 서명했던 이진유는 나주에 유배하라는 결정이 있었다.

〈속사미인곡〉은 유배생활 3년째 되던 1727년(영조 3)에 지은 것이다. 지금부터는 작품의 진행을 따라가면서 살펴보자.

> 봉황셩 다다르며 고국쇼식 경심하다(…)
> 함경의 건져내어 션디의 편관하니(…)
> 구연셩 노슉하고 압녹강 밧비 건너

---

7) 이상의 경종·영조조 당쟁의 추이에 관한 서술은 『전주이씨덕천군파보』, 『경종실록』, 『영종실록』; 서원섭, 『가사문학연구』, 형설출판사, 1991, 204-246쪽; 이은순, 『조선후기 당쟁사 연구』, 일조각, 1993, 67-104쪽; 이성무, 앞의 책, 125-198쪽에서 필자가 본고의 논의에 필요한 부분을 발췌하여 재정리한 것이다.

셩초랄 부리오고 초교랄 가리 시러(…)
근긔 압송은 고금의 초견이오
자딜졔직은 이은도 됴쳡하다[8)]

경종의 죽음을 알리고 영조의 즉위를 상주(上奏)하는 사신의 역할을 성공적으로 수행했으나 국내에 들어오자마자 죄인이 되어 유배를 가야 하는 황당한 상황이 묘사되어 있다. 귀국길에 만주 땅 봉황성에서 국내 정세와 자신의 유배형이 결정되었다는 소식을 듣고 급히 압록강을 건너자마자 성초(星軺:고관이 타는 수레)를 버리고 초교(草轎:죄인이 타는 수레)로 갈아타니 얼마나 당황스럽겠는가. 그러나 서울 가까운 곳에 와서야 압송을 거행하고 자식들과 조카들은 관직을 거두는 것으로 그친 데에 대해 임금의 은혜가 거듭된다며 고마워하고 있다.

선산과 가묘에 배별(拜別), 하직을 고하고 원근 친척들과 '손잡고 이별'한 후 나주의 적소에 들었다. 그러나 노론 일파의 공격은 더욱 드세져서 죽임을 당할 급한 상황이 되었는데, 절도에 위리안치하는 것으로 상황을 무마해 준 영조가 고맙다고 작자는 서술한다.[9)] 이렇게 하여 추자도로 이배가 되었다.

행니 다차리고 금오낭을 기다릴새
엇더타 우리묘군 금능의 원덕하니
문운도 건둔하고 가화도 첩첩하다

---

8) 임기중, 『한국가사문학원전연구』, 아세아문화사, 2005, 37쪽. 이하는 인용문 말미에 해당 면수만 기재한다.

9) 도거정확(刀鉅鼎鑊)이 됴석의 위급일세 / 졀도천극으로 중노랄 막으시니 / 죵시에 곡젼하심 오날이야 더욱알다(37쪽)

> 월남촌 가을밤의 긔회하여 니별하니
> 타향대침은 이 또한 님의 은혜 (37-38)

추자도에 들어갈 준비를 마치고 자신을 압송할 의금부 도사가 내려오기를 기다리고 있는데, 자신의 동생인 이진검(1671-1727)이 강진으로 유배되어 유배지에 가는 길에 형제가 만나게 되었다.[10] 이진검은 경종 때 동부승지, 평안도관찰사, 예조판서 등을 역임했으나, 형 이진유와 더불어 노론 공격에 앞장서다 영조 즉위 후 소론이 실각하자 강진으로 유배되어 그곳에서 죽은 인물이다. 자질(子姪)들은 모든 관직에서 축출되고 자신과 동생은 변방의 유배지에서 만나게 되었으니 '집안의 운이 침체되어 화가 첩첩히 쌓였다'고 한탄하는 심정이 가슴에 와 닿는다. 유배당한 형제가 하룻밤 베개를 마주하고 누워 소회를 풀고 자신이 가을에 추자도로 떠날 때 동생의 유배지인 강진에서 다시 만나자고 약속하며 헤어졌는데, 작자는 '이 또한 님의 은혜'라고 한다.

여기서 잠시 모든 것이 님의 은혜하고 하는 작자의 서술 태도에 대해서 살펴보자.

> ① 근긔압송은 고금의 초견이오 / 자딜제직은 이은도 됴첩하다
> ② 망나의 벗기신몸 이곳의 언식하니 / 가지록 님의은혜 도쳐의 망극하다
> ③ 졀도쳔극으로 중노랄 막으시니 / 죵시에 곡젼하심 오날이야 더욱 알다

---

10) 인용문의 '묘군(卯君)'이란 '묘년(卯年)에 출생한 사람'이라 한다. 이진유의 형제 중에 묘년에 출생한 사람은 셋째 동생인 이진급이 유일하나 실제 강진으로 유배 간 사람은 이진검이다. 서원섭, 앞의 책, 232쪽 참조.

④ 타향대침은 이 또한 님의 은혜

①은 자신이 유배죄인으로 확정됐음에도 압록강에서부터 바로 압송하지 않고 서울에 다 온 다음에 압송토록 조치한 것과 자식과 조카들을 벼슬을 거두는 것으로 더 이상 처벌하지 않은 영조의 은혜가 고맙다는 것이다. ②와 ③은 자신을 죽이려는 노론 일파의 공격을 유배형으로 막아준 영조의 배려와 은혜가 망극하다는 서술이며, ④는 유배지에서 형제가 베개를 마주할 수 있는 것도 영조의 배려라는 것이다.

노소당쟁의 과정에서 영조가 소론 과격파인 이진유에 대해 호감을 가진 것 같지는 않다.[11] 『영조실록』의 기록을 보면 오히려 이진유를 죽이고자 하는 속마음이 있었을 가능성이 더 크다. 그런데도 작자는 모두가 '님'의 은혜라며 곳곳에서 감격을 표하고 있다. 이렇게 서술하게 된 이유는 일차적으로 '유교를 정치 이념으로 하는 사대부 지배체제인 조선 사회이기 때문에 왕에 대해 무조건적인 충성을 맹세해야 하'[12]는 '논척유배가사류(論斥流配歌辭類)'[13]의 공통된 특성에서 기인한 것일 수 있다. 그러나 실제로는 당시의 정치 상황의 특수성 때문으로 보아야 한다. 신축·임인 옥사의 결과 김일경으로 대표되는 소론 과격파와 노론 4대신으로 대표되는 노론 과격파는 공존할 수가 없는 상황이 되었음은 앞에서 언급했다. 신임옥사는 영조 집권의 정당성마저 걸려 있는

11) 영조는 집권 초기에 '탕평'을 정국운영의 기치로 내세웠지만 그것은 노론과 소론의 급진파를 제외한 온건파들을 중용하는 형식이었다. 소론 과격파인 이진유는 애초부터 영조의 의중에 없었다고 보는 것이 타당하다.

12) 최상은, 「'연군'가사의 짜임새와 미의식」, 『반교어문연구』 5, 1994, 124쪽.

13) 서원섭, 앞의 책, 227-228쪽 참조.

민감한 사안이었는데, 지금은 영조가 재위한 상태에서 노론이 정국 운영의 주도권을 쥐고 있는 상황이다. 더욱이 을사처분을 통해 신임옥사의 주동자와 하수인 격인 김일경과 목호룡이 이미 대역죄인으로 노적(孥籍)[14]되었다. 신임옥사를 생각하면 이런 상황은 일종의 인과응보라 할 수 있는 것으로, 이진유로서는 김일경처럼 대역죄인으로 몰려 집안이 망하지 않는 것만 해도 다행이라 할 수 있다. 정국 운영의 주도권을 쥔 노론 일파의 불타는 복수심을 누그러뜨릴 방책이 없는 현실에서 작자가 유일하게 기대할 수 있는 것은 영조의 자비심뿐이었다. 〈속사미인곡〉에서 작자가 모든 것이 님의 은혜라고 하는 것은 이러한 현실 인식을 바탕으로 하고 있다.

배를 타고 가다 풍랑을 만나는 등, 고생 끝에 배소인 추자도에 도착했다. 작은 어촌이라 집들도 누추하여 거처할 곳이 마땅할 리가 없다. 비가 새는 작고 누추한 집에 들었는데, 종이도 바르지 않은 대나무 창에 방안에는 벼룩과 이가 들끓는다. 압송관과 자신을 수행해 온 조카들과 이별하고, 본격적인 유배 생활을 시작한다.

> 용슬 슈간옥 초창하믈 경영할새
> 도듕의 모든백셩 단심하여 완역하니(…)
> 감군은 삼자를 벽상의 대셔하고
> 망미헌 편액은 도듕의 뉘모르리
> 죵일 폐호하고 쥬서랄 피열하니

---

14) 노적(孥籍) : 모역이나 반역 등을 범한 국사범(國事犯)에 대해 본인은 극형에 처한 뒤, 그 처자를 연좌시켜 노비의 적에 올리고 그들의 재산까지 몰수하는 처벌. 세종대왕기념사업회, 『한국고전용어사전』, 편찬위원회, 2001, 1136쪽.

의리 무궁함을 늙게야 깨다랄다 (38-39)

먼저 섬 백성들의 도움을 받아 작으나마 거처할 집을 지었다. 집의 편액은 '망미헌(望美軒)'이라 써서 걸고, 벽에는 "감군은(感君恩)"이라고 크게 써 붙였다. 편액과 벽에 써 붙인 글씨가 다분히 상투적인 감은 있지만 절도에 유배된 '고신(孤臣)'의 처지와 임금의 관대한 처분으로 유배지에서 풀려나고 싶은 기대를 반영한 것이다. 어쨌거나 종일 문을 닫고 들어앉아 유가서(儒家書)를 읽고 그 의리가 무궁함을 새로이 깨닫는 생활은 유배지에서 갖는 나름대로의 여유라 할 수 있다.

다음 대목은 추자도에서의 생활 조건에 대한 서술이다.

① 냥식도 핍절커든 반찬이야 의논하며
염쟝을 못먹거든 어육이야 바랄소냐(…)
됴셕밥 못닉일제 방 덥기 생각할가
경됴 대명일의 소국의 떡을 쑤어
갯믈의 저린 배차 샹찬으로 올나시니(…)

② 염증도 그지업고 비습도 자심하다
승예문맹은 백가지로 쏘지지고/샤갈오공은 사벽의 종횡하니
한 일도 흥황업고 백악만 구비하다
샹인해물할 것 세상의 하도할샤 (39)

① 부분은 절도의 열악한 식생활을 서술한 부분이고, ②는 ①에 이어서 열악한 귀양살이의 모습을 계절에 따라 서술하는 부분 중 여름에 관련된 내용이다. 남쪽 지방의 찌는 듯한 더위에 더하여 섬 지방 특유

의 습한 날씨가 사람을 괴롭히는 가운데, 파리·모기·등애 같은 날것들이 쏘아 제치고 뱀·전갈·지네 같은 해충들이 사방 벽에 기어 다니니 마음에 흥할 일이 전혀 없다. 인용문의 마지막 행은 ② 부분 전체를 중의적으로 읽을 수 있는 가능성을 시사한다. 현 정국을 주도하며 집요하게 자신을 공격하여 죽음으로 몰아넣으려는 노론 과격파를 '상인해물(傷人害物)'하는 '승예문맹'과 '샤갈오공'에 비유하고 있다고 읽을 수도 있겠다.

이어지는 부분은 두고 온 집안에 대한 걱정과 신세 한탄, 그리고 외로운 자신은 님을 의지할 수밖에 없다며 임금이 자신을 구해주기를 바라는 내용으로 끝을 맺었다. 그런데 작자가 두고 온 집에 대해 걱정하는 부분을 찬찬히 읽어볼 필요가 있다.

> 반계예 녯 폐려랄 뷔여신들 뉘 딕힐고
> 사셔 텬권을 고각의 믓거시니
> 두셔충 다 먹은들 긔 뉘라셔 포쇄하며
> 평쳔장 만원화랄 젼벌한들 뉘 금할고(39)

반계는 작자가 살던 반송방을 이름이다. 두 번째와 세 번째 행을 통해 작자의 의중을 드러내고 있다. 임금께 받은 많은 책이 묵혀 있으니 좀벌레가 갉아먹은들 누가 관리할 것이냐는 것이다. '사셔텬권'은, 영조가 책을 하사했을 리는 없으니 아마도 경종이 하사한 책일 것이다. 자신은 선왕의 총애를 받은 몸이라는 것을 강조하는 수법으로 읽어도 무방하다. 그리고 임금이 하사한 책을 부실하게 관리하여 훼상하는 것은 불충이 되는 일인데, 자신을 유배 보내 (선왕께) 불충하게 만든 정적들도 또한 불충한 것이 아니냐는 논리도 성립할 수 있겠다. 참담한 현실에 대비하여 영화롭던 선왕[경종] 시절을 그리워하는 심사도 들어있을 것이다. 작품의 앞부분 서울에서 유배지로 떠나는 부분에서도 경종에 대한 그리움을 드러낸 바 있었다.[15)]

〈속사미인곡〉의 내용을 중심으로 간략하게 살펴보았는데, 작자가 유배의 과정과 유배지에서의 생활 모습을 사실적으로 묘사한 것이 가장 특징적이라 할 수 있다. 유배지에서의 열악한 생활 조건에 대한 세세한 묘사는 이전의 유배가사에서는 볼 수 없는 것인데, 이 부분은 3장에서 다시 논의하기로 한다. 그리고 당대 정치 상황의 특수성 때문에 모든 것을 임금의 은혜로 돌리고 임금의 자비를 바라는 형식의 서술이 되었음을 살폈다. 이밖에 작품 구조상의 특성이나 유배가사의 흐름에서 차지하는 위치 등에 대해서는 3장에서 다시 검토하도록 하겠다.

3) 이광명의 〈북찬가〉

이광명(李光明, 1701-1778)은 이진유의 막내 동생인 이진위(李眞偉, 1681-1710)의 아들이다. 1755년(영조 31) 을해사옥의 여파로 백부인 이진유에게 역률이 추가로 시행되어 이광명과 사촌 형제들이 모두 유배를 가게 되었는데, 55세인 이광명은 함경도 갑산으로 유배를 갔으며 이때 유배가사 〈북찬가(北竄歌)〉를 지었다. 이제 작품의 전개에 맞춰 〈북찬가〉를 검토해보자.

---

15) "의릉(양주에 있는 경종의 능-필자 주)을 쳡망하니 숑백이 창창하다 / 고신원루랄 한수의 가득뿌려 / 님향한 한 수를 참고참아 떠나가니 / 내마암 이러할졔 님이신들 니즐손가", (37쪽).

① 가련타 묘여일신 텬지간의 뉘 비ᄒᆞᆯ고
십셰에 조고ᄒᆞ니 엄안을 안다 ᄒᆞᆯ가
일ᄉᆡᆼ을 영폐ᄒᆞ니 군문조차 ᄇᆞ라볼가
친쳑이 다 ᄇᆞᆯ이니 붕우야 니ᄅᆞᆯ소냐

② 셰군조차 포병ᄒᆞ니 ᄉᆡᆼ산도 머흘시고
형뎨는 본ᄃᆡ 업고 계ᄌᆞ도 궁독ᄒᆞᆯ샤
편친만 의지ᄒᆞ여 지낙이 이ᄲᅮᆫ이라(436)[16]

〈북찬가〉의 서두 부분으로 자신의 형편을 설명하고 있다. 이광명은 독자로서 10세 때 아버지를 여의었다. 거기다 영조 즉위 후 노소당쟁의 와중에서 백부인 이진유가 의금부에서 물고되고 이진검은 강진 배소에서 죽었으며, 집안 어른들과 종형제들의 벼슬자리가 모두 끊겼다. ① 부분은 이런 사정을 말하는 것이다. 독자로 태어나서 부친을 일찍 여의었으니 자식이나 많으면 좋으련만 아내가 병이 있어 자식도 낳지 못했다.[17] 사촌 동생 광현(匡顯)의 둘째아들 충익(忠翊)을 계자(繼子)로 들였으나 그 역시 독자가 된 셈이니 외로운 건 마찬가지이다. 그래서 오직 홀어머니를 의지하고 살아간다는 내용이 뒷부분이다.

당쟁에 패해 집안이 한 번 쓴 맛을 보았기 때문에 작자는 험한 세상의 '인간시비(人間是非)'를 피하려고 서울을 버리고 강화도에 내려와 살았다(해곡(海谷)에 깁히 들어 / 암혈(巖穴)에 ᄀᆞᆷ최이니).

16) 임기중, 앞의 책 8권. 이하 작품 인용은 같은 곳에서 하고 인용 말미에 면수만 기재한다.
17) 이광명의 부인은 양명학의 대가인 하곡 정제두(霞谷 鄭齊斗, 1649-1736)의 손녀였다.

> 슉슈ᄅᆞᆯ 못 니워도 슬하의 댱시ᄒᆞ여(…)
> 아ᄃᆞᆯ노릇 ᄯᆞᆯ노릇 유ᄋᆞ희ᄅᆞᆯ 일삼으며
> 친년이 졈고ᄒᆞ니 원유ᄅᆞᆯ 의ᄉᆞᄒᆞᆯ가
> 절ᄉᆞ길도 못 ᄃᆞᆺ닐제 지뎡이 결연ᄒᆞᆯ샤
> 집 뒤헤 텬쟝ᄒᆞ고 됴석의 쳠ᄇᆡᄒᆞ니(…)
> 쳔만근심 다 ᄇᆞ리고 여ᄉᆡᆼ을 즐기려니
> 경심타 지어앙에 묵은 불 닐어나니 (437)

홀어머니께 효도하며 세상의 근심을 잊고 소박하게 살고자 하는 심정을 노래했다. 모친이 연세가 들어감에 따라 잠시도 곁을 떠나있기가 어려워 부친의 묘소도 집 뒤에 이장하여 조석으로 첨배하며 소박한 즐거움을 누리며 살고자 한다고 했다. 당쟁에서 패한 가문의 후손으로서 숨죽이며 살아가는 모습을 그려냈다.

이처럼 조심스럽게 숨죽이며 살았지만 세상은 그를 내버려두지 않았다. 인용 부분의 마지막 행은 나주목 객사 괘서사건으로 촉발된 을해사옥의 결과로 이진유가 역률로 추시(追施)된 상황에 대한 언술이다. 백부인 이진유가 물고된 지 25년이 지났지만 당쟁은 아직도 진행 중이었던 것이다. 역적의 조카가 된 작자는 스스로 향옥(鄕獄)에 나아가 나라의 처분을 기다린다. 자신은 이미 살만큼 살았으니 미련이 없지만 늙으신 홀어머니 걱정이 태산 같다.[18] 다행히 최악의 상황은 면하고 유배형이 내려서 임금의 은혜에 감읍하고 유배지로 떠나게 되는데, 모친과 작별하는 정경을 곡진하게 묘사했다.

---

18) "일신의 화복이야 피창(彼蒼)만 미다신ᄃᆞᆯ / 외로울ᄉᆞᆫ 우리편모 늘노ᄒᆞ여 위안ᄒᆞᆯ고". (437쪽). 이때 작자의 나이 55세였다.

ᄒᆞᄅᆞ밤 ᄒᆞᄅᆞ나즐 손잡고 작별ᄒᆞᆯ식
늒십쇠년 ᄇᆡᆨ발옹이 팔질(八耋)병친 ᄯᅥ나올제
수쳔니 ᄒᆞ업슨 길 다시 보기 긔약ᄒᆞᆯ가
이내 정경 이내 이별 고금의 듯도 못희
일식도 참담커든 텰셕인들 견딜손가
친의를 진정ᄒᆞ려 모진ᄆᆞᄋᆞᆷ 둘너먹고
셜운간댱 설이담아 눈물을 ᄎᆞᆷ고ᄎᆞᆷ아
하딕ᄒᆞ고 문을 나니 가ᄉᆞᆷ이 터지거다(437-438)

육십이 다 된 늙은 아들과 팔십 노모가 하루 밤낮을 손을 잡고 작별의 슬픔을 나누다가 모진 마음으로 돌아서서 하직할 때의 '가슴이 터지'는 듯한 심사를 노래했다. 가문에 닥친 환란도 그렇거니와 독자로 태어나 10세에 부친을 여의고 편모슬하에서 외롭게 살던 작자의 형편을 생각하면(모친의 입장도 같다), 다소 길게 인용한 이 부분에서, 전형적인 표현이라거나 감정의 과잉이라고 치부할 수만은 없는 가슴 한쪽이 아릿한 진정성을 느낄 수 있다.

이후는 갑산까지 유배의 노정과 소회를 서술하고 있는데 전에 알던 사람들이 다 피하는 모습을 보고 세태의 무상함과 신세의 곤액(困厄)함을 한탄하기도 한다. 길주 명천을 지나 안변에 도착했을 때, 계자(繼子) 충익의 생부이자 자신의 사촌 동생인 광현이 경상도 기장으로 유배되었다는 소식을 듣고 다시 한 번 절망한다.[19] 마침내 갑산 배소에 도착했으나 북변의 첩첩산중에 적응하기가 힘들다.

---

19) "안변 참보 경통ᄒᆞ다 도청도셜 숢이과져 / 녕남극변 졔도가늬 삼분오녈 수절ᄒᆞᆯ샤". (438쪽).

삭풍은 들어치고 ᄉᆞ산은 욱인골ᄋᆡ
ᄒᆡ묵은 얼음이오 조츄의 눈이 오ᄂᆡ
ᄇᆡᆨ초가 선녕커든 만곡이 될셰업ᄂᆡ(…)
소ᄎᆡ도 주리거니 어육을 ᄉᆡᆼ각ᄒᆞᆯ가
가죽옷 과하ᄒᆞ니 포피로 어한 엇지(439)

다음으로는 유배지에서의 걱정, 신세 한탄이 이어지다가 임금이 은혜를 베풀어주기를 바라는 말로 끝맺고 있다. 그런데 유배지에 도착한 다음의 서술은 거의 대부분이 고향에 계신 노모를 걱정하는 내용이어서 여타 유배가사와는 다른 모습을 보인다.

밤밤마다 ᄭᅮᆷ이 뵈니 ᄭᅮᆷ을 둘러 샹시과져
학발ᄌᆞ안 못보거든 안똑셔신 즈즐염은
기ᄃᆞ린들 ᄃᆞᆼ이 올가 오노라면 ᄃᆞᆯ이 넘네(…)
어ᄂᆞ ᄯᅢ예 즘으시며 무스거ᄉᆞᆯ 잡ᄉᆞᆸᄂᆞᆫ고
일졈으리 ᄉᆞᆲ히더니 어ᄂᆞ ᄌᆞ손 ᄃᆡ신ᄒᆞᆯ고
나 아니면 뉘 뫼시며 ᄌᆞ모밧긔 날 뉘 괼고
ᄂᆞᆷ의 업슨 모ᄌᆞ졍니 슈유샹니 못ᄒᆞ더니(…)
긴긴 낫 깁흔 밤의 쳔니샹ᄉᆞ 한ᄀᆞᆯᄀᆞᆺ히(440)

작자의 언술대로 보통사람들에게서는 찾아보기 힘든 모자간의 정리(情理)라 할 수 있겠다. 이것은 독자로 태어나 어려서 부친을 여의고 슬하에 자식도 없는 상태에서 편모만을 의지하고 살았던 작자의 개인적인 상황과 지극한 효심의 결과일 것이다. 그러나 정쟁에서 패한 집안의 상황과 무관하다 할 수는 없다. 부친은 5형제 중 막내였으므로 작자에게는 네 분의 백부가 있었다. 첫째와 둘째 백부는 정쟁의 와중에 죽었고, 셋째 백부와 생부는 당쟁과 상관없이 일찍 죽었다. 넷째 백부가 비교적 오래 살았으나 당쟁에 패해 무너져가는 집안에서 열네 명이나 되는 자질(子姪)들을 자상하게 거두어 줄 수는 없었을 것이다. 무관한 세인들 또한 가까이하려 하지 않았을 것이니 작자가 느꼈을 소외감과 고독감을 짐작할 수 있다. "나 아니면 뉘 뫼시며 ᄌᆞ모 밧긔 날 뉘 괼고"라는 구절이 이러한 정황을 함축적으로 시사한다.

그렇다고 해도 자신의 집안을 사지로 몰아가는 현 정국에 대한 불만과 비판적 의식은 있었을 법하다. 하지만 작품 어디에도 현 정국에 대한 비판적인 서술은 보이지 않는다. "말로장신(末路藏身) 덜ᄒᆞ던가 셕일건앙(昔日愆殃) 못ᄉᆡ칠다 / 텬명인가 가운인가 뉘탓시라 원망ᄒᆞᆯ고"(440쪽)라 하여 기구한 자신의 신세를 천명과 가운(家運) 탓으로 돌릴 뿐이다. 작자 개인의 소극적 성격도 있겠지만, 죽은 지 25년이나 지난 사람에게 역률을 추시하고 그 조카들까지도 유배를 가야 하는 험한 정국이 작자의 의식을 위축시킨 것은 아닌지 모르겠다. 혹시 작자는 〈청산별곡〉에서처럼 '믜리도 괴리도 업시 마쟈셔 우니로라'의 심정은 아니었을까?

〈북찬가〉에는 일반적인 유배가사에 나타나는 유배당한 현실과 정적에 대한 발분적 정서도 없고 임금을 그리워하며 임금의 은혜에 감읍하는 내용도 없다. 오직 신세 고단(孤單)함을 한탄하며 노모를 그리워하는 정서가 있을 뿐이다. '수기치인' 같은 사대부로서의 이상은 꿈도 못 꾸고 그저 노모를 모시고 소박하게 살고자 하는 '소시민'적 소망만이 있을 뿐이다. 조선후기에 계속되던 목숨을 건 당쟁이, 패한 가문의 후손을 그렇게 만들었다.

그러나 당쟁에서 패한 집안이라고 해서 영원히 숨죽이고 살라는 법은 없다. 열두 살 때 생부와 양부가 경상도 기장과 함경도 갑산으로 유배를 가게 되어 어린 나이에 두 부친의 귀양살이 뒷바라지에 고생을 하던 이광명의 계자 이충익은, 아들 면백(勉伯)이 순조 1년 증광시에 합격하고 순조 15년에는 손자 시원(是遠)이 장원급제하여 집안을 다시 일으키는 모습을 보고 그 다음해에 죽게 된다. 구한말의 유명한 문장가 이건창(李建昌, 1852-1898)은 이충익의 고손자이다.

3. 〈속사미인곡〉, 〈북찬가〉와 유배가사의 흐름

가장 이른 시기의 유배가사는 연산군 때 조위(曺偉, 1454-1503)가 지은 〈만분가〉이다. 〈만분가〉는 유배가사의 효시작으로서 후대의 작품들에 많은 영향을 주었다. 이 작품에는 유배가사에 나타나는 정서의 두 축이라 할 수 있는 '왕총(王寵)에 대한 그리움을 드러내는 연군의 정서'와 '유배 생활을 야기시킨 당대의 정치 현실에 대한 발분적 정서'가 모두 들어있다. 또한 '시적 상황을 임과 이별한 여인이 임을 그리워하는 것으로 설정함으로써'[20] 한문문화권에서 전형화된 충군연주지사의 전통을 충실히 이어받고 있다. 아울러 모순된 현실의 문제를 해결해 줄 수 있는 존재로서 옥황상제와 천상계를 작품 배경으로 설정하는 구조를 가지고 있다.[21] 〈만분가〉에 나타난 이러한 정서와 시적 상황 설정, 그리고 작품 배경으로 천상계를 설정하는 것 등의 요소들이 이후의 유배

20) 박일용, 「〈만분가〉의 형상화 형태」, 『한국고전시가작품론』 2, 집문당, 1992, 608쪽.
21) 최상은, 앞의 논문, 110-111쪽.

가사들에 많은 영향을 주었음은 주지의 사실이다.

정철(鄭澈, 1536-1593)의 〈사미인곡〉, 〈속미인곡〉과 김춘택(金春澤, 1670-1717)의 〈별사미인곡〉 등은 여인이 임을 그리워하는 시적 상황 설정과 천상계의 존재 등에서 〈만분가〉의 형향을 많이 받았다고 할 수 있다.[22] 다만 이 작품들은 당대의 정치 현실에 대한 발분적 정서는 표면에 드러내지 않고, 임을 그리워하는 '연군지정'만을 확대 심화해서 표현하고 있다. 그리하여 '연군가사'라는 별도의 범주를 설정할 수 있을 정도로 독특한 흐름을 이루고 있다.

한편, 〈북관곡(北關曲)〉은 연군가사류와는 다른 측면에서 〈만분가〉를 계승 발전시키고 있다. 〈북관곡〉은 효종비의 복상(服喪)과 관련된 2차 예송에서 패한 송시열(宋時烈, 1607-1689)이 1675년 함경도 덕원으로 유배 갈 때 할아버지를 배행한 송주석(宋疇錫, 1650-1692)이 지은 것이다. 이 작품에는 당대의 정치 상황에 대한 발분적 정서가 작품의 전반을 지배하고 있다. 정적(政敵)인 남인들을 '간신', '흉인(凶人)'이라 칭하며 격앙된 어조로 비난하느라 임금을 그리워할 틈이 없지 않았겠는가 생각될 정도이다. 아울러 이 작품은 이전의 유배가사들과 달리 유배행의 노정을 순서에 따라 기록하고 있다.[23] 유배행의 노정과 지나가는 곳곳에서 느끼는 소회를 기록하며 유배지에서의 풍물을 기록하는 것

---

22) 물론 이 작품들이 배경으로 설정한 천상계의 작품내적 의미가 동일한 것은 아니다. 이에 대해서는 최상은(1994)에서 잘 정리했기에 여기서는 생략한다.

23) 유배행의 노정과 그곳에서 느끼는 소회의 기록이 후대의 그것처럼 상세하지는 않다. 한 부분을 살펴보면 다음과 같다. "니천 따 광주 따을 밤낫을 지낸후에/신릉을 바라보고 어름으로 강을 건너/장안 지척을 곁으로 지난말이/ 부운이 옹울하야 천일을 가려시니/처량한 이 행색을 어니구러 빗최실고", 최강현, 『기행가사자료선집』 1, 국학자료원, 1996, 43-44쪽.

이 후대 유배가사의 한 흐름으로 되고, 이러한 특징이 일부 유배가사를 기행가사의 범주에 넣는 근거가 되기도 한다. 그런 점에서 이 〈북관곡〉은 유배가사의 새로운 흐름을 여는 작품이다.

〈속사미인곡〉은 작품의 제목은 물론이고 시적 상황 설정에서 일단 연군가사류와 궤를 같이 한다.

① 내언제 무심하여 님의게 득죄한가(…)
내얼골 곱돗던지 질투할산 중녀로다
유한한 이내몸을 션음한다 니라노쇠

② 우리님 아니시면 눌을 다시 의지할고(…)
지하로 오살짓고 부용으로 치마지어
협듕의 두어신들 눌위하야 단장할고(…)
옥누 놉은 곳의 야야의 님을 뫼셔

①은 작품의 서두 부분이고 ②는 끝 부분이다. 이 부분만을 보면 그 서술 방식이 〈사미인곡〉과 별 차이가 없다. 또한 작품의 곳곳에서 임금의 은혜를 고마워하며, 유배지의 거처에 '망미헌'이라 편액을 걸고 벽상에는 '감군은 삼자'를 써 붙였다는 언술, 그리고 당대의 정치 현실에 대한 발분적 정서가 잘 보이지 않는 점 등을 통해서 이 작품이 연군가사류의 특징을 가지고 있음을 알 수 있다. 그러나 추자도로 가는 뱃길에서 풍랑을 만난 일을 상세하게 서술하고 유배지에서의 생활 경험과 추자도의 풍물에 대해 사실적으로 상세하게 묘사한 것은 이전의 유배가사에서는 볼 수 없던 현상이다. 천상계의 설정이 사라진 점과 경험적 현실만을 소재로 하는 사실성의 특징에 착안하여, 이 작품이 '조선후기

가사 중 서사화 경향을 띠는 작품들과 맥락을 같이 한다'[24]고 본 견해는 주목할 측면이 있다. 다만 여기서는 유배가사의 흐름상, '경험적 현실을 사실적으로 묘사하는 특징'이 〈속사미인곡〉에서 본격적으로 시작되었다는 점을 강조해 두고자 한다.

〈북찬가〉에서는 천상계의 설정은 물론 여성을 시적 자아로 내세우는 설정도 완전히 사라졌다. 유배행의 노정과 소회에 대한 상세한 서술은 〈북관곡〉의 흐름을 이어받은 것이다. 유배지의 풍정과 생활 모습을 사실적으로 묘사한 것은 〈속사미인곡〉과 궤를 같이 한다. 한편 이 작품에서는 당대 정치 현실에 대한 비판적 인식과 연군적 정서가 완전히 사라지고 오로지 노모를 그리워하는 개인의 사사로운 정서가 주를 이루고 있다. 작자에게는 유배라는 상황이 가지는 정치적 의미보다는 유배가 가져온 노모와의 별리가 더 중요한 관심사인 것이다. 그렇게 된 배경에 대해서는 앞장에서 검토했거니와, 어쨌든 이것은 이전의 유배가사에서 볼 수 없는 전혀 새로운 흐름이다.

유배가사의 흐름을 살펴보면, 초기에는 연군의식이 두드러진 작품이 창작되다가 후기로 갈수록 기행가사적 성격과 현실적 경험의 서술이 주가 되는 경향을 보인다. 〈속사미인곡〉에 보이는 경험적 현실을 사실적으로 기술하고 유배지의 생활 경험과 풍물을 비교적 상세하게 서술하는 특징들과, 〈북찬가〉에 보이는 노정의 상세한 기술과 개인적 고난을 강조하는 서술 태도 등의 특징은 후대의 〈만언사〉와 〈채환재적가〉에서 더욱 심화된다. 이 글에서 검토한 두 작품이 유배가사의 전개 과정에서 차지하는 위치는 바로 이 지점이다.

---

24) 최상은, 앞의 논문, 129쪽.

4. 마무리

경종·영조조 노소당쟁에서 패하여 죽음을 당한 이진유와 그에 연좌되어 유배 생활을 하게 된 이광명이 창작한 유배가사 〈속사미인곡〉과 〈북찬가〉를 검토하고, 유배가사의 전개 과정에서 이 작품들이 차지하는 위치에 대해 간략히 살펴보았다.

자신을 유배시킨 정적들에 대한 발분적 정서, 그럼에도 한 가닥 은정을 베풀어 준 임금에 대한 연군지정, 자신이 결백하다는 주장, 유배의 노정과 소회 서술, 유배지의 생소한 풍물과 열악한 생활 환경 서술 등이 유배가사의 내용 요소들이다. 그러나 이와 같은 내용 요소들을 모두 포괄하고 있는 유배가사 작품은 없다. 각자의 상황과 관심사에 따라 이 가운데 일부를 확대하고 강조해서 엮어낸 것이 유배가사 작품들인 것이다.

유배가사들은 대체적으로 시간의 흐름에 따라 '연군적 정서'에서 '유배 경험의 사실적 기술' 쪽으로 변모되는 경향을 보이는데, 이렇게 된 원인은 뚜렷하게 밝혀지지 않았다. 다만 개별 작품을 검토하는 과정에서 '(조선후기 가사의) 서사화 경향'이나 '작자층과 독자층의 하향화'[25) 등이 조심스럽게 제기되고 있는 실정이다. 유배가사의 이러한 경향의 실질을 천착하고 그 원인을 구명하는 것이 앞으로의 과제라 할 터인데, 이를 위해서는 개별 작품들에 대한 검토가 선행되어야 함을 강조하고자 한다.

25) 유정선, 「예의와 현실 사이의 거리」, 『18·19세기 기행가사 연구』, 역락, 2007.

제2부

조선후기 시조의 변모 양상

제1장

조선후기 사대부 시조의 변모

1. 문제제기

이 글은 조선후기 문학의 성격을 구명하고자 하는 기획의 세부 주제로 작성되었다. 1970년대 이래로 조선후기의 문학에서 봉건적 이념과 그 질서를 비판하는 근대적 각성이나 새로운 평민적 의식을 찾아내는 데 대한 관심이 높았다가 1990년대 이후로 이에 대해 회의적인 견해들을 표명하기 시작한 것이 학계의 대체적인 흐름인데, 그렇다면 조선후기 문학의 진정한 성격은 어떤 것인가에 대해서 세부 주제별로 구명해 보자는 것이 기획 주체의 의도이다. 이에 따라 이 글은 조선후기 문학 가운데서 사대부 시조를 대상으로 하여, 그 특징적 변화 양상과 문학사적 의의를 검토하는 것을 목표로 한다.

범박하게 말하면, 조선후기 사회는 우리 역사의 전환기로서 사회 경제 문화 등 다방면에서 의미 있는 변화를 이루던 시기였으며, 문학에서도 예외는 아니라고 할 수 있다.

그러나 전반적인 변화의 큰 흐름 속에서도, 그 내부에는 변화의 흐름을 선취해 나아가기도 하고 혹은 더디게 변화하기도 하는 개별적인 부분이 존재하기 마련이다. 평시조는 그 장르적 특성상 다른 문학 장르에 비해서 조선후기 문학사의 변화에 상대적으로 둔감했다고 할 수 있겠는데, 여기에 사대부들의 평시조로 범위를 한정하면 더욱 그러하다. 사대부들은 기본적으로 조선왕조 체제의 지배 집단이라는 특수한 신분이었기 때문에 중세적 (미)의식으로부터 탈피라는 측면에서는 아무래도 전문 예능인들이나 일반 대중들보다는 더딘 움직임을 보일 수밖에 없었다. 더욱이 조선후기에 들어와 사대부 내부의 계층 분화가 심각하게 진행되어 각자의 처지에 따라 의식의 편폭은 커질 수밖에 없었다. 따라서 이들은 개인이 처한 입장이나 의식 지향에 따라 당대 문학사의 변화를 받아들이는 정도가 다르기도 하고 어떤 경우에는 더욱 완고하게 중세적 의식으로 무장하기도 했다.

그런 까닭에 조선후기 사대부 시조가 보여주는 변화는 극히 미미하며, 그 미미한 변화를 근대적 성격(혹은 각성)으로 규정하기에는 무리한 점이 많다. 예컨대 조선후기 서울의 유흥적 도시적 분위기에 따라 전문적 예능인들이 성장 활동하게 되고, 양반사대부 가운데 극히 일부는 그들의 후원자가 되어 그들과 더불어 시조를 짓는 등의 풍류를 즐기게 되는데, 이런 과정에서 사대부들의 시조에 '평민적 정서'를 담게 되는 경우가 있다. 일부 사대부들의 애정시조에 보이는 이러한 평민적 정서는 조선전기 사대부 시조의 정서와는 분명히 다르지만 그것을 곧바로 근대적 정서라 할 수는 없다.

조선후기 사대부 시조가 보이는 '변화'의 이러한 측면 때문에 이 글은, 조선후기 사대부 시조의 근대적 성격을 구명한다는 거창한 목표보다는, 조선후기의 사대부 시조가 전기의 그것과 다른 점이 있다면 그것은 무엇이며 그 변화의 의미는 무엇인가 하는 것을 살펴보는 정도를 목표로 삼아 스스로 한계를 짓고자 한다.

조선후기 사대부 시조에 대해서는 최근까지 1990년대의 논의에서 앞으로 나아간 연구가 그다지 많다고 할 수 없으며, 이 시점에서 필자가 진전된 논의를 펼치기에는 고민과 모색이 부족하여 여러 가지 망설여지는 부분이 많다. 따라서 조선후기 사대부 시조의 변화에 대해 새로운 해석을 시도하기보다는 기존의 연구 가운데 이 글의 성격에 맞는 부분을 정리하는 방식으로 논의를 진행하기로 한다.

2. 자연관의 변화

조선후기 사대부 시조가 보여주는 특징 중의 하나는 자연물 혹은 자연을 바라보는 시각에 변화가 생기기 시작했다는 것이다.

조선전기의 사대부들은 자연물을 그 자체로 보지 않고 그것에 자신들의 윤리나 가치관을 투사해서 규정하고 평가했다. 그들은 일부 자연물을 사대부적 이상에 맞는 미덕들로 대상화함으로써 그것을 그 자체로 인식하기보다 일종의 도덕적 이상의 구현물(具現物)로 보아, 그것들을 칭송하고 나아가 그 미덕들과 합일함으로써 심성수양의 궁극적 완성에 가까워진다고 생각했다. 소나무를 독야청청(獨也靑靑)의 상징물로 보거나 국화를 오상고절(傲霜孤節)의 이미지로 노래한 것이 대표적인 예라 할 수 있는데, 성리학적 이념에 바탕을 둔 경직되고 도식적인 중세의 미의식이 작용한 결과이다.

작품을 통해 구체적으로 확인해보자.

나모도 아닌 거시 풀도 아닌 거시
곳기는 뉘 시기며 속은 어이 뷔연는다
뎌러코 ᄉᆞ시예 프르니 그를 됴하 ᄒᆞ노라 (442)[1]

윤선도(尹善道)의 〈오우가(五友歌)〉 중 대나무를 노래한 것으로, 대나무의 식물로서의 외형적 특성을 사대부적 미덕으로 치환하여 칭송하고 있다. 즉 대나무가 곧게 뻗은 것은 사대부의 지조를 의미하고 속이 비어있는 것은 겸손한 인격을 상징하며 사시사철 푸른 것은 사대부가 가져야 할 변치 않는 마음을 상징하는 것이다. 그러므로 윤선도가 대나무를 좋아하고 친구로 삼은 것은 대나무의 실리적 용도나 그것의 외형에서 풍기는 일차적 미감(美感) 때문이 아니라, 사대부가 지녀야 할 미덕을 대나무가 보여주고 있어서 자신의 심성수양에 귀감으로 삼을 수 있기 때문이다. 이처럼 자연물을 그 자체로 보지 않고 자신의 이념적 규준으로 의미화 하는 것은 성리학적 관념에 경도된 조선전기 사대부들의 공통된 시각이다.

그러나 조선후기에 들어와 이러한 경직된 시각에서 벗어나 자연물 그 자체의 아름다움을 노래하는 작품들이 등장하기 시작했다.

곳거든 ᄆᆞᄃᆡ 업거나 속은 어이 통(通)톳던고
셜상풍우(雪霜風雨)의 ᄉᆞ시(四時)의 ᄒᆞᆫ빗칠쇠
ᄃᆞᆯ밤의 영부소(影扶疎)도 됴커든 쳑쳑성(慽慽聲)은 엇디오 (21)[2]

1) 작품 인용은 특별한 언급이 없으면 심재완, 『역대시조전서』, 세종문화사, 1972.에서 하고, 말미에 작품 번호를 붙인다. 이하 같음.

2) 권섭의 시조에 대한 작품 인용은 박요순, 『옥소 권섭의 시가연구』, 탐구당, 1987.의 부록에서 한다. 작품 말미의 숫자는 문집에 실려 있는 시조의 순번이다. 이하 같음.

이 시조는 권섭(權燮, 1671-1759)의 작품인데 조선전기 사대부들의 경직되고 상투적인 자연물을 보는 관점과는 많은 차이를 보이고 있다. '영부소(影扶疎)'란 달밤에 대나무의 그림자가 바람에 하늘하늘 흔들리는 모습을 표현한 것이고, '척척성(慽慽聲)'은 대나무 이파리들이 바람에 흔들리며 서로 부딪쳐 나는 소리를 음차한 것이다.

작품의 초, 중장은 대나무의 외형적 특성을 묘사했는데 이전의 작품들과 비슷한 표현법을 쓰고 있다. 그러나 종장에서는 대나무의 이러한 특성을 본받아야 한다는 식의 상투적인 표현에서 벗어나 '영부소와 척척성이 어떠하냐(얼마나 멋지냐)'는 감탄적 의문으로 마무리하여 완전히 새로운 작품으로 만들었다. 달밤에 하늘거리는 대나무 잎들과 그 그림자, 그리고 바람에 흔들리는 이파리들이 서로 부딪쳐 내는 소리들을 형상화한 종장의 표현은 마치 한 폭의 그림을 보는 듯하여, 독자로 하여금 환상적이고 낭만적인 정취를 맛보게 한다. 초, 중장에서 느낄 수 있는 대나무의 굳건하고 한결같은 이미지는 종장의 유연하고 풍류적인 이미지에 중화되어, 윤선도의 시조에서 보이는 종류의 이념성이나 교훈성은 개입될 여지가 없고 오로지 달밤에 즐기는 대나무의 환상적인 미감만이 남게 되었다.

이 시조를 지은 권섭은 친가와 외가와 처가에서 모두 판서 이상의 벼슬아치를 배출할 정도의 노론 명문가에서 태어났으나 벼슬길에 나가는 것을 거부하고 일생을 유람과 창작 활동으로 보낸 특이한 인물로 75수의 시조와 2수의 가사, 그리고 3,000여 수의 한시 작품을 남긴 사대부 문인이다.[3)] 그의 시조는 그 소재와 미의식 등에서 독특한 개성

3) 권섭의 생애와 작품에 관해서는 박요순, 앞의 책과 권성민, 「옥소 권섭의 국문시가

을 보여주는데, 자연물 혹은 자연 그 자체에 대한 인식이 조선 전기의 사대부들과 다른 점도 그 중의 하나이다.

그의 작품을 좀 더 살펴보자.

팀변(枕邊)의 심근 도화(桃花) 유정도 흔져이고
어제 못 퓐 가지 오늘 ᄆᆞ자 픠여셰라
아마도 츈풍(春風)이 느저시니 힝(幸)혀 딜가 ᄒᆞ노라 (41)

곳지쟈 새 플 나니 일원(一院)의 츈ᄉᆞ(春事)ㅣ로다
낙화방초(落花芳草)야 긔 더옥 보기됴희
어즙어 이내 풍졍(風情)이 가싈적이 업세라 (42)

츈풍(春風)이 느즈나 ᄯᆞ나 픠온 고지 디나마나
닙 속의 봉오리 새로운 향긔(香氣)로다
두어라 일년쇼화(一年韶華)는 네 혼잰가 ᄒᆞ노라 (43)

권섭이 33세 되던 해에 지은 〈병중영분도삼장(病中詠盆桃三章)〉이라는 제목의 연작시조이다. 병으로 누워 있는 작자가, 방에 있는 분재된 복숭아나무에 꽃이 피었다 지고 다시 새싹이 돋고 열매가 맺는 과정을 대상에 밀착된 시선으로 형상화하고 있다. 첫 번째 시조의 초, 중장에서는 병들어 누워있는 자신의 침울한 기분과 막 피어나는 도화의 생명감을 대조시키고 있다. 이어 종장에서는 봄이 늦어 곧 떨어질 것 같은 도화와 병으로 누워 있는 자신의 처지가 교차되어 스러질 것 같은 생명

연구」, 서울대 석사학위논문, 1991, 정흥모, 「옥소 권섭의 시조재론」, 『대진논총』 1, 대진대, 1993의 연구가 참고가 된다.

에 조바심을 느낀다. 두 번째 시조에서 작자는 꽃잎이 떨어지고 새싹이 돋아나는 모습을 보면서 자연의 순환(循環)과 우주의 이법(理法)을 느낀다. 모든 살아 있는 생명체는 순환하는 것이 우주 자연의 이법임을 느꼈기에 작자는 더 이상 조바심을 느끼지 않는다. 그리하여 마지막 시조에서 꽃잎이 진 자리에 열매가 열리는 것을 보고 하나의 생명이 스러지면서 새로운 생명을 잉태하는 자연의 섭리를 깨달아, 자신의 병세에 대한 초조함으로부터 해방되어 자연의 흐름을 관조하고 그것을 즐길 수 있게 되었다. 이처럼 이 작품은 분재된 복숭아나무를 소재로 꽃이 피었다 지고 새싹이 돋으며 열매가 맺히기까지의 시간적 경과를 차분히 관찰하여, 거기서 우주의 이법을 깨닫는 정신적 승화의 경지를 뛰어나게 형상화했다.

조선전기의 사대부 시가 일반에 등장하는 도화(桃花)는 도연명(陶淵明)의 〈도화원기(桃花源記)〉에 나오는 무릉도원(武陵桃源)과 관련된 이미지가 대부분이다.[4] 그런데 이 작품은 일반적인 사대부 시가작품들에 나타나는 도화의 상투적 이미지를 거부하고, 그것의 생태학적 과정만을 포착하여 자신의 정서적 진폭과 결합시켜 탁월한 시적 효과를 얻었다. 이러한 사실은 권섭의 미의식이 조선전기의 사대부들과는 다른 좌표에 있음을 보여준다. 전통적인 이념의 굴레에서 벗어나 자연물 그 자체의 아름다움에 눈을 돌리기 시작한 것이다.

조선전기, 특히 16세기의 사림(士林)에게 강호자연은 항상 그렇게 있는 영원한 존재이면서 넉넉하고 그윽하며 조화로운 것으로 인식됐다. 이러한 자연은 혼탁한 정치 현실과 대립되는 맑고 깨끗한 세계로서,

4) 정재호, 『한국가사문학론』, 집문당, 1982, 307쪽.

사대부들이 그 안에서 심성을 수양하고 학문을 도야하는 공간이었다. 이황의 다음 시조가 이러한 사정을 잘 보여준다.

> 춘풍(春風)에 화만산(花滿山)ᄒᆞ고 추야(秋夜)에 월만대(月滿臺)라
> 사시(四時) 가흥(佳興)이 사ᄅᆞᆷ과 ᄒᆞᆫ가지라
> ᄒᆞ물며 어약연비 운영천광(魚躍鳶飛 雲影天光)이아 어늬 그지 이슬고 (2999)

봄바람이 불어오니 온 산에 꽃들이 가득 피어나고 가을밤에는 교교한 달빛이 누대에 가득 비치는 등, 자연은 내부의 질서에 따라 사시사철 그 운행을 멈추지 않고 스스로를 조화롭게 펼쳐 보인다. 중장은 자연 속에 사는 작자가 자연의 운행을 체득하여 물아일체의 경지에 도달한 상태에 대한 표현이거나 (사람들이) 그것을 지향해야 한다는 의미로 읽힌다. 어약연비와 운영천광은 우주의 이법이나 자연의 질서가, 물고기가 뛰어놀고 솔개가 날며 해가 구름에 가려 그림자가 지기도 하고 다시 환한 햇빛이 나기도 하는, 그런 사소한 모습들을 통해 자신의 본질을 드러내 보인다는 표현이다. 우주의 이법의 발현인 이러한 자연의 운행은 끝이 없이 이어진다. 따라서 우리도 이러한 조화로운 자연을 통해서 우주의 이법을 확인하고 그것을 본받아 심성을 수양[修己]하자는 것이 이 작품의 주제이다. 자연에서의 심성수양을 바탕으로, 나아가 현실정치에 참여하여 도덕적 이상정치를 구현[治人]하는 것이 16세기 사림의 궁극적 목표였다. 이처럼 조선전기 사대부들에게 강호자연은 심성수양의 공간이었던 것이다.

그러나 권섭의 시조에 등장하는 자연은 조금 다른 모습을 보여준다.

몇 작품을 살펴보자.

〈단구도중(丹丘途中)〉
녕동녕남(嶺東嶺南) 슬쿳돌고 필마(匹馬)로 채쳐모라
죽령(竹嶺)을 너므ᄃᆞ라 우화교(羽化橋) 건너티니
셰우듕(細雨中) 마샹잔몽(馬上殘夢)의 츈흥(春興)계워 ᄒᆞ노라 (8)

〈영호루(暎湖樓)〉
태ᄇᆡᆨ쳥량(太白淸凉) 믄이 블은 막대 낙연도산(落淵陶山) 휫도라와
귀ᄅᆡ정(歸來亭) 빵단도(雙短棹)로 일셩댱덕(一聲長笛) 느디블며
셕양(夕陽)의 못 슬뮌 긔약(期約)이 영호누(暎湖樓) ᄂᆡ가 ᄒᆞ노라 (44)

〈부석사(浮石寺)〉
쳥암졍(靑岩亭)으로셔 ᄇᆡᆨ운동(白雲洞)으로셔 부셕ᄉᆞ(浮石寺)의 올라ᄃᆞ라
산운(山雲)을 ᄲᅢᆯ리 ᄲᅳᆯ고 취원누(聚遠樓)의 안즌말이
션사(禪師)ᄂᆡ 졈졈(點點) 쳥산(靑山)이 아므ᄃᆡᆫ 줄 몰래라 (46)

권섭의 유람시조들이다. 이 작품들의 표현상의 특징으로 먼저 삼장 형식의 짧은 분량에 고유명사를 과도하게 쓰고 있다는 점을 들 수 있다. 〈단구도중〉에는 영동 영남 죽령 우화교 등 네 번, 〈영호루〉에는 태백 청량 낙연 도산 귀래정 영호루 등 여섯 번, 〈부석사〉에는 청암정 백운동 부석사 취원루 등 네 번이 등장한다. 이러한 고유명사는 명승지와 누각, 정자의 이름으로 작자가 유람했거나 유람할 예정인 곳들이다. 일반적인 사대부의 유람 혹은 기행 시가라면 먼저 자신이 유람한 곳의 빼어난 자연 경관을 노래하고 이어서 그곳에 얽힌 고사를 인용하거나

인생사와 결부지어 철학적인 언급으로 마무리하는 것이 보통이다. 그러나 이 시조들에는 그저 작자가 유람한 곳의 지명만이 나열되어 있을 뿐이다.

다음으로 들 수 있는 특징은 호흡이 빠르다는 것이다. 〈단구도중〉에서는 '채쳐모라(채찍을 쳐 몰아), 너므ᄃᆞ라(넘어 달려), 건너티니(건너뛰니)' 등의 시어를 사용해서 속도감을 느끼게 하며, 〈부석사〉에서는 '으로셔'의 두 번 반복과 '올라ᄃᆞ라, 쌜리 쌀고' 등의 시어를 사용하여 경쾌한 움직임을 강조했다. 빠른 호흡은 〈영호루〉에서도 나타난다. '믄이 블은(계속하여 밟은), 휫도라와(휙 돌아와)' 같은 표현을 사용하여 급박한 흐름을 유도한 다음, 중장에서는 '일셩당뎍 느디블며'라 하여 잠깐 숨을 돌리지만 종장에서 다시 영호루에 갈 기약을 상기시킴으로서 바쁜 걸음을 표현한다. 석양이라는 시간적 배치가 바쁜 일정과 조급한 마음을 더욱 강조하는 장치로 쓰이고 있다.[5)]

자연 속에 한거하며 자연을 통해 우주의 이법을 체감하고 심성을 수양하던 조선전기 사대부들은 자연 속에서 몸과 마음이 고요한 상태, 즉 '무심(無心)'을 추구했다. 그러나 권섭은 다소 흥분된 감정과 조금 빠르다 싶은 일정으로 자연 경관을 유람하고 있으며, 그의 시조들은 고유명사를 많이 사용하고 빠른 호흡으로 몰아감으로써 짧은 시조 형식에 자신의 유람 여정을 모두 채워 넣고 있다. 그의 유람시조에 나타나는 이러한 표현 방식의 의미를 좀 더 천착해보자.

청량산은 퇴계가 은거하던 도산서원이 있는 곳이며 청암정은 권섭이 속한 안동 권씨 일파인 유곡(酉谷) 권씨의 시조 권발(權橃)과 그 후손

5) 이 부분은 정홍모, 앞의 논문에서 요약했다.

의 세거지(世居地)에 있는 정자이다. 백운동은 유명한 백운동서원이 있는 곳이다. 백운동서원은 우리나라 최초의 서원으로 1542년 풍기군수 주세붕(周世鵬)이 안향(安珦)의 사묘(祠廟)를 세우고 다음해에 학사(學舍)를 옮겨와 설립했으며, 1550년 이황(李滉)이 풍기군수 부임시에 조정에 상주하여 명종 임금의 친필로 된 '소수서원(紹修書院)'이란 편액(扁額)을 하사받은 곳이다.

작자는 안동을 중심으로 한 영남지방을 돌면서 자기 조상들의 행적을 더듬어보고 퇴계 등 선현들의 유적지를 답사한 것이다. 조선시대의 사대부로서 자신의 뿌리를 찾고 선현들의 유적지를 답사하는 여행이라면 옷깃을 여미고 삼가는 자세로 다소 긴장되고 근엄하게 치러야 정상적이다. 그런데 권섭은 그런 여행조차도 빠른 속도감을 강조하여 일반적인 유람 이상의 의미를 부여하지 않고 있다. 위 시조들을 통해 우리는 권섭에게는 청암정이건 백운동이건 부석사건 취원루건, 그곳에 얽혀 있는 이념적 지향과 관계없이, 모두 동일한 무게를 지닌 유람의 대상으로 존재한다는 것을 알 수 있다.[6] 46번 시조의 제목을 청암정이나 백운동이라 하지 않고 부석사라 한 것은 유람승경(遊覽勝景)의 관점에서 부석사를 더욱 중요하게 본 까닭이다. 이처럼 권섭의 시조에서 자연은 성리학적 이념을 구현하는 공간이 아니라 유람의 대상으로서 의미가 있다. 권섭은 자연을 심성수양의 공간이 아닌 유람의 공간으로 인식한 것이다.

조선후기 사대부 시조에 나타난 '자연물과 자연에 대한 인식 변화'를

6) 물론 권섭의 다른 한문 저작들에는 다르게 나타날 수 있다. 여기서는 그의 유람시조에 나타난 표상만을 검토한 것이다.

권섭의 시조를 중심으로 간략하게 살펴보았다. 성리학적 세계관과 윤리의식에 바탕을 둔 조선전기 사대부들의 시조와는 다르게 권섭의 시조는 자연물 그 자체의 아름다움을 발견하고 아름다운 자연과 경관을 유람하고 즐기는 모습을 보여주었다. 이러한 모습은 성리학적 이념의 구속으로부터 탈피하여 자연을 본래의 면목으로 돌려놓았다는 점에서 미약하지만 조선후기 사대부 시조가 이룩한 성취라고 할 수 있겠다.

3. 다양한 애정 형상

조선후기 사대부 시조가 지닌 두 번째 특징은 남녀 간의 애정 형상을 다양하고 구체적으로 노래하고 있다는 점이다. 작품에 표현된 '님'이 여성이라기보다는 임금 등으로 해석함이 더욱 타당한 많지 않은 전기 사대부들의 시조와는 대조적으로, 조선후기 사대부 시조들은 남성과 여성 사이의 구체적인 애정 형상을 다양한 시점으로 노래하고 있다.

지금부터 조선후기 사대부 시조에 나타난 다양한 애정 형상을 따라가 보자.

> 사룸이 되지 말고 석상(石上)에 오동(梧桐) 되야
> 속이 궁그러 자명금(自鳴琴)이 되야 이셔
> 각시(閣氏)님 나군승상(羅裙勝上)에 백반교어(百般嬌語) ᄒᆞ리라
> (1384)

조선후기 사대부 시조에서 남녀 간의 애정문제가 전면적으로 등장한 것은 이정보(李鼎輔, 1693-1766)의 시조부터인데, 위에 인용한 시조도

이정보의 작품이다.[7] 여성과 가까이하고 싶은 마음이 너무 강한 나머지 차라리 오동나무로 태어나 자명금이 되어 각시님의 치마폭 위에서 온갖 교태를 부리겠다는 내용으로, 마음에 드는 여인과 친밀한 사이가 되기 위해서 자신의 현재 존재마저도 부정하고 여인의 소유물이 되고 싶다는 심정을 노래했다. 맵시 있게 차려 입은 젊고 아름다운 여자가 오동나무로 만든 가야금을 타는 모습은 낭만적인 한 폭의 그림이다. 그러나 이정보가 이 시조에서 그려놓은 그림의 의미는 미인의 배타적인 사랑을 받고 싶다는 본능적 욕구의 표출이다.

한편, 이 시조에서 보여주는 '좋아하는 상대의 물건이 되어 그와 친밀하게 접촉하고 싶다'는 투의 표현 방식은 조선후기의 사설시조에서도 종종 발견되는 모티프이다. 한 예를 보자.

> 각시ᄂᆡ 옥(玉) 갓튼 가슴을 어이구러 다혀볼고
> 금수자지(錦繡紫芝) 쟈져구리 속에 깁젹삼 안셥히 되어 죤득죤득 대히고지고
> 잇다감 ᄯᅡᆷ 나 붓닐 제 ᄠᅥ힐 뉘를 모르리라 (50)

이 사설시조는 여인의 가슴을 만지고 소유하고 싶은 욕구가 강한 나머지 음흉한 상상을 하는 모습을 적나라하게 묘사한 작품이다. 작품에서 각시는 시적 화자에게 그다지 관심이 없으며 시적 화자만 각시를 일방적으로 좋아하는 상황이다. 따라서 시적 화자는 현실에서 이룰 수

7) 이정보의 생애와 시조에 대해서는 박노준, 「이정보와 사대부적 사유의 극복」, 『조선후기 시가의 현실인식』, 고대 민족문화연구소, 1998.과 정흥모, 「이정보의 애정시조 연구」, 『어문논집』 42, 안암어문학회, 2000. 등이 참고가 된다.

없는 욕망을 상상을 통해서나마 풀고자 하는데, 작자 혹은 향유자들은 시적 화자의 내밀한 상상을 백일하에 드러내어 웃음거리로 삼고 있다. 마음 속에서 자연스럽게 일어나는 본능적 욕망과 사회의 규범이나 윤리가 적절한 균형을 이룬 상태에서 인간은 정상적으로 사회생활을 할 수 있다. 그러나 인간은 종종 사회규범이나 윤리의 억압을 벗어버리고 본능의 명령에 충실하고 싶을 때도 있다. 하지만 그러기 위해서는 사회로부터 고립이라는 댓가를 치러야 하므로 보통 경우에는 개인의 본능적 욕망과 사회규범 사이에서 긴장 속의 균형을 이루고 사는 것이다. 그런데 이 작품은 내면에 잠재된 본능적 욕망을 폭로함으로써 균형 상실에 대한 풍자적 웃음을 유발함과 동시에 일종의 대리만족 효과를 주고 있다.

앞에 인용한 이정보의 시조도 그 욕망의 근저(根底)는 이 작품과 크게 다르지 않다. 다만 작자인 이정보의 사회적 체면과 위치 때문에 벌거벗은 욕망을 끈적끈적하게 묘사하는 대신에 우아하게 포장했을 따름이다. 두 작품의 종장은 표현상의 어감 차이는 있지만 좋아하는 한 여인을 배타적으로 소유하고자 하는 일방적이고 염치없는 내면의 욕망을 드러냈다는 점에서는 동일하다. 이정보의 시조는 비록 우아하게 포장하여 사설시조처럼 외설스럽지는 않으나, 당당한 사대부로서 자명금이 되어 여인의 치마폭 위에서 갖은 교태를 떨고 싶다는 내용으로 시조를 지었다는 사실은 이전 시대의 사대부 시조에서는 상상도 할 수 없는 파격이다.

이정보가 지은 다른 작품들을 좀 더 살펴보자.

가인(佳人)이 낙매곡(落梅曲)을 월하(月下)에 빗씨 분이

양진(樑塵)이 ᄂᆞᆯ리는 듯 남은 매화(梅花) 다 지거다
내게도 천금준마(千金駿馬) 잇신이 밧ᄭᅩ와볼ᄭᅡ ᄒᆞ노라 (42)

남은 다 ᄌᆞ는 밤의 ᄂᆡ 어니 홀노 안자
전전불매(輾轉不寐)ᄒᆞ고 님 둔 님을 생각(生覺)ᄂᆞᆫ고
그 님도 님 둔 님이니 생각(生覺)ᄒᆞᆯ 줄이 이시랴 (533)

앞 시조는 상대에게 적극적으로 사랑을 구하려는 행위를 노래하고 있다. 초장과 중장은 다소 상투적인 상황 설정과 표현으로 일관하여 평범하다 할 수 있으나 종장은 독특하다. 빼어난 미모에 노래도 잘하는 일류의 여인을 시적 화자는 천금준마, 즉 돈을 주고 사겠다고 한다. 뛰어난 여인의 상대가 되기 위해서는 거기에 합당한 인간적 매력이 있다든지 예술적 재능이 있다든지 풍채가 훌륭하다든지 등의 남다른 탁월함이 있어야 하며, 하다못해 시정배들이 보여주는 두둑한 배포라도 있어야 하는 것이 일반적인 중세시대 문학작품의 문법이다. 그런데 이 시조는 기존 문법을 송두리째 뒤엎고 빼어난 미인을 돈으로 사겠다고 당당하게 밝히고 있다. 애정 행위에도 물질적 가치가 개입되는 모습을 드러내놓고 시화한 것은 이전의 사대부 시조에서 볼 수 없는 일이다.

두 번째 시조는 이른바 '님 둔 님, 남의 님'을 소재로 한 시조이다. 주로 조선후기의 시조에 등장하는 이런 모티프는 이정보의 작품 말고도 8수가 더 검색됐는데, 그 가운데 2수가 평시조이고 6수가 사설시조이다.[8] 이미 상대가 있는 사람을 사랑하고 또 그것을 겉으로 드러낸

8) 고려대학교 김흥규 교수 연구실에서 개발한 고시조데이타베이스 검색프로그램으로 검색한 결과이다.

것이니 중세사회의 통념에서 일탈된 정서라 할 수 있으며, 체면을 중시하는 사대부의 일반적 정서와는 맞지 않는 것으로 평민적이고 사설시조적인 정서에 가깝다 할 수 있다. 이런 평민적이고 사설시조적인 정서가 어떻게 해서 사대부 시조에 나타나는가?

이에 대한 답을 구하기 전에 다음 시조들을 먼저 검토해야 할 것 같다.

> 두견홍도(杜鵑紅桃) 영산홍(映山紅)은 지지춘심(枝枝春心) 만점홍(萬點紅)을
> 낙양청가(洛陽淸歌) 촉성옥(矗城玉)과 패강명금(浿江名琴) 국심(菊心)으로
> 신추(新秋)의 월향부용명(月向芙蓉明)홀 제 큰 노리를 ᄒᆞ리라 (913)

> 수성(隋城)에 명옥출(明玉出)이오 동경(東京)에 채봉래(彩鳳來)라
> 홍련화(紅蓮花) 월색리(月色裏)에 영주선(瀛洲仙)이 도라든다
> 아희야 죽엽주(竹葉酒) 부어라 취(醉)코 놀가 ᄒᆞ노라 (1697)

이 두 시조는 김민순(金敏淳, 1776-1859)의 작품이다.[9] 김민순의 시조가 실려 있는 육당본 『청구영언』에는 첫 번째 작품의 작자 표시 밑에 작은 글씨로 '팔랑가(八娘歌)'라 써 놓았다. 풍류적인 술자리에 동석했음직한 여덟 명의 기생 이름[홍도, 영산홍, 춘심, 만점홍, 촉성옥, 국심, 월향(아마 月香일 듯), 부용]과 그들의 출신지, 특기 등을 적절히 안배하여 한 편의 시조를 지었음을 알 수 있다. 두 번째 작품도 역시 구체적인 기생의

---

9) 김민순의 생애와 작품에 대해서는 정흥모, 「19세기 사대부시조 연구」, 고려대 박사학위논문, 1994.가 참고가 된다.

이름을 이용하여 술자리 분위기에 걸맞은 시적 상황을 창출해 도도한 흥취를 노래한 시조이다. 노래와 악기 연주와 춤이 어우러지는, 다수의 기생을 동반한 질탕한 술자리의 도도한 흥취를 느낄 수 있는 이 작품들을 통해서 우리는 조선후기 풍류 공간의 한 모습을 엿볼 수 있다.

조선전기에도 양반 사대부와 기생이 서로 수작하는 시조들은 존재했다. 백호 임제와 기생 한우(寒雨)가 수작한 시조들과 송강 정철과 기생 진옥(眞玉)이 주고받은 시조들이 대표적이다. 그러나 조선전기의 이러한 시조들은 서로 상대방에게 마음을 허락한 상태에서 일대일로 주고받은 것이다. 그에 비해서 위에 인용한 김민순의 작품은 서로 마음을 허락한 일대일 상태가 아닌 질탕한 술자리에 참석한 다수의 기생들을 대상으로 하여 지은 것이다. 이 작품들에 등장하는 기생들은 인격과 개성을 지닌 개인으로서보다는 술자리의 흥취를 도와주는 수단(혹은 매개체)으로서의 이미지가 강하다. 술자리에 참석한 양반 사대부와 기생의 관계가 상업화되고 세속화되었다고나 할까?

김용찬에 의하면, 김민순의 시조 작품 다수가 실려 있는 육당본 『청구영언』의 향유 집단은 순조의 아들로서 잠시 대리청정을 했던 익종[孝明世子]과 관계가 깊다고 한다. 익종은 부왕인 순조의 생신 등에 진연(進宴)을 열고 그때마다 각종 정재(呈才)를 주도했는데, 이 정재에 민간의 가창자들과 가기(歌妓)들이 초청되었고 그 자리에서 시조가 연창되었다고 한다. 이들은 익종의 사후에도 김민순을 중심으로 교유하며 가악 활동을 했다고 하는데,[10] 이 가악 활동이란 풍류와 취락이 바탕이 된다. 상층인 양반 사대부가 주도하고 전문 가창자들과 기생들이 어울리

---

10) 김용찬, 『조선후기 시가문학의 지형도』, 보고사, 2002, 212-267쪽 참조.

는 풍류적인 술자리에서 위에서 검토한 것 같은 시조 작품들이 생산되는 것이다. 앞서 검토한 이정보의 작품도 마찬가지이다. 이정보는 관직을 그만둔 만년에 풍류 생활을 하며 다수의 남녀 선창자(善唱者)들의 후원자 역할을 했다는 기록이 있다.[11] 조선후기에 오면 양반 사대부들이 이처럼 전문가창자들과 기녀들이 어우러진 풍류 활동에 참가하는 경우가 많아졌고, 이들과 어울린 질탕한 술자리에서 평민적이고 사설시조적인 정서에 가까운 시조들을 창작하기도 한 것이다.

조선후기 사대부 시조의 통속화 경향이라고나 할 애정시조의 이런 특징은 왕족 출신 사대부인 이세보(李世輔, 1832-1895)에 이르러 그 정점에 달한다. 이세보의 시조 몇 수를 살펴보자.

> 한번 보고 두번 만나 청츈이 샹합이라
> 빅발환흑 구든 밍세 이갓치 허황ᄒᆞ랴
> 엇더한 경박ᄌᆞ를 ᄯᅩ다시 ᄉᆡᆼ각 (풍아 130)[12]

> 풍뉴번화 다 버리고 일부둉ᄉᆞ ᄒᆞ난 나를
> 되업시 의심ᄒᆞ니 원심인들 아니 날가
> 아마도 이 말른 유졍낭군 졍닷톰인가 (풍아 131)

'풍류번화 다 버리고 일부종사'한다는 표현이나 '경박자를 생각'한다는 표현을 보면 작품에 등장하는 여성은 아마도 기생 출신인 듯하다.

---

11) 김영진, 「효전 심노숭 문학 연구-산문을 중심으로-」, 고대 석사학위논문, 1986, 4장 참조.

12) 이세보의 시조에 대한 인용은 진동혁, 『주석 이세보시조집』, 정음사, 1985.에서 한다. 『풍아』는 이세보의 시조집 이름이며 숫자는 작품 수록 순번이다. 이하 같음.

그러나 현재는 과거의 업을 청산하고 한 남자만을 섬기며 사는 상황에서 오해로 인한 다툼이 일어났고, 남성과 여성이 다툼의 원인에 대해 자신의 심정을 토로하는 형식을 취하고 있다. 이 작품의 백미는 다툼의 과정에서 발생하는 각자의 답답하고 억울한 심정을 근사하게 표현한 데에 있다. 남녀 간의 정상적인 결합이 아닌 관계를 소재로 하고 있으며, 한 가지 상황을 두고 객관적인 입장에서 대립되는 두 남녀의 심정을 대변하는 방식은 이세보 시조만의 독특한 특징을 보여주는 것이다. 어떤 상황이나 대상에서 얻은 자신의 체험적 정서를 주로 표출하던 기존의 사대부 시조와는 완전히 다른 발상과 표현이다.

오경샴졈 첫마치의 가노라 이러나니
품안의 다졍튼 임이 다시 보니 무졍하다
아마도 보닌 후의 쟘들기 어려 (풍아 115)

품안의 임 보닌 후의 펼친 이불 모와 덥고
다시 누어 싱각ᄒᆞ니 허황헌 일리로다
아마도 인간지란은 남의 님인가 (풍아 116)

역시 이세보가 지은 이 작품들은 여성 화자의 시점에서 시간적 순서에 따라 연속되는 상황의 감정을 읊은 것이다. 남자가 새벽에 일어나 집에 가야 하는 관계는 정상적인 부부 사이라 볼 수 없다. 그래서 파루종이 울리자마자 남자를 보내야 하고, 그런 줄 알면서도 떠나는 '임'이 무정하게만 여겨져서 보내고 난 다음에 잠들기가 어려울 것 같다고 한다. 두 번째 작품에서는 임을 보내고 혼자 남아 느끼는 쓸쓸하고 허무한 심정을 노래했다. 님이 떠난 후에 혼자 누워 함께 덮던 이불을

몸에 감싸고 있자니 마음이 심란하지 않을 수 없다. 잠들지 못하고 뒤척이며 내린 결론은 '남의 님'을 사랑하는 것은 참으로 어려운 일이라는 것이다. 앞에서 '님 둔 님'을 사랑하며 괴로워하는 이정보의 시조를 검토한 바 있는데, 이세보의 작품에서는 더욱 구체적인 정황을 상정하여 '남의 님'을 사랑하는 일의 어려움을 여성 화자의 시점에서 세세하게 묘사하고 있다. 사회적 통념으로는 인정받지 못하는 애정 관계를 소재로 하여 여성 화자의 입장에서 묘사한 시조를 높은 벼슬을 하는 사대부가 썼다는 점은 분명 특기할 만한 일이다. 이세보는 일찍이 자신이 지은 시조를 모아 시조집을 만들어 경옥(瓊玉)이라는 기생에게 준 일도 있으며,[13] 그가 지은 시조 가운데 1920년대까지 기생들에게 인기가 있었다는 작품도 있다.[14] 이런 점을 본다면 이세보의 애정시조들은 기생들을 동반한 질탕한 술자리에서 창작 유통되었을 것이며,[15] 그의 작품들이 그 자리에 참여한 기생들의 처지와 정서를 근사하게 반영했기 때문에 더욱 인기가 있었을 것이다.

조선후기 사대부들의 평시조에 나타난 다양한 애정 형상에 대해 간략히 살펴보았다. 앞에서 검토한대로 육체적 욕망의 솔직한 표출, 재화가 개입된 사랑, '남의 님'으로 상징되는 사회적 통념으로 받아들일 수 없는 사랑, 기생과의 상업화된 관계, 다양한 시점과 시적 화자의

---

13) 『別風雅』라는 시조집이 그것이다. 진동혁, 「새로 발굴된 이세보의 시조집 『별풍아』에 대하여」, 『김영배선생 화갑기념논총』, 형설출판사, 1991, 915-916쪽 참조.

14) "불친ᄒᆞ면 무별니요 무별이면 불상ᄉᆞ를/ 상ᄉᆞ불견상ᄉᆞ회는 불여무정불상ᄉᆞ라/ 아마도 ᄌᆞ고 청츈이 일노 ᄇᆡᆨ발"(풍아 102)이 그것이다. 이능화, 『조선해어화사』, 이재곤 옮김, 동문선, 1992, 244쪽 참조.

15) 이세보가 모든 애정시조들을 술자리에서 창작하지는 않았더라도 그런 자리를 가정하고 지었을 가능성이 높다.

설정 등의 특징들은 당대의 평민적인 정서나 사설시조의 정서와 맞닿아 있는 것이었다. 조선후기에는 사대부들 가운데 풍류인을 자처하고 전문 가창자들과 가기(歌妓)들의 후원자 역할을 하는 부류가 등장했으며, 이들이 함께 어울린 질탕한 술자리에서 애정시조들이 창작되고 유통되었음을 알 수 있었다. 아울러 이러한 특징들은 조선후기 사대부 시조가 완강한 성리학적 이데올로기에서 벗어나 점차 대중화되어가는 한 흐름을 보여준다는 점에서 시조사적 의의가 있다.

4. 현실비판의 방향

19세기를 대표하는 사대부 시조 작가는 조황(趙榥, 1803-?)과 이세보라고 할 수 있다. 이세보는 시조사상 가장 많은 작품인 459수의 시조를 창작했으며, 조황은 논자에 따라 가감이 있지만 최소 109수 이상의 시조를 창작한 작가이다. 이들은 다작 작가인 동시에 교술적인 시조를 많이 지었다는 공통점이 있다. 그런데 조황의 교술 시조들은 하나같이 완강하고 경직된 중세적, 성리학적 이념을 바탕으로 하고 있어 이 글의 주제와 맞지 않지만, 60여 수가 넘는 이세보의 현실비판 시조들은 당대의 부패한 현실을 비판하고 해결책을 나름대로 모색하고 있어 주목된다. 여기서는 이세보가 창작한 현실비판 시조의 실상을 살펴보고 그가 모색한 해결 방향에 대해 검토하기로 한다.[16]

이세보의 현실비판 시조들이 비판하는 대상은 당대 지방 행정의 전

16) 이세보의 현실비판 시조에 대해서는 정흥모(1994)의 논문을 주로 참고했다.

부면에 걸친 모순과 부패이다. 대표적인 작품 몇 수만 살펴보자.

> 져ᄇᆡᆨ셩의 거동보쇼 지고싯고 드러와서
> 한 셤 쏠를 밧치랴면 두 셤 쏠리 부독이라
> 약간 농ᄉᆞ 지엿슨들 그 무엇슬 먹ᄌᆞᄒᆞ리 (풍아 296)

> 우리 ᄉᆡᆼᄋᆡ 드러보쇼 샨의 올나 샨전파고
> 들의 나려 슈답가러 풍한셔습 지은 농ᄉᆞ
> 지금의 동증니증은 무샴일고 (풍아 307)

위 작품들은 부패한 지방 행정 때문에 고통 받는 농민의 실상을 묘사하고 있다. 첫 번째 작품은 환정(還政)의 문란으로 고통 받는 백성들의 억울한 사정을 기술한 것이다. 관청에서 환자미를 빌려줄 때에는 쌀겨 등이 많은 질이 안 좋은 쌀을 주고, 돌려받을 때는 질 좋은 쌀을 요구한다거나, 관청에서 되를 속여서 빌려줄 때는 정량보다 적게 주고, 돌려받을 때는 정량보다 더 받아내는 부패한 행정을 서술하고 있다. 두 번째 시조는 동징(洞徵), 이징(里徵) 등 번다한 부세(賦稅) 행정으로 인한 백성들의 고통을 서술한 것이다. 바람이 불거나 비가 오거나 춥거나 덥거나를 가리지 않고 산으로 들로 논밭을 바쁘게 오가며 땀 흘려 지은 농사인데, 환자미를 납부하는 과정에서 거의 다 빼앗기고 그나마 조금 남은 것도 동징 이징으로 다 거둬가니, 농민들의 생애가 고달플 수밖에 없다는 사실을 농민의 시점에서 기술했다.

이렇게 백성들이 어렵게 사는 것은 모두 관리들이 정치를 잘못해서 그런 것이다. 이세보는 관리들의 부패한 행태를 비판한다.

서안의 ᄊᆞ인 청간 션후분별 그만 ᄒᆞ고
ᄋᆡ민션졍 어셔ᄒᆞ소 무시벽녁이 다쳥텬을
언제나 인간의 물욕이 젹어 (풍아 298)

그럿타도 ᄒᆞ련이와 무변슈령 ᄌᆞ네 듯쇼
ᄋᆡ걸 구걸ᄒᆞ여 온 원 치민션졍 졍셩 젹다
엇지타 ᄉᆞ롬마다 물욕이 먼져 (풍아 303)

츈셩경 츄셩념은 뉘게 당헌 말샴인고
달나는 ᄇᆡᆨ셩 업고 쥬난 방ᄇᆡᆨ 업다
아마도 이 금슌힝은 예와 달나 (풍아 314)

첫 번째 시조는 지방 수령의 탐욕스런 행정을 비판한 것이다. 수령들이 책상 위에 쌓인 청탁 편지들을 보며 이해관계를 저울질하느라 공정하게 정사를 돌보지 않음을 비판했다. 애민선정을 하지 않으면 '마른 하늘에 날벼락이 치는 수가 많다'는 섬뜩한 표현으로 탐욕스런 수령에 대한 분노의 감정을 숨김없이 드러내고 있다. 두 번째 작품은 무변수령(武弁守令)의 탐욕스러움을 비판했다. 무인을 수령으로 임명한 것은, 서울에서 멀리 떨어진 변방에 무관을 수령으로 파견하여 지방 행정과 국토방위의 임무를 동시에 맡기려는 의도였다. 그러나 임지가 변방이었기 때문에 부정과 탐학을 저질러도 그 폐해가 감추어질 수 있었으므로 무변수령들의 탐학이 심했으며 따라서 그들의 학정이 문제가 되는 일이 많았는데[17], 조선후기에 오면 부패한 정치 체제에 편승하여 매관매직이 성행한 까닭에 무관수령의 숫자는 더욱 늘어났을 것이다.[18]

---

17) 진동혁, 『이세보 시조연구』, 집문당, 1983, 123-125쪽 참조.

이처럼 조선후기의 정치 혼란을 틈타 'ᄋᆡ걸구걸ᄒᆞ여' 부임한 무변수령들이 치민선정(治民善政)은 멀리하고 자신의 탐욕만 앞세우는 행태에 대한 비판이 두 번째 시조에 들어있다. 세 번째 시조는 관찰사가 도내의 각 읍을 순행(巡行)하면서 자행하는 폐단을 지적했다. 관찰사는 봄에는 농사가 순조로운지 여부를 살피고 가을에는 조세 행정이 원만하게 이루어지는지를 살피기 위해 일 년에 두 차례씩 각 고을을 순행하는 것으로 되어 있다. 그러나 전반적으로 정치가 부패했던 조선후기에는 감사 순행의 폐단이 상당히 심각하여 감사 순행의 폐해를 신랄하게 풍자한 〈합강정가〉라는 가사 작품이 있을 정도이다. 이처럼 당시로서는 심각했던 감사 순행의 폐단에 대해 이 시조에서는 비교적 온건하게 원론적으로 비판하는 데 그치고 있다. 이것은 감사라는 직급과 직책에 대한 예우 때문이 아닌가 생각된다.

이세보는 부패한 행정을 비판하는 데서 그치지 않고 지방 관리들에게 애민선정(愛民善政)을 부탁하는 작품을 남기고 있다.

가련헌 잔읍ᄂᆡᆼ무 쵸ᄉᆞ이력 멧ᄒᆡ런고
됴만간 일군현이 만니쵸졍 시쟉일세
ᄒᆞ직후 샹관일의 염ᄌᆞ직ᄌᆞ ᄋᆡ민ᄒᆞ쇼 (풍아 332)

허다 져 ᄇᆡᆨ셩이 항산이 다 업쓰면
관불관 쵼불쵼 되니 어누 뉘가 다 살릴ᄭᅡ
아마도 쳥ᄇᆡᆨ 못헌 션치 젹어 (풍아 333)

---

18) 1788년(정조 12)의 통계를 보면, 전국 332개 읍 가운데 무관이 수령인 지역이 90개 읍이며 20개 읍은 문무교차로 임명되었다. 정홍모(1994), 119쪽 참조.

나라 업는 번신 보며 번신업는 나라 본가
가련헌 져 빅셩을 포복갓치 ᄉ랑ᄒ면
아마도 타일션음이 ᄌ우숀을 (풍아 302)

첫 번째 시조는 몇 년째 보잘것없는 작은 고을을 맡고 있는 무변수령에게 부탁하는 내용이다. 비록 작은 고을의 수령으로 벼슬살이를 시작했지만 이것이 더욱 높고 큰 벼슬로 나아가기 위한 바탕이라 생각하고 정성을 다하여 다스리며, 또 승진되어 갈 때에도 처음 먹었던 마음을 잃지 말라고 간곡하게 부탁하고 있다. 두 번째 작품은 수령에게 부탁하는 시조이다. 수령들이 사욕을 채우느라 백성의 재물을 수탈하게 되면 백성들로서는 항심이 없어지게 되고, 그런 백성들이 뿔뿔이 흩어져 촌락도 없어지면 관리(官吏)가 어떻게 존재하겠느냐, 그러니 욕심을 버리고 청백리가 되어 백성을 잘 다스려라 하는 내용을 마치 옆에 있는 사람에게 얘기하듯이 타이르고 있다. 세 번째 작품은 중앙에서 멀리 떨어진 지방의 관찰사에게 부탁하는 시조이다. 먼저 나라가 존재해야 관찰사라는 직책도 의미가 있는 것이니, 자신의 욕심만 채우지 말고 나라의 바탕이 되는 백성들을 어린아이 사랑하듯 해서 나라의 기틀을 굳건하게 다져라, 그러면 그 음덕이 후대의 자손들에게까지 미칠 것이라는 덕담까지 동원하여 관찰사들에게 애민정치를 부탁하고 있다.

이세보의 현실비판 시조들 가운데 절반 이상이 이처럼 지방 관장들에게 애민선정을 부탁하는 내용이다. 지방 행정의 부패와 모순을 신랄하게 풍자한 작품보다는 어떻게 해야 백성들을 잘 다스릴 수 있는가, 지방 행정을 잘못하면 어떤 결과가 오는가 하는 것을 구체적으로 예시하여 지방 관장들이 바른 정치를 펴도록 간곡하게 깨우치는 작품이 많은 것이다. 내용 또한 매우 구체적이어서 각 시조마다 지방의 관장들이 수행해야 할 다양하고 구체적인 사항들을 열거하며 그런 사항들을 어떻게 수행할 것인가에 대한 올바른 방도를 제시하고 있다. 그 방도를 제시하는 어투에서도 'ᄌᆞ네', '~ᄒᆞ쇼' 등의 표현을 많이 쓰고 있는데, 이는 전달 대상과의 심리적 거리를 좁히고 작자의 간곡한 마음을 드러내어 설득력을 높이려는 의도로 보인다.

고미숙은 이세보의 현실비판 시조가 지닌 이러한 측면에 대해 "당대 통치 집단의 오류를 구체적이고도 상세하게 지적하면서도 … 추상적 인륜의 문제로 환원할 뿐 역사적 맥락 위에서 인식하고 있지는 못한다. … 통치층에 대한 훈계, 고통 받는 창생들에 대한 연민을 표현하는 것으로 주류를 이루고 있"[19]다고 하여, 그 한계를 지적하고 있다. 이세보의 현실비판 시조에 보이는 이런 인식의 한계는 그의 출신 성분과 관계가 있다. 이세보는 왕실의 먼 친척으로 점차 한미해져 가는 가문에 태어났다가 운 좋게도 출계를 통하여 현 왕실의 근친이 되어 봉작을 받은 왕족의 한 사람이다.[20] 조선 왕실과 운명공동체인 그에게 왕조 체제의 근본적인 변혁을 생각하라고 기대하기는 어려운 일이다. 이세보로서는 왕조 체제의 제반 통치기구와 행정체제가 순조롭게 돌아가 기존 체제가 안정적으로 유지되는 것이 자신의 기득권을 유지할 수 있는 길인 것이다. 그러므로 이세보의 현실비판 시조는 지방 행정의 모순과

---

19) 고미숙, 「19세기 시조의 전개 양상과 그 작품 세계 연구」, 고대 박사학위논문, 1993, 243쪽.

20) 이세보는 20세에 출계를 통해 豊溪君 瑭의 後嗣가 되었다. 그리하여 족보상으로 이세보는 철종과 6촌 사이가 되었으며 후에 흥선대원군이 되는 李昰應과도 6촌 사이가 되었다.

부패를 풍자하며 탐욕스런 지방관을 신랄하게 비판하고 징계하는 데 목적이 있는 것이 아니라, 그들을 잘 이끌어서 애민선정의 길로 가도록 만드는 데 창작 의도가 있다고 보인다. 위로는 중앙의 고관들로부터 밑으로는 변방의 무변수령에 이르기까지, 관장들이 각기 맡은 바 직분을 다해 백성을 사랑하는 마음으로 행정을 펴면 나라는 잘 다스려진다는 중세적인 '각수기분(各守其分)'의 논리가 이세보의 현실비판 시조 작품들에 스며들어 있는 것이다.[21)]

결국 이세보가 시조를 통해 현실에 대해 발언(혹은 비판)한 것은 현실 정치체제를 변혁하거나 부정하기 위해서가 아니라 오히려 현실 정치체제를 좀 더 공고히 하기 위해서라 할 수 있겠다. 즉 부패한 현실이 왕조 체제의 기반을 무너뜨릴 위기에 직면하여 그러한 현실을 바로잡음으로써 현 왕조 체제의 기반을 더욱 튼튼하게 하기 위한 의도가 개입돼 있다고 생각되는 것이다. 이세보의 현실비판 시조가 가지는 의식의 한계는 바로 이 지점이다.

5. 마무리

조선후기 사대부 시조의 변화하는 모습을 자연관의 변화, 다양한 애정 형상, 현실 비판의 방향 등의 측면에서 대표적인 작가의 작품을 중심으로 검토해 보았다. 조선후기의 사대부 시조는 전기의 그것에 비해

---

21) 박노준, 「이세보의 '분' 의식과 정서표출의 두 국면」, 『동양학』 20집, 단국대 동양학연구소, 1990.에서도 이세보의 일부 시조에 중세적 '분(分)' 의식이 들어있다는 주장을 펴고 있다.

그 주제와 표현 방식에서 몇 가지 의미 있는 변화를 보이고 있다. 중세적 이념에 바탕을 둔 경직되고 상투적인 시각에서 벗어나 자연물과 자연을 재인식한다든지, 일부 애정시조에서 평민적이고 사설시조적인 정서를 표출한다든지, 비록 체제내적이라는 한계를 가지고 있지만 현실 정치의 부패상을 비판한다든지 하는 것은 조선후기 사대부 시조가 이룩한 의미 있는 변화라 할 수 있다.

특기할 만한 사항은 사대부 시조의 이러한 변모는 모두 서울의 명문 집안에서 태어난 사대부들이 주도했다는 것이다. 이 글에서 검토한 사대부 시조 작가들은 판서 이상의 높은 벼슬을 한 사람도 있고(이정보와 이세보), 작은 고을의 현감 벼슬만 한 사람도 있으며(김민순), 아예 벼슬자리에 나가지 않은 사람도 있지만(권섭), 이들은 모두 당대의 벌열가문 출신이거나 왕족 출신이다.

이러한 현상은 조선후기에 일어난 사대부 내부의 계층 분화와 밀접한 관련이 있다. 즉, 선조 때부터 시작된 당쟁이 범노론 계열의 승리로 정리되어 가던 18세기 중엽 이후 사대부 계층은, 대를 이어 권력을 독점하던 서울의 거대 가문과 그에 협조하는 소수 가문으로 이루어진 서울 양반[22]과, 중앙 정계에서 점차 소외되어 향촌에서 근근이 양반으로서의 품위를 유지하고 살거나 아니면 몰락해가는 향촌 사대부로 분화하게 되었다. 이들 가운데 대대로 서울에 살면서 벌열화한 명문 출신의 일부 사대부들이 서울의 도시화가 진행되면서 나타난 난만한 유흥문화와 결합한 결과, 전통적인 사대부 시조의 줄기에서 이탈하여 평민

---

22) 강명관은 이들을 京華世族이라 부르고 있다. 강명관, 「조선후기 경화세족과 고동서화 치미」, 『조선시대 문학 예술의 생성 공간』, 소명출판, 1999, 279쪽 참조.

적이고 사설시조적인 소재와 표현 방식을 가진 시조들을 생산한 것이다. 한편 중앙 정계에서 소외된 향촌 사대부들은 전원에서 한거하며 자족하는 생활을 읊조리기도 하고(조선전기 강호시조의 변형), 어떤 경우에는 더욱 완강하고 경직된 성리학적 이데올로기로 무장하여 복고적인 시조를 짓기도 하였다.

어쨌든 조선후기 사대부 시조가 전기의 그것과 비교하여 몇 가지 의미 있는 변화를 보이고 있는 것은 사실이지만 그것을 곧바로 근대적 성격으로 규정할 수는 없다. 조선후기 사대부 시조는 중세체제를 대체할 만한 새로운 사회 체제나 가치관, 미의식 등에 대한 전망을 보여주고 있지 못하기 때문이다. 이것은 이 글의 앞부분에서 언술했듯이 평시조가 가지는 장르적 특성과 사대부라는 계급적 특성이 결합한 결과이다. 새로운 체제에 대한 전망을 설계하기에는 짧은 노래인 평시조의 형식적 제약이 너무 컸다. 또한 짧은 형식의 노랫말에도 새로운 사회 체제의 가치관이나 미의식이 스며들어 있을 수도 있겠지만, 조선후기에 시조를 향유하던 사대부 계층의 의식 자체가 새로운 사회에 대한 전망이 없었으므로 이것 역시 기대난망이라 할 수 있다.

결국 조선후기 서울의 명문 출신 일부 사대부들의 시조가 소재나 표현 방식 등의 측면에서 일정한 변화를 보여주고 있으나, 그것은 당대 사회 전반에 일어나던 변화의 일부분을 받아들인 것일 뿐 중세사회를 뛰어넘을 만한 새로운 전망을 보여준 것은 아니었다고 정리할 수 있겠다.

제2장

조선조 시조에 나타난 자연관의 변모 양상

1. 문제제기

이 글은 조선시대에 강호자연(江湖自然)을 노래한 시조들을 대상으로 하여, 이들 작품에 나타난 자연 인식이 시대에 따라 어떻게 변화했는가 하는 것을 구명하는 데 목표가 있다.

조선왕조를 건국한 주역은 양반사대부이다. 이들은 중소 지주적·토착적 생활 기반을 가진 호족 내지 향리 계열의 지방 세력가로 내려오다가 고려 중기 무신정권 이후 비로소 중앙관계에 등장하여 사족가문으로 성장한 신흥사족의 후예들이다. 이들은 유학을 깊이 공부하고 과거시험을 통하여 관리가 된 학자관인 즉, 유학적 지성이라 할 수 있는데, 성리학을 바탕으로 한 유교이념에 입각한 중앙집권적 관료국가 건설을 목표로 하여 조선왕조를 건국하였다. 이들은 이후 일본 제국주의에 의해 조선왕조가 멸망할 때까지 오백여 년을 지배층으로 군림하게 된다.

조선 건국의 주역인 양반사대부들은 지배층인 자신들뿐만 아니라 피지배층인 하층민들까지도 성리학적 이념과 윤리를 생활화하기를 바라는 다소 이상적인 국가모델을 상정하고 있었으며, 이를 실현하기 위해 지배층으로서의 자기연마를 게을리 하지 않았다. 이른바 '수기치인(修己治人)'이라는 덕목은 이를 잘 보여주는 바, '수기'라는 것은 '우주의 이법(理法)을 깨달아 그것을 내면화하는 것'이고 '치인'은 '자신이 깨닫고 내면화한 것을 정치 행위를 통해 백성들에게 베푸는 것'이다. 그런데 이들이 수기 즉 자신을 수양하는 데 중요한 매개가 되는 것이 자연이었다. 양반사대부들에게 자연은 '질서 있고 조화로운 존재, 우주의 이법이 구현된 존재'로 인식되었으며 자연과 합일함으로써[格物致知] 수기를 완성할 수 있다고 생각했다.

한편, 성리학은 '질서·절제·조화' 등의 덕목을 중요시하는 바, 성리학을 철학적 기반으로 삼은 양반사대부들은 자신들의 이념에 어울리는 절제된 시가 양식을 찾다가 시조라는 형식을 발견하였다. 시조는 4음보 한 행이 세 번 반복되는 짧은 형식으로 '질서·절제·조화'의 덕목을 발휘하는 데 가장 적절한 시가 양식이었다. 그리하여 시조는 양반사대부들이 강호에 은거하여 심성을 수양하고, 나라를 근심하며, 백성을 교화하고 깨우치는 데 중요한 구실을 하게 된 것이다. 이 글의 분석 대상이 되는 강호자연을 노래한 시조들은 이런 맥락에서 조선시대 양반사대부 문학에서 중요한 위치를 차지하는 것이다.

조선왕조가 지속된 오백여 년 동안 지배층인 양반사대부 내부에는 많은 변화가 있었다. 양반의 숫자에 비하여 벼슬자리는 한정되어 있었으므로 권력을 획득하기 위한 양반층 내부의 도전과 응전이 끊임없이 계속되었고, 그 과정에서 권력을 독점하는 당파나 유력 가문이 등장하는 한편으로 시간이 흐를수록 대대로 권력에서 소외되어 한미해진 양반들이 대량으로 발생하였다. 따라서 같은 양반이라도 자기가 속한 시대 상황이나 처지에 따라 정치적 입장이나 세상을 보는 관점이 다를 수밖에 없었으며, 이런 현상은 조선시대 양반사대부 일반이 즐겼던 강호자연을 노래한 시조에도 잘 반영되어 있다.

이 글에서는 조선시대에 강호자연을 노래한 시조들을 시기별로 구분하여 각 시기의 시조들에 형상화된 자연이 어떻게 다른지 살펴보고, 작품이 산출된 시대 상황과 작자 개인의 정치적 입장이나 경제적 처지의 검토를 통해 그 달라진 원인을 분석해보고 그것이 가지는 의미를 고찰하는 기회를 갖도록 하겠다. 조선시대 전 시기의 강호시조를 대상으로 하는 만큼 이 글에서 논의되는 내용은 대다수가 부분적으로 선행 연구가 진행된 상태이다. 따라서 이 글은 부분적으로 진행된 선행 연구를 엮어서 조선시대 강호시조 전반을 거시적으로 조망하는 형식이 될 것이다.

2. 혼탁한 정치현실과 대립되는 심성수양의 공간 – 형성기의 강호시조

강호자연의 아름다움과 그 속에서의 유유자적한 삶의 모습을 노래한 시가들은 조선 왕조 건국 후 100여 년이 지난 16세기부터 본격적으로 창작되기 시작하는데, 이 분야의 연구에 선편을 잡은 조윤제는 이런 부류의 시가를 '강호가도(江湖歌道)'라 명명하고 '강호가도는 당쟁하의 명철보신과 치사객의 한적에서 형성되었다'고 그 배경을 설명했다.[1)]

1) 조윤제, 『조선시가사강』, 동광당서점, 1937, 247-261쪽 참조.

최진원은 조윤제의 이론을 보완하여 15세기 이래 활발하게 전개된 개간 사업과 양반들의 토지 사유제를 그 경제적 배경으로 지적하고 있다.

> 15세기에 과전(科田) 공신전(功臣田)의 지급이 부족됨으로 이들에게 무주전 미간지 진고(陣告)를 허한 이래 지방 토호는 서로 다투어 무주전 점령, 미간지 개간에 착수했다. 이러한 개간사업의 발전은 지방 호족의 토지사유의 확대를 의미하는 것이다. … 중앙의 관리들은 퇴직하면 지방의 전장에 은퇴하여 전장을 생활근거지로 삼으면서 서원을 건립하고 재향의 자제를 교육한다.[2)]

은퇴한 관리나 지방의 사대부들은 이와 같은 경제적 기반을 바탕으로 향리[강호자연]에서 심성을 수양하고 학문을 닦으며 제자를 교육하는 가운데 강호시가를 짓게 된 것이다.

개국한 지 100여 년이 지난 16세기 전 중반의 조선은 사회, 경제, 문화면에서 고려말의 혼란을 극복하고 어느 정도의 안정과 번영을 구가하고 있었으나, 정치적으로는 지배계급인 양반 사대부 내부의 분열과 권력 획득을 위한 투쟁이 치열하게 전개되어 상당히 혼란스러운 상황이었다. 건국 초기에 엄격하게 지켜지던 과전제의 원칙이 무너지고 공신전의 대량 지급과 이들 토지에 대한 세습이 허용되면서 양반사대부 내부의 경제적 격차가 심화되었으며, 부와 권력을 독점한 공신의 후예들[훈구파]은 부패하여 건국 이데올로기인 왕도정치와는 점차 거리가 멀어졌다. 이에 '도학적 유교 근본주의(道學的 儒敎 根本主義)'로 무장한 사림파의 개혁 요구와 권력에 대한 도전이 시작되었는데, 이 투쟁의

2) 최진원, 『국문학과 자연』, 성균관대출판부, 1977, 17-18쪽.

결과는 네 차례의 사화와 한 번의 강제적 왕권 교체[3]로 나타나고 그 과정에서 사림파에 대한 대규모의 정치적 숙청이 단행되었다. 이른바 "개인의 도덕적 완성을 기초로 한 왕도정치의 구현이라는 사대부층의 정치 이상이 가혹한 장애에 부딪치면서 현실의 합리성에 대해 심각한 회의를 맛보지 않을 수 없었던 시기"[4]였던 것이다.

이처럼 혼란스러운 정치 상황에 염증을 느껴 아예 벼슬자리에 나가지 않거나 벼슬을 그만두고 낙향한 사대부들에 의해 이 시기의 강호시조가 창작되었는데, 이 장에서는 이현보(李賢輔, 1467-1556)와 이황(李滉, 1501-1570)의 작품들을 중심으로 검토하기로 한다.

① 구버는 천심녹수(千尋綠水) 도라보니 만첩청산(萬疊靑山)
　십장홍진(十丈紅塵)이 언매나 ᄀ련는고
　강호(江湖)에 월백(月白)ᄒ거든 더옥 무심(無心)ᄒ얘라

② 장안(長安)을 도라보니 북궐(北闕)이 천리(千里)로다
　어주(漁舟)에 누어신들 니즌 스치 이시랴
　두어라 내 시름 아니라 제세현(濟世賢)이 업스랴[5]

이현보의 〈어부단가〉 다섯 수 가운데 두 번째, 다섯 번째 작품이다. 이현보는 32세 때인 연산군 4년(1498)에 문과에 급제하여 벼슬살이를

---

3) 이 시기의 정치적 사건들을 순서대로 열거하면 다음과 같다.
무오사화(戊午士禍, 1498), 갑자사화(甲子, 1504), 중종반정(中宗反正, 1506), 기묘사화(己卯, 1519), 을사사화(乙巳, 1545).

4) 김흥규, 「강호자연과 정치현실」, 『고전시가론』, 새문사, 1984, 400쪽.

5) 이현보의 〈어부가〉 두 번째, 다섯 번째 작품.

시작한 이래 76세에 호조참판을 끝으로 낙향하기까지 40여 년간 관료 생활을 했다. 그러나 이 시기에는 정치투쟁이 치열하게 전개되었기 때문에 40세 무렵 이후 이현보의 관료 생활은 정치 현실로부터 "떠나야 하겠다는 마음 한편의 간절한 소망과 그러면서도 완전히 떨쳐버릴 수 없는 사대부로서의 책임에 대한 의식이 갈등하면서 이루어진"[6] 것이었다 한다.

이러한 상황이었기에 정계를 완전히 은퇴하여 낙향할 때의 심정은 오랫동안 꿈꿔오던 강호생활에 대한 기대로 상당히 흥분되었을 것인데 이러한 작자의 흥분된 심정이 ①번 작품 초, 중장의 선명한 색채 대비를 통해 잘 드러나 있다. 깊디깊은 '파란' 물과 겹겹이 두른 '푸른' 산은 청정한 세계인 강호자연과 '붉은' 티끌로 덮인 혼탁한 현실정치 공간을 격리시켜 준다. 선명한 색채의 대비는 드디어 강호에 돌아왔다는 작자의 흥분된 감정을 드러냄과 동시에, 강호와 정치 현실 사이의 "아우를 수 없는 절대적 차별을 시적으로 구획하는 것이다."[7] 따라서 현실정치의 공간과 강호자연을 임의로 왕래하거나 동시에 향유할 수는 없다. 하나를 선택하면 하나를 버려야 하는데, 이현보는 현실정치를 버리고 강호에서 심성을 수양하는 삶을 선택했다.

종장은 강호에서의 심성 수양에 대한 서술이다. 마음의 평정과 순수함을 지키며 심성을 수양하는 공간인 강호에 흰 달빛이 비치는 밤이 되면 평정과 순수함은 '더욱' 고양되어 '무심'한 상태에 도달하게 된다. 무심함이란 일반적으로 세속적 명리에 대한 집착에서 벗어난 상태라

6) 김흥규, 앞의 논문, 401-402쪽.

7) 김흥규, 같은 논문, 405쪽.

고 말할 수 있겠으나 여기서는 좀 더 깊은 의미가 있는 바, 다음 작품과 연관해서 살펴보자.

> 푸른 연잎에 밥을 싸고 버들가지에 물고기 꿰어/ 갈꽃 덤불 억새풀에 배 매어 놓아두고/ 자연의 참의미[一般淸意味]를 어느 분이 아실까

이현보의 〈어부단가〉 가운데 세 번째 작품으로 종장의 '일반청의미'가 작품의 키워드이다. 이 단어는 "달이 하늘 가운데에 이르고/ 바람이 수면을 스쳐갈 적에/ 이 같은 서늘한 멋을/ 아는 이 적으리라"[8] 하는 한시에서 유래한 것인데, 천지자연의 운행하는 모습을 관조하여 우주의 이법을 깨닫는다는 도학적 자연관이 들어있다. '무심'을 이런 맥락에서 해석하면 '강호에서 자연의 운행을 관조하여 우주의 이법을 깨달아 심성을 수양하는' 내용이 될 것이다.

조선조 사대부들의 덕목인 수기치인에 비추어보면 강호에서 심성을 수양하는 것은 수기에 해당한다. 그런데 유교적 관념에 의하면 사대부들에게는 수기뿐만 아니라 치인(벼슬길에 나아가 자신이 배우고 체화한 앎을 베풀어 왕도정치를 실현하는 것)의 권리와 의무도 있었다. 따라서 벼슬을 하든 하지 않든 사대부라면 현실정치에 대해 식견과 관심을 가지고 있어야 하며 잘못된 현실에 대한 책임의식도 있어야 한다. 신분사회에서 지배계급에게 주어지는 일종의 사명감 같은 것이라고 할 수 있다. 이러한 상황에서 현실정치에 참여할 기회가 있음에도 그것을 거부한 것은 관점에 따라서는 사대부로서의 치인의 의무를 방기한 것이고 이

---

8) 月到天心處 風來水面時 一般淸意味 料得少人知. 邵雍(1011-1077)의 〈淸夜吟〉 전문.

는 정신적 부담으로 작용할 수도 있다.

인용한 ②번 시조는 강호에서 심성을 수양하면서도 현실정치를 완전히 초월하지 못해 갈등하는 작자의 모습이 그려져 있다. 초장에서 '천리'라 한 것은 작자가 살고 있는 강호와 현실정치가 이루어지는 공간인 대궐[서울]과의 물리적 거리이면서 동시에 혼탁한 정치 현실에 대한 작자의 심리적 거리를 강조한 것이다. 작자는 혼탁한 정치 현실에 신물이 나 그곳을 떠나서 강호로 들어왔다. 그러나 비록 강호에 물러나 있지만 잘못된 정치를 바라보면서 사대부로서의 책임감 때문에 갈등할 수밖에 없는데, 중장에서 그런 모습을 확인할 수 있다. 종장에서는 그런 갈등과 번민 끝에 치인의 의무를 타인에게 미루며 자신을 위로하는 심정을 노래하고 있지만 이 갈등이 완전히 해소되지는 않은 듯하다.

이제 이황의 시조를 살펴보자. 퇴계 이황은 34세 때 문과에 급제하여 벼슬을 시작하여 50세에 사직하고 향리인 퇴계로 낙향하기까지 15,6년간 벼슬자리에 있었으나, 그가 거쳤던 관직이 그다지 중요한 자리는 아니었다. 이는 당시의 혼란스런 정치 상황과 그에 따른 관직생활에 대한 회의 등으로 퇴계 자신이 관직 생활에 적극적이지 않은 탓도 크다고 볼 수 있다. 50세 되던 해에 풍기군수 자리를 박차고 낙향한 이후 생을 마칠 때까지 향리에서 제자를 가르치며 성리학을 궁구하고 심성을 수양하는 삶을 살았던 이황은 교육자로서, 그리고 조선 성리학을 집대성한 철학자로서 동양삼국에서 높이 평가받는 인물이다.[9)]

세상을 살아가는 마음자세를 노래한 부분[言志]과 학문의 길을 노래

9) 이황의 전기적 사실에 대해서는 다음 논문을 참고했다.
우응순, 「16세기 내면적 지식인과 '고인'의 길-퇴계 이황」, 『한국고전문학작가론』, 소명출판, 1998; 최동국, 「이황론」, 『고시조작가론』, 백산출판사, 1986.

한 부분[言學]으로 나누어져 있는 시조 〈도산십이곡〉에는 이황의 세상을 바라보는 눈과 학문하는 태도 등이 잘 드러나 있다. 작품을 구체적으로 살펴보자.

③ 춘풍(春風)에 화만산(花滿山)ᄒᆞ고 추야(秋夜)에 월만대(月滿臺)라
사시가흥(四時佳興)이 사룸과 한가지라
ᄒᆞ물며 어약연비(魚躍鳶飛) 운영천광(雲影天光)이야 어ᄂᆡ 그지 이시리

④ 고인(古人)도 날 못 보고 나도 고인(古人) 못 뵈
고인(古人)을 못 뵈도 녀든 길 알ᄑᆡ 잇ᄂᆡ
녀든 길 알ᄑᆡ 잇거든 아니녀고 엇졀고

③번 시조는 '언지'의 여섯 번째 작품이고 ④번 시조는 '언학'의 세 번째 작품이다.

③번 작품부터 보자. 초, 중장은 천지자연의 운행을 네 계절의 변화에 비유하여 설명하고 있다. 태어나서 자라고 병들어 죽는 인간의 삶이 봄이 오면 꽃이 피고 여름에는 초목이 무성하며 가을에는 곡식이 여물고 겨울에는 휴식하는 자연의 움직임과 궤를 같이 한다는 것이다. 종장에서는 천지자연의 운행의 오묘함과 조화로움을 노래한다. 물고기가 물속에서 뛰놀고 솔개가 하늘을 나는 것은 세상의 사물이 각각의 자리에서 자신의 본성을 발휘함을 의미하고, 종장의 후반부는 그런 '조화유행(造化流行)의 활발(活潑)'함에 대한 감탄이다. 이황은 일찍이 "자연에서 도의[理]를 찾아내어 인성[心性]을 길러야 한다고 주장"[10]한 바, 이 작품은 그의 이와 같은 자연관이 잘 드러나 있다. 이렇게 본다면 중장

의 '흥취'는 자연을 바라보는 일정한 관점으로부터 야기되는 이념적 감동을 의미한다. 결국 이 작품은 자연을 통해 우주의 이법을 발견하고 그것을 체화하여 심성을 수양하는 유가적 자연관을 노래한 것이다.

④번 작품은 작자의 삶의 방식에 대한 설명이라고 볼 수 있다. 옛 성인은 공자·맹자·주자 같은 유교의 성인을 이름이다. 작자와 그들은 존재하는 시간과 공간이 다르기 때문에 서로 볼 수가 없다. 시공의 제약을 받는 육체의 한계를 말하고 있다. 그러나 인간은 면면히 이어지는 정신활동(의 결과인 문화)을 통하여 과거를 계승하고 발전시켜 미래에 이어줄 수 있다. 중장은 이러한 시공을 초월한 정신적 차원을 이야기한 것이다. 인간의 몸은 한계가 있어서 백년도 못 가 썩어 없어질 것이지만 인류가 남긴 정신적 유산은 영원하다. 그러니 나도 부지런히 노력하여 영원히 흐르는 정신사의 강물을 더욱 깊고 풍부하게 하는 데 기여해야겠다, 는 것이 이 작품의 요지이다.

이 작품에는 옛 성인의 길과 혼탁한 세속의 길을 대비시켜 놓고 작자 자신은 후자를 버리고 전자를 취하겠다는 의식이 근저에 깔려 있다. 명리에 집착하여 혼탁한 현실정치에 몸담았다가 오물을 뒤집어쓰기보다는 자연에서 도의를 기르며 심성을 수양하고 제자를 양성하는 학자의 길을 가는 것, 이것이 이황이 해석한 옛 성인의 길이었다.

강호에서 옛 성인의 길을 택한 이황은 학문을 도야하고 인격을 완성하기 위한 구도자의 모습을 보여준다. "연기와 노을로 집을 삼고 바람과 달을 벗삼아/ 태평한 세월에 병으로 늙어 가네/ 이 중에 바라는 것은 허물이나 없었으면"('언지'의 두 번째 시조) 하는 작품에는 이런 구도자적

10) 최진원, 『한국고전시가의 형상성』, 성대 대동문화연구원, 1996, 104쪽.

모습이 잘 드러나 있다. 사람이 일생을 살면서 '허물' 없이 살 수는 없다. 아무런 허물이 없는 사람은 그야말로 '성인'의 경지에 오른 존재로 보통사람들로서는 꿈도 꾸기 어렵다. 종장의 겸손한 듯한 표현(허물이나 없었으면)에서 우리는 엄격하고 치열한 구도자의 자세를 읽을 수 있으며, 이황이 지닌 그런 삶의 태도와 실천이 주는 중압감에 전율하게 된다.

이상으로 16세기에 활동한 이현보와 이황의 시조를 간략하게 검토해 보았다. 이들은 관직 생활을 했지만 혼탁한 정치 현실에 불만을 느껴 강호로 돌아와서 심성을 수양하는 삶을 선택했다. 이들에게 강호자연은 혼탁한 정치 현실과 대립되는 공간으로서 서로 양립할 수 없는 존재였다. 따라서 하나를 선택하기 위해서는 하나를 버려야 했는데 이들은 다소의 시차는 있지만 모두 강호자연을 택했다. 이현보는 강호에 있으면서도 혼탁한 정치 현실을 고민하고 갈등하는 모습을 보여주는데 비해 이황은 상대적으로 강호에서의 심성수양과 학문의 길을 굳건히 지키는 모습을 보여준다.

3. 구체적 일상과 노동의 공간 – 전환기의 강호시조

16세기의 강호시조가 강호세계와 현실 정치의 공간을 단절적으로 바라보고 세속적 영달과 현실 정치에 대한 비판의식이 강하며 자연을 관조하여 도의[이법]를 찾는 전범적 자연관을 갖는 등의 특징이 있음을 앞장에서 살폈다.

17세기에 오면 강호-세속의 배타적 이분법은 쇠퇴하며 자연 현상의 전범성과 도학적 상징성을 중시하는 자연관도 약화되고, 강호 한거(閑居)의 드높은 감흥과 풍류적 즐거움이나 전원생활의 구체성이 새로운 시적 관심사로 대두한다.[11] 구체적으로 살펴보자.

⑤ 재 너머 성권농(成勸農) 집의 술 닉단 말 어제 듯고
누온 쇼 발로 박차 언치 노하 지즐ᄐᆞ고
아ᄒᆡ야 네 권농(勸農) 계시냐 정좌수(鄭座首) 왓다 ᄉᆞ뢰라
〈진본 청구영언 85〉

위 시조는 정철(鄭澈, 1536-1593)의 작품이다. 정철은 당파싸움으로 벼슬길에 나아갔다 물러나기를 반복했는데, 이 시조는 관직에서 물러나 있을 때 지은 작품 가운데 하나이다. 이 시조에는 자연에서 우주의 이법을 발견하고 심성을 수양한다거나 하는 내용은 전혀 없다. 단지 강호의 일상생활에서 느끼는 흥겨움, 풍류만이 형상화되어 있을 뿐이다. 위 시조에서 우리는 강호-세속의 배타적 이분법이나 도학적 자연관을 전혀 발견할 수 없다. 왜 이렇게 되었을까? 16세기 중, 후반을 기점으로 변화된 정치 상황과 이에 따른 양반사대부들의 의식 변화에서 그 이유를 찾을 수 있다.

계속되는 숙청에도 불구하고 줄기차게 도전해온 사림세력은 선조 재위기간(1567-1608) 전반에 마침내 훈구세력을 몰아내고 중앙권력을 장악했다. 사림세력은 중앙권력은 장악했으나, 훈구 잔여 세력의 처리나 권력 배분의 문제 등을 놓고 동인·서인·남인·북인 등의 당파가

11) 김흥규, 「16, 17세기 강호시조의 변모와 전가시조의 형성」, 『어문논집』 35, 고대 국어국문학연구회, 1996, 228-229쪽.

형성되었다. 이른바 붕당정치가 시작된 것이다. 이러한 붕당정치는 다소의 굴곡은 있었지만 벌열가문이 형성되어 국정을 독단할 때까지 200여 년 동안 지속된 조선후기 정치사의 특징적 양상이다.[12] 사림세력은 도학적 근본주의를 정치 이념으로 훈구세력을 몰아내고 정권장악에 성공했으나, 권력을 장악한 이후에는 내부의 권력투쟁에 함몰되어 왕도정치의 실현보다는 당파싸움에 열중하였고, 그 과정에서의 거듭되는 정치적 숙청과 반정은 이전의 사림세력이 가졌던 도덕적 우월성을 소거해버렸다. 이러한 상황에서는 "종래의 사림이 추구하던 도학적 근본주의의 비타협적 비전은 그 도덕적 의의가 탈색되고, 이분법적 세계인식의 경계선도 더 이상 예전처럼 준별될 수 없었던 것"[13]이다.

위에서 검토한 시조의 작자인 정철은 서인의 영수급 인물이었으나 동인과의 거듭되는 당쟁으로 정치적 부침이 심했던 인물이다. 위 시조에서는 이황의 시조에서 발견되는 치열한 이념적 긴장감을 찾아보기 어렵다. 사림 세력이 너무 속화되어 버린 것이다. 이념적 긴장감이 제거된 강호에 남은 것은 일상에서의 자잘한 감흥이나 풍류, 그리고 야인적 생활에 대한 멋이다.

정철은 훈구와 사림 세력의 교체기인 선조년간(16세기)을 살았다. 17세기에 들어오면 사림파 내부의 정치투쟁은 일상화되어, 당쟁에서 실세한 사대부들이나 당쟁 때문에 현실적으로 중앙 관계로의 진출이 막힌 향촌 사대부들에 의해 강호시조가 창작되었다.

---

12) 조선후기 당쟁사의 변동에 관하여는 이성무, 『조선시대 당쟁사』, 1, 2, 동방미디어, 2000 에 상세하게 정리되어 있다.

13) 김흥규, 같은 논문, 228쪽.

⑥ 집 두헤 ᄌᆞ차리 ᄠᅳᆮ고 문 알픠 ᄆᆞᆯᄀᆞᆫ ᄉᆡᆷ 기러
기장밥 닉게 짓고 산채갱(山菜羹) ᄆᆞ로 ᄉᆞᆯ마
조석(朝夕)게 풍미(風味)이 족(足)ᄒᆞᆷ도 내 분(分)인가 ᄒᆞ노라
〈산중잡곡(山中雜曲)〉

⑦ 산중(山中)에ᄂᆞᆫ 백운(白雲)이 잇고 산외(山外)예ᄂᆞᆫ 녹수(綠水)이 잇다
구름 ᄎᆞ자 ᄂᆞᄅᆞᆯ ᄡᅵ고 믈ᄀᆞᆺ 조차 고기 낫가
일신(一身)이 한가(閑暇)히 ᄃᆞᆫ니니 만사(萬事)이 무심(無心)ᄒᆞ야라
〈산중잡곡(山中雜曲)〉

이 두 작품은 김득연(金得研, 1555-1637)의 시조이다. 김득연은 58세에 생원과 진사 시험에 합격한 것을 제외하고는 관직에 나아가지 않고 평생을 처사로 지내면서 강학(講學)과 풍류 생활로 일관했다. 당시에는 북인과 서인이 정국을 주도했는데, 남인에 속한 김득연으로서는 중앙 관계로 진출하는 것이 사실상 불가능한 상황에서 처사적 삶을 택할 수밖에 없었다. 그가 늦은 나이에 생원 진사시험을 본 것은 재지사족으로서의 최소한의 품위를 유지하기 위해서라고 볼 수 있다.[14)]

중앙 정계로의 진출이 막혀 일생을 처사로 보내야 하는 그로서는 자신의 존재 기반인 향촌에서의 생활 방식을 설명할 필요가 있었다. ⑥번 시조는 '안분자족'을 노래한 작품이다. 산나물을 뜯고 샘물을 길어 기장밥을 짓고 산나물국을 끓여 먹는 향촌에서의 구체적 일상이 담담하게 그려져 있다. ⑦번 작품에서는 한가한 생활과 욕심 없음을

14) 김득연의 생애와 문학에 대해서는 다음 논문이 참고가 된다.
이상원, 「16세기말-17세기초 사회동향과 김득연의 시조」, 『어문논집』 31, 고려대학교 국어국문학연구회, 1992; 권순회, 「전가시조의 미적 특질과 사적 전개 양상」, 고려대 박사학위논문, 2000.

더욱 강조한다. 앞장에서 분석한 이황의 시조가 노래한 자연과 이들 작품에서 노래한 자연은 확실히 차이가 있다. 흰 구름을 좇아 나물을 캐고 맑은 물가에서 고기를 낚는 삶은 정치색이 극도로 탈색된, 강호자연만이 전부인 그런 생활이다. 이들 작품에서는 자연에서 도의를 발견하여 심성을 수양하는 이념적 긴장이나 관직에 나아가 왕도정치를 실현하겠다는 사대부로서의 사명감은 사라지고, 자신의 분수에 대한 자각과 자족이 있을 뿐이다.

시간이 흐르면서 서인 일파가 중앙 정치의 주도권을 잡아 나가게 되자 다른 당파의 사대부들은 점차 중앙 정치에서 소외되었다. 이러한 현상은 지방의 사대부들에게 더욱 심했는데, 이들은 이제 중앙 정계로의 진출을 포기하고 향촌에서 재지사족 중심의 새로운 질서를 모색하게 된다. 다음 작품들을 보자.

⑧ 여ᄅᆞᆷ날 더운 져긔 단 ᄯᅡ히 부리로다
밧고랑 ᄆᆡ쟈 ᄒᆞ니 ᄯᆞᆷ 흘너 ᄯᅡ희 듯네
어ᄉᆞ와 립립신고(粒粒辛苦) 어ᄂᆡ 분이 알ᄋᆞ실고

〈전가팔곡(田家八曲)〉

⑨ 밤의란 ᄉᆞ출 ᄭᅩ고 나죄란 ᄯᅱᄅᆞᆯ 부여
초가(草家)집 자바 ᄆᆡ고 농기(農器) 졈 ᄎᆞ려스라
내년(來年)희 봄 온다 ᄒᆞ거든 결의 종사(從事)ᄒᆞ리라

〈전가팔곡(田家八曲)〉

이휘일(李徽逸, 1619-1672)이 지은 〈전가팔곡(田家八曲)〉 가운데 여름과 겨울의 정경을 그린 시조들이다. ⑧번 시조는 무더운 여름날에 땡볕에서 밭 매는 일의 수고로움을 노래하고 있다. 땅에서 불기운이 올라오는

뙤약볕 아래 땀을 비오듯 흘리며 밭을 매는 수고로움이 있어야 곡식을 거두어들일 수 있는데, 그런 농민들의 수고를 알아주는 사람이 얼마나 되느냐는 것이다. ⑨번 시조는 초가지붕을 새것으로 바꾸고 농기구도 녹이 슬지 않도록 손질하여 내년 봄의 농사에 대비하자는 내용으로 농촌의 겨울나기를 그린 것이다.

그런데 이 작품들에 그려진 노동은 작자 자신의 직접 체험은 아니다. 향촌사회에 일정한 경제적 기반도 가지고 있는 지배계층인 양반사대부였던 그가 논밭에서 직접 노동을 한다고 생각할 수는 없기 때문이다. 그렇다면 이런 시조들이 의미하는 바는 무엇일까?

이 문제는 17세기 향촌사회의 변동과 관련지어서 이해해야 한다. 주) 2번의 인용문처럼 조선 초기부터 양반들에 의한 황무지 개간이 꾸준히 이루어졌다. 여기에 재지 사족의 수가 증가하면서 그 중의 일부는 그들이 거주하고 있던 읍치(邑治) 지역을 벗어나 외곽 촌락 혹은 부근의 임내(林內) 지역이나 인근 타읍의 외곽지대로 이주하는 것이 일반적인 현상이었다. 이들에게는 자신들이 이주한 지역의 민(民)들을 교화해서 사족 중심의 향촌 질서를 재정립할 필요가 있었다. 상하합계(上下合契) 형태의 동계(洞契)나 동약(洞約)이 그 중요한 수단이 되었다. 16,17세기 향촌사회에서 널리 시행된 동계나 동약은 재지사족이 주체가 되어 소농경제의 안정에 기초한 향촌 질서의 유지를 그 목적으로 하고 있었던 것이다.[15)]

---

15) 조선후기 향촌사회의 변동에 관해서는 다음 논문들이 참고가 된다.
향촌사회연구회 편, 『조선후기 향약연구』, 민음사, 1990.에 실린 여러 논문; 김인걸, 「조선후기 향촌사회 변동에 관한 연구」, 서울대 박사학위논문, 1991; 정진영, 「조선후기 재지사족의 촌락지배와 그 해체과정」, 영남대 박사학위논문, 1993.

이휘일은 퇴계 이황의 학맥을 이은 영남 남인의 일원으로 평생을 벼슬길에 나아가지 않고 향촌에서 처사로 지낸 사람이다.[16] 그는 43세 되던 1661년 영해(寧海) 저곡(楮谷)의 오촌동(梧村洞)으로 거처를 옮기고, 그 전부터 이곳에 살고 있던 남탁이(南卓爾), 한경유(韓景愈) 등의 사족들과 함께 동계를 구성한다. 동계 구성에 관한 내용은 〈오촌동계서(梧村洞契序)〉에 소개되어 있는데, 〈오촌동계서〉가 1664년 5월에 작성되었고 〈전가팔곡〉 발문은 이보다 한 달 앞선 4월에 쓰였다. 즉 오촌동계를 시행하기 직전에 〈전가팔곡〉을 지은 것이다.[17]

이런 사실을 감안하면 〈전가팔곡〉은 이휘일이 오촌동 향촌민의 교화를 목적으로 창작한 시조임을 알 수 있다. 따라서 이 작품들에 그려진 노동의 형상은 작자 자신의 체험이 아니라, 자신의 본분을 다하며 근면하게 살아가는 이상적인 농민[향촌민]을 형상화한 것이다.

이상으로 전환기의 강호시조에 나타난 자연의 형상을 살펴봤다. 이 시기에는 도학적 근본주의에 입각한 전범적 자연관은 쇠퇴하고, 전원에서의 풍류나 한가한 전원생활에 대한 자족, 그리고 구체적 일상과 노동의 공간으로서 자연을 노래하고 있음을 알 수 있었다.

4. 선택되어진 은둔의 공간 – 후기의 강호시조

18세기에 접어들면서 농업생산력의 발전으로부터 시작된 산업의 변화 양상은 '상업적 농업'과 '수공업, 상업의 발달'이라는 결과를 가져옴

16) 이휘일의 생애에 대해서는 권순회, 앞의 논문 제Ⅳ장 4절을 참조했다.

17) 이에 대해서는 위의 논문, 82-87쪽 참조.

으로써 전통적으로 농업이 누려온 절대적 우위가 약화되었다. 농민층 분화와 상품화폐경제의 전개 과정에서 사족의 지주적 기반이 무너져 '사족은 곧 지주'라는 동질성을 유지하기 어려울 정도로 사족 안에서 분화가 이루어졌다. 이러한 가운데 '지주로서의 사족'을 중심으로 한 붕당정치의 기반도 흔들리고 무너져 붕당정치의 틀이 깨지게 되었고, 중앙정치에서 소외된 사족들은 향촌에서도 지배력을 잃어갔다. 한편 영조 때의 탕평책은 정치 권력을 주도한 층이 점차 왕실과 연결되고 서로 맺어져 특권집단화 되는 결과를 가져왔다. 탕평은 왕의 영향력을 확대하는 방향으로 추진되기는 하였으나, 결과적으로 중앙관료, 산림, 외척 가문들이 뚜렷한 논리 없이 서울을 중심으로, 왕실을 중심으로 서로 얽히고 묶이면서 거대가문으로 팽창하여 갔다. 이른바 벌열정치가 시작된 것이다.

이러한 과정을 통하여 18세기를 지나면서 사족들은 서울양반과 시골양반으로 분화가 심해졌으며 중앙 정치세력들 간에 당색이 지니는 정치적 의미는 줄어들었다. 그리하여 19세기에 들어오면, 중앙 정치에서 소외된 사족들은 정권에 참여하려는 꿈을 완전히 접고 문중과 동계 등을 통해 향촌에서 기득권 보전에나 힘쓰면서 정치 권력을 장악한 세도가문의 정국주도권을 현실로 받아들이게 되었다.[18)]

이 장에서 검토하는 지덕붕(池德鵬, 1804-1872)은 이 시기 향촌 사대부의 한 전형을 보여준다. 그는 일정한 경제적 기반이 있는 향촌 사대부로 학문적 성가를 인정받아 영남의 엘리뜨 유생들을 교육하는 〈낙육재

---

18) 이 부분은 한국역사연구회, 『조선정치사 1800-1863』 상, 청년사, 1990. 서론과 제1장에서 필자가 논의에 필요한 부분을 요약한 것임.

(樂育齋)〉[19]의 좌주(座主)가 되기도 했으나, 과거를 통한 입신에 실패하고 향리에서 도학 탐구와 산수 유람으로 일생을 보내다가 말년(64세, 1867)에 관유정(觀遊亭)을 짓고 복거(卜居)하며 13수의 시조를 지었다.[20] 이제 그의 시조에 자연이 어떻게 형상화되어 있는지 살펴보자.

⑩ 산하(山下)에 여름이오 산상(山上)에 봄이로다
사월(四月)에 ᄭᅩᆺ치 피고 접동이 나제 우니
더욱더 복거(卜居)한 곳 기픈 줄을 알래라 〈상산집(商山集)〉

⑪ 아희야 속객(俗客)이 잇서 나를 차자 오거들랑
선생(先生)이 표연(飄然)하게 채지(採芝)하로 나갓시나
상산(商山)에 구름이 깁허 곳 모른다 하여라 〈상산집(商山集)〉

'복거'란 '살 만한 곳을 가려 정함' 정도의 뜻이다. 번잡스러운 속세에서 벗어나 한적하고 경치 좋은 곳에 거주지를 마련하여 유유자적하게 지내는 것이다. ⑩번 시조는 작자가 복거한 곳을 공간적으로 설명하고 있다. 뒷산은 산 위가 산 아래보다 한 철이 늦을 정도로 높다. 깊은 산 속이므로 음력 사월이 되어서야 비로소 봄이 찾아온다. 웅장한 산 그림자와 울창한 수림이 햇빛을 가려 어두컴컴하기 때문에 밤에만 우는 접동새가 한낮에도 운다. 이러한 공간은 사람의 발길이 잘 닿지 않는 '깊은' 산골이다. 작자는 왜 그런 깊은 산골에 들어갔을까?

---

19) 〈낙육재〉는 경상감사 조태억(趙泰億, 1675-1728)이 대구에 세운 교육기관으로 도내 칠십 일개 주부군현에서 15명의 유생을 선발하여 유학을 가르치던 곳이다.

20) 지덕붕의 생애와 시조문학에 대해서는 정흥모, 「19세기 사대부 시조 연구」, 고려대 박사학위논문, 1994. 제Ⅲ장 2절을 참조했다.

⑪번 시조에 그 답이 나와 있다. 초장에서는 '속세의 손님'과 '나'를 대립시킴으로써 자신이 속인들과 다른 은자라는 사실을 부각했다. 또 종장에 '상산'이라는 구체적 지명을 끌어다 시적 상황의 현실성을 강조했다. 상산은 지덕붕이 복거하는 곳의 지명이면서 동시에 지덕붕의 호이다. 아울러 우리는 '상산사호'라는 고사를 통해 신선 이미지를 떠올릴 수 있다. 결국 작자가 이 작품들에서 강조하는 것은 은둔자의 형상이다. '속인들이 찾지 않는 깊은 산중에서 약초나 캐며 사는 신선 같은 풍모'로 작자 자신을 형상화해 놓은 것이다.

그런데 이 작품은 당나라의 시인 가도(賈島, 779-843)의 한시 〈심은자불우(尋隱者不遇)〉와 비슷한 시상을 보여준다.[21] 가도의 시가 은일자는 드러내지 않고 방문객과 동자의 대화를 방문객의 시점에서 서술하여, 작자는 상황을 제시하기만 하고 독자가 은일자의 생활 모습을 파악하도록 장치되어 있는 데 비하여, 이 시조는 은일자로 설정된 시적 화자가 아이에게 대답할 말까지 일러주고 있어서 억지스러운 느낌과 더불어 시의 묘미가 반감되었다. 즉 자신의 은일 생활을 드러내 보이고자 하는 지나친 욕구가 시적 장치나 묘미에 대한 배려를 압도하고 있는 상황이다. 진정한 은자는 자신을 드러내지 않는다는 점에서 이 작품처럼 자신의 은일 생활을 지나치게 강조하려는 의식은 자연스럽지 못하다.

---

21) 가도의 한시는 다음과 같다.

소나무 아래에서 동자에게 물었더니	松下問童子
"스승은 약초 캐러 갔습니다	言師採藥去
이 산중에 있긴 하겠지만	只在此山中
구름이 깊어 어디쯤 계신지는 몰라요"라고 한다.	雲沈不知處

왜 이렇게 되었을까? 이는 당대의 정치 상황과 관련이 있다. 먼저 조선후기에 이르러 여러 가지 시대 상황의 변화와 당쟁 등의 영향으로 조선전기의 사림들이 가졌던 이념적 엄격성이 현실 정치에서 더 이상 통용되지 않았으며, 둘째, 중앙 정계의 보수화로 특정 집단이 관직을 독점하여 전통적인 출처(出處)의 개념이 현실성을 상실했고, 셋째, 지방의 사족들이 중앙 정치와 향촌사회 지배권으로부터 소외되어 그들의 강호 생활이 적극적인 선택에 의한 것이라기보다는 어쩔 수 없이 '선택되어진' 것이었다는 사실 등을 그 이유로 꼽을 수 있다.

지덕붕의 강호 생활은 '자연의 이법을 체득하기 위한 수양'의 의미보다는 다분히 낭만적으로 재구성된 '정치 현실과 격리된 공간'에서 살아가는 은둔자의 생활에 무게중심이 있다. 조선후기 정치 상황과 향촌사회의 변동에 따라 강호는 자신에게 남겨진 최후의 공간일 뿐이요, '은일'은 그런 공간에서 생활할 수밖에 없는 지덕붕에게 사족으로서의 신분적 권위를 지키기 위한 명분으로 기능하는 것이다. 그의 은둔 생활은 체화된 것이 아니라 일종의 포우즈라 할 수 있다. 그의 은일시조가 심성수양이나 자연을 통해 우주의 이법을 깨닫는 즐거움 같은 내용은 거의 없고, 자신이 복거하는 장소의 깊고 환상적인 이미지와 그곳에서 살아가는 신선의 형상을 인위적으로 강조한 것은 이런 까닭에서이다.

그의 시조에 나타난 강호자연은, 중앙의 정치 권력과 향촌사회의 지배권으로부터 소외된 19세기 향촌 사대부에게 남겨진 최후의 공간, 어쩔 수 없이 '선택되어진' 공간, 사족으로서의 마지막 정체성을 지키기 위한 자기위안의 은둔 공간이었던 것이다.

5. 평등과 자유의 공간 – 여항인의 강호시조

조선후기에 들어오면 전반적인 경제력이 향상되고 도시가 발달하여 서울 등 대도시를 중심으로 예술에 대한 수요가 급격히 증가한다. 이에 중인 이하의 계층에서 직업적으로 예술 활동에 종사하는 사람들이 나타났는데 이들을 여항 예술인이라 한다. 이들은 전문적인 기예를 연마한 직업 예술인으로서 일정한 예술적 성취를 이뤘으나, 독립적으로 생활할 만한 경제적 기반이 부족했으며 자신의 예술세계를 이해해주는 패트론도 부족했기 때문에 살기 위해서는 '대중적 수요자' 들에게 자신의 예술을 '상품'으로 팔아야 했다. 자신의 상품을 '판매'하는 과정에서 발생하는 '예술적 가치'와 '상품가치' 사이의 모순으로 인한 갈등은 이들에게 예술가적 자의식을 형성하게 하고, 이것은 근대적 예술의 맹아가 되었다.

이 장에서 검토하는 김성기(金聖器, 1649-?)도 이러한 여항 예술인 가운데 한 사람이다. 그는 상의원(尙衣院)에 소속된 활 만드는 기술자였으나, 음악을 좋아하여 거문고를 배워 당대에 유명한 음악인이 되었다. 당시 그가 만든 새로운 곡조의 악보를 익혀 이름을 얻은 자들이 많았으며 서울에는 '김성기의 새로운 악보'가 널리 유행했다 한다. 또한 잔치집에 많은 예술인들이 초청되었어도 김성기가 없으면 흠으로 여길 정도였다고 한다. 그는 만년에 서호(西湖) 가에 있는 마을에서 셋방살이를 하며 스스로 '어은(漁隱)'이라 호를 짓고 강에 배를 띄우고 악기를 연주하며 지냈다.[22)]

---

22) 김성기에 관한 자료는 鄭來僑의 『浣巖集』 등에 보이는데, 여기서는 이창식, 「김성기론」, 『속 고시조작가론』, 백산출판사, 1990.에 종합 정리된 것을 참고했다.

김성기가 만년에 서호에 은퇴한 것은 자기 예술의 진정한 가치를 알아주지 않는 현실에 대한 소외 의식과[23] 중세 신분사회의 장벽 때문이다. 그는 신분적 차별도 없고 자신의 예술 세계를 이해하지 못하는 '속물적 인간'도 없는 강호자연에 물러나서 스스로 음악을 즐겼던 것이다. 그의 시조작품을 통해 이를 확인해보자.

⑫ 강호(江湖)에 ᄇᆞ린 몸이 백구(白鷗)와 벗이 되야
어정(漁艇)을 흘리노코 옥소(玉簫)를 노피 부니
아마도 세상 흥미(世上 興味)는 잇분인가 ᄒᆞ노라
〈진본 청구영언, 238〉

⑬ 홍진(紅塵)을 다 쩔치고 죽장 망혜(竹杖 芒鞋) 집고 신고
현금(玄琴)을 두러메고 동천(洞天)으로 드러가니
어듸셔 짝 일흔 학루성(鶴淚聲)이 구름 밧긔 들린다
〈진본 청구영언, 243〉

⑫번 시조는 세속을 떠난 강호에서의 자유로운 음악 생활을 노래하고 있다. 김성기는 일찍부터 높은 신분과 권력과 부를 움켜쥐고서 자신의 예술적 창의성을 억압하려는 속물적 존재들에 대한 강한 반발심을 가지고 있었다. "굴레 벗은 천리마를 누가 잡아다가/ 조죽 삶은 콩을 살지게 먹여준들/ 본성이 억세고 사나우니 있을 리가 있으랴" 하는 그의 다른 시조를 통해 이를 확인할 수 있거니와, 그런 성격 때문에 세속

23) 이 당시 예술인들이 자신이 이룩한 예술적 성취와 상품가치 사이의 모순에 대해 느끼는 심정은 다음 구절에 잘 드러나 있다.
"기예가 더욱 진보될수록 수입은 늘어나지 않고 사람들이 알아주지 못함은 더욱 심하게 된다."(技益進而稟不加 人之不知益甚). 柳得恭, 「柳遇春傳」.

을 버리고 스스로 '강호에 버려진 몸'이 된 것이다. 강호에 들어온 그는, 신분에 따라 사람을 차별하지 않고 누구에게나 평등하게 대해주는 강물에 고깃배를 띄우고, 자신의 음악을 폄하하지도 과장하지도 않고 그저 있는 그대로 들어주는 갈매기를 벗삼아, '생활의 방편'이 아닌 스스로의 흥취에 의해 옥퉁소를 연주하는, 그런 삶에서 세상의 즐거움을 얻었다 한다.

⑬번 시조에는 강호 생활과 자신의 예술에 대한 좀 더 적극적인 발언이 들어있다. '동천'은 산과 내에 둘러싸인 경치 좋은 곳으로 '신선이 사는 세계' 정도의 의미이다. 작자는 혼탁한 티끌세상을 떨쳐버리고 동천으로 들어왔다. '대지팡이 짚고 짚신 신고' 왔다는 것은 세속적 욕망과 명리를 모두 버렸다는 뜻으로 해석할 수 있다. '현금'은 앞 시조의 '옥퉁소'와 더불어 마지막 남은 작자의 정체성[고고한 예술세계]을 의미한다. 학은 초월 세계에 사는 고고한 존재로, 여기서는 자기 자신을 비유하는 매개적 이미지로 작용한다. 종장의 '구름 밖'에서 들리는 '짝 잃은' 학의 울음소리를 통해 작자는 자신의 현 상황과 심정을 은유적으로 설명하고 있다.

이상에서 살펴본 바와 같이 김성기는 강호자연을 노래한 시조를 통해 세속에 얽매임이 없는 자유로운 예술의 경지를 그려내고 있다. 갈매기, 서호, 고깃배, 동천 등과 같은 자연물은 "신분과 관계없이 자유로운 인간의 평등관념"을, 옥퉁소, 현금, 학 등은 대중적 소비자의 억압으로부터 벗어난 자신만의 "고고한 예술 세계"[24]를 정서화한 것이다.

김성기의 시조를 통해 알 수 있었듯이, 조선후기 여항 예술인들에게

---

24) 이창식, 앞의 논문, 276쪽.

자연은, 신분에 상관없이 누구에게나 평등하게 열려있는 공간·세속의 잡다한 억압과 규제로부터 벗어나 자유롭게 자신만의 예술 세계를 펼칠 수 있는 공간으로 인식되었다.

6. 맺음말

'어진 사람은 산을 좋아하고 지혜로운 사람은 물을 좋아한다'는 『논어』의 구절이나 '가장 으뜸 선은 물과 같은 것이다'는 『도덕경』의 구절에서 알 수 있듯이 동아시아의 전통 사회에서 자연은 인간이 인격을 수양하기 위해서 본받아야 할 대상으로 인식되었으며, 그 당연한 귀결로 동아시아의 전통 문학에서 산과 물로 대표되는 자연은 중요하고도 의미 있는 소재가 되어왔다. 특히 우주의 운행을 관조하여 도의를 찾아내고 그것을 체화하여 심성을 수양해야 한다고 생각한 조선의 성리학자들에게 자연은 더욱 중요한 존재였다.

이 글은 조선시대에 강호자연을 노래한 시조들을 대상으로 하여, 이들 작품에 나타난 자연 인식이 시대에 따라 어떻게 변화했는가 하는 점을 검토해보았다. 논의 결과를 요약하면 다음과 같다.

16세기는 강호시조의 형성기로 주로 혼탁한 정치 현실을 떠나 낙향한 사림파 양반들에 의해 강호시조가 창작되었다. 이때의 강호자연은 정치 현실과 대립되는 심성수양의 공간으로서, 이들은 강호에서 우주의 이법을 발견하고 심성을 수양하였다. 16세기 중반 이후 사림파가 권력을 장악하였으나 내부의 권력투쟁으로 당파가 갈려 당쟁이 시작되었다. 17세기에는 당쟁에서 밀려 중앙 정계로의 진출이 가로막힌 향촌 사대부들에 의해 강호시조가 창작되었다. 이 시기에는 도학적 근본주의에 입각한 전범적 자연관은 쇠퇴하고, 전원에서의 풍류나 한가한 전원생활에 대한 자족, 그리고 구체적 일상과 노동의 공간으로서의 자연을 노래했다. 19세기에 들어오면 벌열화한 세도가문이 중앙의 정치권력을 독점하여 시골양반의 정계 진출은 불가능해지고 향촌에서의 지배권도 점차 상실해가고 있었다. 이 시기의 시조에 나타난 강호자연은 중앙의 정치 권력과 향촌사회의 지배권으로부터 소외된 19세기 향촌 사대부에게 남겨진 최후의 공간으로, 어쩔 수 없이 '선택되어진', 사족으로서의 마지막 정체성을 지키기 위한 자기 위안의 은둔 공간이었다. 한편 조선후기 여항 예술인들에게 강호자연은 신분에 상관없이 누구에게나 평등하게 열려있는 공간, 세속의 잡다한 억압과 규제로부터 벗어나 자유롭게 자신만의 예술 세계를 펼칠 수 있는 공간으로 인식되었다.

짧은 글을 통해 조선시대 전 기간에 걸친 강호시조의 흐름을 분석하려다 보니 중요한 작가와 작품들을 두루 검토하지 못하고 소수의 작가와 작품만 거론하여, 논의가 거칠고 도식적이 되었다. 또한 상당 부분 기존의 연구 성과에 기대어 논의를 진행한 점도 있다. 그러나 각자의 처지에 따라, 시대 상황의 변화에 따라 자연을 바라보는 시각이 어떻게 달라지는가를 거시적으로 조망해보는 일은 대단히 중요하고 또 반드시 필요한 작업이라 생각된다. 이런 논의들을 통해 시조사에 대한 인식이 심화될 수 있기를 기대한다.

제3장
시조에 나타난 자연물 이미지의 변모 양상

1. 문제제기

인류의 원시 단계에서부터 인간의 삶은 자연과의 다양한 관계를 통해 지속하고 발전해왔다. 자연은 인간이 생존할 수 있도록 여러 가지 재료를 제공해주는 우리 삶의 터전인 동시에 외경의 대상이기도 하였다. 이러한 자연이 문학의 중요한 소재가 되는 것은 지극히 당연한 일이다.

동아시아 한자문화권에서 자연은 더욱 특별한 존재였다. '천인합일'이나 '신인조화'라는 말에 동아시아의 자연관이 집약되어 있다. 하늘[天]은 질서 있고 조화롭게 운행하는 우주(혹은 그 이법(理法)) 그 자체이며 그것은 자연을 통해 발현된다. 수기(修己), 즉 개인적 인격의 완성을 위해서는 자연을 통해 발현되는 우주 운행의 질서[天命]를 깨달아 자기화해야 한다.[1] 이런 관점에서 자연을 관조하여 우주 운행의 이법을

---

1) 이것은 유가사상이나 도가사상이나 유사하다 "命之謂性 率性之謂道 修道之謂敎"라는 『중용』의 구절이나 "格物-致知-誠意-正心-修身"의 단계를 제시하는 『대학』의 팔조목이 유가사상의 관점이라면, 人法地 地法天 天法道 道法自然이라는 『도덕경』의 구절은

궁구하고 이를 자기화하는 과정은 동아시아 문화권에서 중요한 문학의 소재가 되어왔다.

동아시아 지식인들의 자연에 대한 이러한 태도는 개별적인 자연물을 대할 때도 일정한 기준을 견지하여, 개별 자연물에 자신들의 가치관과 윤리 의식을 투사하거나 그런 조건에 맞는 자연물만을 애호하는 풍조를 형성하였다. 국화를 '은자(隱者)의 꽃'이라 하고 연꽃을 '군자(君子)의 꽃'이라 한 〈애련설(愛蓮說)〉 같은 작품이 이런 풍조를 대표하는 작품이다.

성리학을 통치 이념으로 삼아 건국한 조선왕조의 지배층인 양반 사대부들도 이러한 자연 인식과 자연물에 대한 태도를 견지하여 많은 문학작품으로 남겨 놓았다. 그들은 성리학에 바탕을 둔 가치관과 윤리 의식을 가지고 자연물들을 선별적으로 걸러내어 애호하고 문학작품으로 형상화한 것이다.

이 연구는 시조에 나타난 동물과 식물 이미지의 다양한 모습을 검토하여 그것의 의미를 구명하는 데 목표가 있다. 시조는 조선시대 전반에 걸쳐 오랜 시간동안 향유된 시가장르로서, 조선시대 전·중반기에는 주로 양반 사대부들이 창작 향유했으며 후반기에는 양반 사대부뿐만 아니라 중인 이하 계층에서도 시조 향유에 동참했다. 따라서 시조에는 양반 사대부들이 동식물을 바라보는 방식뿐만 아니라 중인, 평민층이 동식물을 바라보는 방식도 포함되어 있다. 또한 시조가 오랜 기간 동안 창작된 장르인 만큼 그 안에는 동식물에 대한 양반 사대부 내부의 시각 변화도 포함되어 있다.

도가사상적 측면이다.

이 글에서는 식물 이미지와 동물 이미지로 나누어 논의를 진행하는데, 성리학적 이념이 투사된, 즉 동아시아의 전통적 자연관이 투영된 작품들과 그렇지 않은 작품들을 차례대로 살펴보아 그것들의 변모가 가지는 의미를 분석하는 방식으로 진행한다.

2. 식물 이미지의 구현 양상

1) 사대부적 이념의 구현태

알고 있듯이 조선시대의 사대부들은 그들의 시가에 자연물을 등장시킬 때, 자연물을 그 자체로 보지 않고 그것에 자신들의 윤리나 가치관을 투사시켰다. 그들은 자연물을 사대부적 이상에 맞는 미덕들로 대상화함으로써 그것을 그 자체로 인식하기보다는 일종의 '도덕적 이상의 구현태(具現態)'로 보았다. 여기서는 시조에 나타난 식물 이미지 가운데 이처럼 사대부적 미의식, 성리학적 미의식으로 형상화한 작품들을 살펴본다.

① 산우(山雨)이 훗더딘 후에 연지(蓮池)를 구버 보니
만점(萬點) 명주(明珠)이 벽옥반(碧玉盤)의 담겨 잇다
주부자(周夫子) 쇄락(灑落) 금회(襟懷)을 고대 본듯 하야라
(『갈봉선생유묵』 70)[2)]

---

2) 『 』속은 작품이 실린 책을 말하며 뒤의 숫자는 원전에 실린 작품의 순번이다. 편의상 한자는 괄호 속에 넣었으며 옛글자는 현대글자로 바꿨다. 이하 작품 인용은 같은 방식으로 한다.

갈봉(葛峯) 김득연(金得硏, 1552-1637)의 시조로 비 온 후의 연못 풍경을 노래한 것이다. 중장은 푸른 연잎 위에 진주처럼 영롱한 물방울들이 굴러다니는 모습을 그린 것이고, 종장은 그것을 보며 〈애련설(愛蓮說)〉을 지은 주돈이(周敦頤)의 맑고 상쾌한 풍도가 생각났다는 것이다.

> 내 홀로 연꽃을 사랑하노니, 진흙에서 나와서도 그것에 물들지 않고, 맑은 물결에 씻기어 요사하지 않고, 속은 통하고 밖은 곧으며, 넝쿨도 없고 가지도 없으며, 향기는 멀수록 더욱 맑으며, 우뚝하여 고요히 섰으니, 가히 멀리서 바라볼 수는 있어도 가까이서 함부로 대할 수는 없다.[3)]

주돈이는 〈애련설〉에서 연꽃의 생태학적 속성에 '군자(君子)'의 인격과 관련된 덕목을 적절히 덧씌워 설명하면서, 연꽃은 군자가 사랑할 만한 꽃이라 한다. 위에 인용한 김득연의 시조는 〈애련설〉의 한 부분을 구체화하여 주돈이를 상기시키는 수법을 쓰고 있다. 작자는 성리학자로서 주돈이를 따라 군자의 길을 가고자 함을 밝히는 것이 이 작품의 속 주제이며 연꽃은 그것을 드러내기 위한 보조 재료로 쓰일 뿐이다.

② 남오도 안인 것시 풀도 안인 것시
곳기는 뉘 식임여 속은 어이 븨엿는다
졀어코 사시(四時)에 플은이 그를 죠화 하노라 (『해일』 179)

③ 더우면 곳 픠고 치우면 닙 디거늘
솔아 너는 얻디 눈 서리를 모르난다

3) 予獨愛蓮之出於泥而不染 濯淸漣而不妖 中通外直 不蔓不枝 香遠益淸 亭亭淨植 可遠觀而不可褻翫焉. 주돈이, 〈애련설〉 일부. 번역은 필자.

구천(九泉)의 불희 고든 줄을 글로 하야 아노라 (『병가』 287)

고산(孤山) 윤선도(1587-1671)의 〈오우가(五友歌)〉 가운데 대나무와 소나무를 소재로 한 작품이다. 표면적으로는 대나무와 소나무의 생태학적 특성을 말하고 있으나 이면에는 다른 뜻이 있다. '곁은 곧고 속은 비어 있으며 사시(四時)에 푸르다'는 것은 의연 강직하면서도 겸허하며 변치 않는 선비의 기개를 칭송하는 것임을 쉽게 알 수 있다. 또 보통의 나무들과는 다르게 '눈서리'에도 꿋꿋하게 푸름을 지키는 소나무를 통해 선비의 굳은 절개를 연상하고, 그러기 위해서는 마음[내면]의 수양을 단단히 해야 함을 '땅 속에 뿌리가 곧고 깊게 뻗어있음을 알 수 있다'는 표현을 통해 노래하고 있다. 대나무와 소나무 그 자체가 주는 아름다움보다는 그것을 통해 유추된 혹은 그것에 투사된 사대부들의 이상적 가치를 칭송하는 시조이다.

④ 국화(菊花)야 너는 어이 삼월동풍(三月東風) 다 보내고
낙목한천(落木寒天)에 네 홀노 픠엿는다
아마도 오상고절(傲霜孤節)은 너뿐인가 하노라 (『해일』 316)

⑤ 찬 긔운 머금고 셔셔 눈 빗츨 새오는 듯
옥골(玉骨) 빙혼(氷魂)이 봄 젼의 도라오니
갓득에 냉담(冷淡)한 풍운(風韻)의 암향(暗香)조차 들릴샤
(『옥소고』 20)

④번은 국화를 노래한 이정보(1693-1766)의 작품이고 ⑤번은 매화를 노래한 권섭(1671-1759)의 작품이다. ④번 작품의 주제어는 '낙목한천'

과 '오상고절'이다. 오상고절이란 '서릿발 속에서도 굽히지 않고 외로이 지키는 절개'라는 뜻으로, 예로부터 나뭇잎이 다 떨어진 춥고 쓸쓸한 계절에 홀로 피는 국화의 고고한 자태를 비유할 때 쓰는 말이다. 이 말이 선비들의 고매한 인격과 관련이 있음은 물론이다. 국화를 바라보는 작자만의 독창적인 표현이나 느낌이 없이 전통적으로 내려오는 가치관을 다시 한 번 밝혀 놓았을 뿐이다.

매화를 노래한 ⑤번 작품에서도 이러한 태도가 보인다. '빙기(氷肌, 혹은 빙혼 氷魂) 옥골(玉骨)', '냉담(冷淡)', '암향(暗香)' 등은 사대부 문학에서 매화를 비유할 때 전형적으로 나오는 단어이며 이것이 추운 겨울에 피는 매화의 생태학적 특성과 관련되어 사대부들의 가치 지향과 밀접하게 부합됨은 이미 알려진 사실이다. 내 집 뜰에 서있는 구체적인 매화의 아름다운 모습을 생생하게 그려내는 데는 관심이 없고, 이미 규범화된 매화 이미지를 통해 고아하고 은근하면서도 때로는 서릿발 같은 사대부의 풍격과 기상을 드러내고자 한다. 냉담한 정신적 수련의 경지는 보이되 갑남을녀들이 살아가는 따뜻한 인가(人家)의 모습은 볼 수 없는 김정희의 〈새한도〉를 보는 듯한 느낌이다.

⑥ 설월(雪月)이 만건곤(滿乾坤)하니 청산(靑山)이 옥(玉)이로다
매화(梅花)는 반개(半開)하고 죽엽(竹葉)은 푸르렀다
아마도 설월(雪月) 귀물(貴物)은 너 뿐인가 (『잡지』)

작자미상의 작품이다. 청산, 매화, 죽엽의 가치는 눈 덮인 추운 겨울에도 꿋꿋하게 푸른 잎을 유지하거나 꽃을 피운다는 점에 있다. 이것은 시속에 얽매이지 않고 어려운 상황에서도 굳게 절개를 지키며 심성을

수양하는 사대부적 가치와 통하는 것으로, 결국 이런 작품들은 선별적으로 걸러낸 식물들에 사대부적 윤리를 투사하여 칭송함으로써 자신들의 도덕적 이상과 가치 지향을 강조하고자 하는 것이다. 사대부들에게 자연물은 애초에는 우주의 이법이 구체적으로 발현되는 존재였으나, 이렇게 되면 자신들의 규범화된 도덕적 이상으로 자연물을 구속하는 상황에 이른 셈이다. 즉 '자연'물은 사라지고 성리학적 윤리의 외피를 쓴 추상화된 '정물'만이 남아 있게 되는 것이다.

2) 자연미의 발견과 즐김

앞 절에서 식물을 노래하면서도 그것에 사대부적 가치를 투영시켜 형상화한 작품들을 살펴봤다. 이런 작품들의 작자는 대부분 사대부 계층으로, 자신이 투철한 성리학적 이념으로 무장했거나 의식 형성과정에서 그런 이념의 세례를 받은 사람들이다. 그러나 조선후기 사회로 넘어오면서 완강한 성리학적 이념에 균열이 발생하자 사대부들 사이에서도 독자적인 미의식으로 대상을 보는 작가가 생겨났다. 아울러 성리학적 이념에서 상대적으로 자유로운 중인층과 평민층이 시조 창작에 관여하게 되면서 시조에 투영된 식물의 이미지에도 변화가 일어났다. 작품을 통해 구체적으로 살펴보자.

⑦ 팀변(枕邊)의 심근 도화(桃花) 유정도 한져이고
어제 못 픤 가지 오늘 마자 픠여셰라
아마도 츈풍(春風)이 느저시니 행(幸)혀 딜가 하노라 (『옥소고』 41)

⑧ 곳지쟈 새 플 나니 일원(一院)의 츈사(春事) ㅣ로다

낙화방초(落花芳草)야 긔 더옥 보기됴희
어즙어 이내 풍졍(風情)이 가싈적이 업세라 (『옥소고』 42)

⑨ 츈풍(春風)이 느즈나 따나 픠온 고지 디나마나
닙 속의 봉오리 새로운 향긔(香氣)로다
두어라 일년쇼화(一年韶華)는 네 혼잿가 하노라 (『옥소고』 43)

이 작품들은 권섭이 지은 〈병석에 누워 분재된 복숭아나무를 보고 읊조리다[病中詠盆桃 三章]〉라는 제목의 연작시조이다. 권섭이 33세 되던 해에 지은 것으로, 병으로 누워있는 작자가 머리맡에 놓인 분재된 복숭아나무에 꽃이 피었다 지고 다시 새싹이 돋고 열매가 맺는 과정을 대상에 밀착된 시선으로 형상화하고 있다.

⑦번 시조의 초·중장에서는 병들어 누워있는 자신의 침울한 기분과 막 피어나는 도화의 생명감을 대조시키고 있다. 꽃이 피는 것을 보며 잠시나마 우울한 기분을 잊을 수 있으니 '유정도 하다'고 표현했다. 그러나 종장에서는 얼마 되지 않아 떨어질 도화와 병중인 자신의 처지가 오버랩 되어 '스러질 것 같은 생명'에 조바심을 느낀다.

⑧번 시조에서 작자는 꽃잎이 떨어지고 새싹[잎]이 돋아나는 모습을 보면서 감정의 기복을 경험한다. 꽃잎이 떨어지는 것과 자신의 운명을 동일시하여 조바심을 내다가, 꽃잎이 떨어지자마자 새로운 잎이 돋아나는 것을 보고 자신이 새 생명을 얻은 듯한 기분을 느꼈을 것이다. 병석에 누워 있게 되어 사소한 일에도 흔들리는 마음을 엿볼 수 있다.

⑨번 시조에서는 ⑧번 시조에서 느꼈던 조바심에서 벗어나 객관적인 시선을 확보하고 있다. 꽃잎이 떨어지자 새로운 잎이 돋아나고 이어 꽃잎이 진 자리에 열매가 열리는 것을 보면서 작자는 '자연의 순환(循

環)·우주의 이법(理法)'을 인식한다. '하나의 생명이 스러지면서 새로운 생명을 잉태하는' 자연의 섭리를 깨달아 자신의 처지(병중이라는)에서 해방되어 더 높은 차원의 정신적 경지에 도달한 것이다.

이처럼 이 작품은 도화를 소재로 꽃이 피었다 지고 새싹이 돋으며 열매가 맺히기까지의 시간적 경과를 차분히 관찰하여 노래함으로써, 일반적인 사대부 시가 작품들에 나타나는 도화의 상투적 이미지를 거부하고[4] 그것의 생태학적 과정만을 포착하여 자신의 정서적 진폭과 결합시켜 탁월한 시적 효과를 얻었다. 즉 대상 그 자체의 아름다움을 발견한 것이다.

⑩ 매영(梅影)이 부드친 창(窓)에 옥인금차(玉人金釵) 비겨신져
이삼(二三) 백발옹(白髮翁)은 거문고와 노래로다
이윽고 잔(盞)드러 권(勸)하랼제 달이 또한 오르더라 (『원국』 21)

위 시조는 안민영(1818-?)이 지은 작품이다. 안민영은 양반 사대부가 아닌 전문가창자 출신으로, 시조의 표현과 형식면에서 '세련된 미의식'을 지향한 시조 작가이다.

장소는 경치 좋고 호젓한 별장이다. 마당에는 매화가 피어 있고, 달빛에 매화나무 그림자가 창문에 아른거린다. 방안에는 우아하게 차려입은 아름답고 젊은 여성들과 머리가 하얗게 센 신선 같은 두세 명의 노인이 거문고를 타며 노래를 부르고 있다. 노래가 끝나고 술잔을 들어

---

4) 조선전기의 사대부 시가 일반에 등장하는 '도화(桃花)'는 도연명(陶淵明)의 〈도화원기(桃花源記)〉에 나오는 무릉도원(武陵桃源), 곧 이상향(理想鄉)으로 가는 매개물의 이미지가 대부분이다. 자세한 것은 정재호, 『한국가사문학론』, 집문당, 1982, 307쪽 참조.

서로 권할 때에 동쪽 산 위로 둥근 달이 떠오른다. 달밤에 핀 매화꽃과 그 그림자, 천상의 선녀처럼 아름답고 우아한 여인들, 신선처럼 곱게 늙은 풍류 노인들, 이들이 어울려 만들어내는 풍경은 현실에서는 좀체 보기 어려운 환상적인 아름다움이다. 매화를 노래한 일반적인 작품에 나타나는 전형적이고 상투적인 표현은 찾을 수가 없다. 이 작품에서 매화는 눈 속에 핀 꽃이어서 아름다운 것이 아니라, 환상적인 정경을 만들어내는 부속품으로서 아름다운 것이다.

⑪ 낙화(落花) 방초로(芳草路)의 깁치마를 끄럿시니
풍전(風前)의 니는 꽃치 옥협(玉頰)의 부듯친 듯
앗갑다 쓸어 올지연정 밥든 마라 하노라 (『금옥』 70)

⑫ 꽃 두고 꽃츨 보니 탐화광접(貪花狂蝶) 내 아닌가
십오 츈광(十五春光) 자네 연분 화당(華堂) 우락(憂樂) 한가지라
아마도 꽃도 예 보든 꽃시 챰 꽃신가 (『풍아』 418)

⑪번 시조도 역시 안민영의 작품이다. 땅에는 꽃잎이 떨어져 있고, 꽃이 진 자리에는 향기로운 새 잎이 돋아있는 길을 아름다운 여인이 비단치마를 끌며 지나간다. '길 위에 꽃잎이 펄펄 날려 무릎만큼 쌓였다[路上飛花一膝深]'고 어떤 시인이 노래했듯이 떨어지는 꽃잎이 길에 수북하게 쌓여있다. 치마에서 일어나는 바람에 꽃잎이 이리저리 흩날려 여인의 옥 같은 뺨에 부딪치기도 한다. 그것을 본 작자는 '떨어진 꽃잎이지만 아까우니 치마로 쓸어 올 망정 잔인하게 밟지는 않았으면 좋겠다'고 생각한다. 향기로운 꽃길을 사뿐사뿐 걸어가는 아름다운 여인, 긴 치마 끝에 눈처럼 휘날리는 꽃잎들… 가히 환상적인 정경이다. 이

작품은 꽃의 미덕을 도덕적 이상이나 이념적 가치와 결부시키지 않고 꽃 그 자체의 아름다움과 아름다운 여인의 조합에서 오는 환상적인 정취를 노래하고 있다. 노래하는 대상, 즉 자연물 그 자체에서 아름다움을 발견하고 그것을 즐기는 상황이 된 것이다.

⑫번 시조는 19세기 왕족출신 사대부인 이세보(1832-1895)의 시조이다. 이 작품은 대상에 대한 일차적인 접근인 꽃의 미덕이나 꽃 자체의 아름다움보다는 이차적인 의미에 주안점을 두고 있다. '꽃과 나비'를 아름다운 여인과 그를 좇는 남성에 비유하여 인간세상의 일들을 주제로 삼고 있는 것이다. 이렇게 되면 식물[자연물]을 통해 고상한 도덕적 이념을 추구하던 사대부적 이상과는 '천리'나 떨어지게 되었다. 그러나 사대부적 이념에서 자유로워지면서 갑남을녀들의 범상한 상상력에 한 걸음 다가섰다는 점에서는 사대부시조의 새로운 영역을 개척했다 할 것이다.

> ⑬ 모란(牧丹)은 화중왕(花中王)이요 향일화(向日花)는 충효(忠孝)ㅣ로다
> 매화(梅花)는 은일사(隱逸士)요 행화(杏花)는 소인(小人)이요 연화(蓮花)는 부녀(婦女)요 국화(菊花)는 군자(君子)요 동백화(冬栢花)는 한사(寒士)요 박(朴)곳은 노인(老人)이요 석죽화(石竹花)는 소년(少年)이요 해당화(海棠花)는 갓나희로다
> 이 중(中)에 이화(梨花)는 시객(詩客)이요 홍도(紅桃) 벽도(碧桃) 삼색도(三色桃)는 풍류랑(風流郎)인가 하노라 (『해주』 528)

조선후기 중인층 전문가창자인 김수장(1690-?)의 사설시조이다. 일종의 '화초풍월(花草風月)'이라고나 할 이 작품은, '갑(甲)은 ○○이다'는

어법으로 꽃에 대한 평을 하고 있다. 우선 이 작품에서 정리한 꽃과 그 비유 대상을 정리해보자.

> 모란-화중왕, 해바라기-충효, 매화-은일 선비, 살구꽃-소인, 연꽃-부녀자, 국화-군자, 동백꽃-한미한 선비, 박꽃-노인, 패랭이꽃-소년, 해당화-젊은 계집, 배꽃-시객, 복숭아꽃-풍류랑.

이 가운데 우리가 동의할 만한 비유도 있고 그렇지 않은 것도 있을 수 있겠는데 그것은 꽃에 대한 이미지가 개인에 따라 다를 수 있기 때문이다. 중요한 것은 이 작품의 작자가 꽃에 대한 전통적·사대부적 관념으로부터 상당히 자유롭다는 것이다. 〈애련설〉에는 '모란은 부귀요, 국화는 은일자이며, 연꽃은 군자'라 했다. 그러면서 모란은 대중들이 좋아하는, 다시 말하면 세속적인 사람이 좋아하는 꽃이라 해서 그다지 높게 쳐주지 않았다. 주돈이의 이런 견해는 조선조의 사대부들에게 거의 그대로 수용되었다. 이에 비해 조선후기의 중인 가창자인 김수장은 연꽃은 부녀자이고 국화가 군자이며 매화가 은일사라 했다. 모란을 화중왕이라 하여 상당히 높게 평가한 것도 주돈이의 평가와 다른 점이다. 김수장에게는 꽃에 대한 전통적 관념이 중요한 게 아니라 그것에 대한 자신의 느낌이 중요한 것이다. 김수장의 이런 관점은 꽃[자연물]에 대한 '개성의 발견'이라고 할 수 있을 것이다.

3. 동물 이미지의 구현 양상

이제 시조에 형상화된 동물 이미지를 살펴볼 차례이다. 가장 먼저 검토할 것은 까마귀와 백로이다. 두 동물은 대비되는 외모 때문에 많은 작품의 소재로 등장한다.

① 가마귀 싸호는 골에 백로(白鷺) ㅣ야 가지 마라
성낸 가마귀 흰 빗츨 새올세라
청강(淸江)에 잇것 시슨 몸을 더러일가 하노라 (『청진』 380)

② 가마귀 눈비 마자 희는 듯 검노매라
야광명월(夜光明月)이 밤인들 어두오랴
님 향(向)한 일편단심(一片丹心)이야 고칠 줄이 이시랴 (『청진』 295)

①번 시조는 고려말의 충신이었던 정몽주 모친의 작품이라 하는데, 작자 표기에 대한 신빙성은 떨어지나 내용을 유추해서 후대인들이 그렇게 표기한 듯하다. 이 작품은 총 27개 가집에 실려 있어 상당한 인기가 있었음을 짐작할 수 있다. 고려말 – 조선초의 왕조 교체기에 고려왕조를 지키려는 절의파와 신왕조를 건국하자는 혁명파 사이의 갈등과 명분 싸움이 이 작품의 배경이다. 까마귀와 백로를 외모로 판단하여 까마귀는 속이 검은 소인배로, 백로는 고상한 군자로 형상화한 이 작품의 접근 방법은 유교적 명분론을 연상시키는 것으로, 이후 조선왕조에서 까마귀와 백로에 대한 규범적인 해석이 되었다.

②번 시조는 세조반정을 반대하다 죽은 이른바 사육신의 한 사람인 박팽년(1417–1456)의 작품으로 26개의 가집에 실려 있어 역시 인기가

있었던 작품이다. '눈비를 맞아 희게 보이는 검은 까마귀'는 아마도 세조반정을 성사시킨 벼슬아치를 지칭할 것이다. 중장에서 단종을 폐위시킨 반역 행위는 지금 당장은 득세할지 몰라도 역사 앞에서는 결코 가려질 수 없음을 말하고 자신은 단종을 향한 충성심을 고칠 마음이 없다고 종장에서 다짐한다. 이 작품도 앞 작품과 마찬가지로 까마귀를 속 검은 간신배·모리배로 비유하여 전통적·규범적 해석에 충실하고 있다.

이 두 작품은 공통적으로 '백로 – 지조와 절개가 있으며 불사이군(不事二君)하는 충신', '까마귀 – 상황에 따라 두 임금을 섬기기도 하는 간신배[변절자]'로 형상화하여, 작자 혹은 시적 화자의 충성스런 마음[丹心]을 강조하고 있다. 동물[자연물]의 외형적 특성에 사대부들의 이념적 가치를 투사해서 인식하는 것이다.

그러나 이들의 가치 지향과 상관없이 조선왕조는 건국되어 구체제의 모순을 혁파하고 있었고, 세조는 왕권을 강화하면서 나라를 안정시켜가고 있었다. 따라서 새로운 왕조나 새로운 정권에 참여한 인사들이 자신의 입장을 정당화하는 작품을 쓰는 일은 지극히 당연한 일이었다.

③ 가마귀 검다 하고 백로(白鷺)야 웃지 마라
것치 거믄들 속조차 거믈소냐
아마도 것 희고 속 검을슨 너뿐인가 하노라 (『청진』 418)

이 시조는 이직(李稷, 1362-1431)의 작품이라 표기되어 있으며 총 28개 가집에 실려 있어 앞 시조들 못지 않게 널리 불렸음을 알 수 있다. 이직은 고려 우왕 때 문과에 급제하여 공양왕 때는 예문관 제학에 올랐으며 조선 개국 후에는 이조판서를 거쳐 1405년(태종 5)에 영의정에 오른 인물이다. 정몽주나 박팽년 등 단심파들과는 달리 새 체제에 적극적으로 가담하여 '두 왕조'를 섬긴 신하인 것이다. 이 작품은 이른바 '단심파'의 공격에 맞서 '백로는 겉만 희고 속이 검다' 하며 까마귀는 겉은 검지만 속은 그렇지 않다 하여, 자신들의 행위가 역사와 백성 앞에 떳떳한 일임을 강조하고 있다. 이 작품 역시 앞 시조들과 같이 동물을 보는 시각에 자신들의 도덕적 이상을 투여하고 있지만, 어쨌든 특정한 역사적 상황을 놓고 벌이는 '까마귀 – 백로 논쟁'이 무척 흥미롭다.

④ 가마귀 검다한들 속까지 검을소냐
자오(慈烏) 반포(反哺)라하니 새중(中)에 효자(孝子)로다
사람이 그안가트면 가마귀엔들 비(比)하리 (『상산집』 1)

이 작품은 지덕붕(池德鵬, 1804–1872)의 시조이다. 지덕붕은 벼슬을 하지 않고 일생동안 향리에서 심성을 수양하며 산 향촌사대부이다. 따라서 그의 의식은 전통적인 사대부의 그것과 동일한 바, 위 작품은 '반포조(反哺鳥)'라는 까마귀의 특성을 소재로 유교의 중요한 덕목인 효를 강조하고 있다. 까마귀가 겉모습은 검지만 늙은 어미새에게 먹이를 물어다 주는 효성스러운 동물이니 사람이 그 행동과 마음을 배워야 한다고 했다. 격동의 시대가 한참 지났기 때문에 이제는 겉모습보다는 사물의 내면을 들여다보는 여유가 생겼다고나 할까? 그러나 이 작품도 역시 본능적인 동물의 행동을 효라는 유교적 관점으로 해석하여 앞 작품들에 나타난 전통적인 접근 방식에서 벗어나지 못하고 있다.

⑤ 가마기가 가마기를 됴차 셕앙사로에 나라든다 떠든다
임의 집 숑정 뒤로 오르면 골각 나리면 길곡 갈곡 길곡 하는 즁에 어늬 가마기 슈가 마기냐
그 즁에 먼졈 나라 안젓다가 야즁 나라가는 그 가마기 긘가
(『남태』 198)

⑥ 백사장 홍뇨변에 굽니러 먹는 져 백노야
한 닙에 두셋 물고 무에 낫빠 굽니느냐
우리도 구복이 웬슈라 굽니러 먹네 (『남태』 85)

위 작품들은 19세기 평민층의 정서에 일정 정도 친연성이 있는 대중적 시조집인『남훈태평가』에 수록된 시조들이다. ⑤번 시조에는 '까마귀는 속이 검다'거나 '까마귀는 인간이 본받아야 할 효를 지닌 새'라거나 하는 대상에 대한 가치 판단이 배제되어 있다. 시적 화자는 여인을 짝사랑하는 남성일 것이다. 사랑하는 '임'은 청루의 여성이거나 그렇지는 않더라도 많은 남성들이 연모하여 집적거리는 인물이다. '임'에게 꼬이는 뭇 남성들(시적 화자에게는 라이벌이 된다)을 '까맣고 체신머리 없이 떼 지어 소란스럽게 날아다니는 촌스럽고 경망스럽고 천박한 까마귀'로 비유하여 야유함으로써, 연인에게 자신의 진정을 전하지 못하여 안타까운 마음을 다소 해학적으로 노래했다.

⑥번 시조 역시 ≪남훈태평가≫에 수록되어 있는데, 고상하고 우아한 자태를 지녀 군자나 강호 처사들의 벗으로 노래되던 백로의 이미지를 추락시키는 작품이다. '굽니러' 라는 단어는 백로가 긴 목을 구부려 물고기를 잡는 동작을 이름과 아울러 이익을 위해 자신의 신념이나 자존심을 굽힌다는 중의적 의미로 쓰였다. 고상한 백로가 '굽니러' 먹

는 것도 보기 좋지 않은데 이미 두세 마리의 물고기를 잡았음에도 여전히 '굽니러' 물고기를 잡으려 하니 욕심이 사납다는 것이다. 종장에서 '구복이 웬수'라고 변명하고 있지만 이미 최소한의 생존을 위한 먹이를 확보했기 때문에 그 변명은 통하지 않는다. 이 작품은 백로로 상징되는 양반 사대부들의 욕심 많음과 수탈을 풍자하는 동시에 고상한 이미지의 백로를 위선적 존재, 욕심 많은 존재로 형상화함으로써 양반 사대부들의 미의식을 전복시키는 대담함을 보이고 있다.

이 작품들은 조선왕조의 지배 이데올로기인 성리학적 가치관이나 양반 사대부의 미의식이 조선후기 평민들에 의해 부정되는 과정과(⑥번 시조), 지배층의 도덕적 미의식에서 자유로운 평민들의 대상에 대한 개성적인 접근을(⑤번 시조) 보여준다는 점에서 중요한 시조사적 의미가 있다.

⑦ 비저둔 술을차고 노픈재를 올라서니
상풍(霜風)이 소삽(蕭颯)한데 홍엽(紅葉)도 조커니와
선방(仙尨)이 백운(白雲)을 지즈니 게도 은자(隱者) 잇스리
(『상산집』 11)

⑧ 개를 여라믄이나 기르되 요 개가치 얄믜오랴
뮈온님 오며는 꼬리를 홰홰 치며 뛰락 나리락 뛰락 반겨셔 내닫고 고온님 오며는 뒷발을 버둥버둥 므르락 나으락 캉캉 즈져셔 도라가게 한다
쉰밥이 그릇그릇 난들 너 머길쥴이 이시랴 (『청진』 547)

이번에는 개를 소재로 한 시조이다. 앞의 작품은 지덕붕의 것이다. '방'은 삽살개를 이름이다. 시적 화자는 강호에 묻혀 사는 처사인데 가

을날 높은 산에 올라 경치를 완상한다. 흰 구름 떠가는 깊은 산 속 어디쯤에서 삽살개 짖는 소리가 들리니 그곳에 은둔하는 선비가 있을 것이라는 내용이다. 삽살개를 '선방(仙尨)'이라 표현하여 은자가 데리고 사는 삽살개에게조차도 선적(仙的)인 이미지를 부여하고, 종장에서 '거기도' 은자가 있을 것이라 하여 시적 화자 자신이 이미 은자임을 강조하고 있다. 집에서 막 기르는 삽살개조차도 '초탈한 은자'나 '산림처사'의 이미지를 강조하는 보조 재료로 쓰인 것이다.

뒤의 작품은 세속의 일상에서 흔히 볼 수 있는 개의 이미지를 그리고 있다. 시적 화자는 주사청루의 여성인 듯하다. 직업상 여러 '님'들을 만나야 하지만, 이 여성도 인간인지라 손님에 대한 좋고 싫음은 있다. 자신이 좋아하는 손님은 자주 오지 않고 싫은 손님들만 찾아오니 여성의 입장에서 심통이 날 만도 한데, 이 심통이 옆에 있는 개에게 전가된 것이다.

집에 오는 손님을 보고 주인이 좋아하는 사람인지 미워하는 사람인지 구분할 수 있으면 이미 개가 아니다. 자주 오는 손님은[뮈운님] 낯이 익으니 반기는 것이 당연하고 가뭄에 콩 나듯이 찾아오는 손님은[고온님] 낯이 서니 으르렁댈 수밖에 없는 것이 정상적인 개의 행위이다. 따라서 이 개의 입장에서 보면, '고온님'을 자주 오게 하고 '뮈운님'을 못 오게 하는 수단을 발휘하지 못하면서 자신에게 화풀이하는 주인 여성의 심통은 적반하장이라 할 수 있다.

인간과 가장 가까운 동물인 개는 때때로 주인의 심통을 받아줄 수밖에 없는 존재인데, 이 작품은 개와 인간의 관계를 특수한 상황에 접합시켜 재미있게 그려내고 있다. 이 시조는 조선후기 중인층 가객인 김수장이 지은 것으로, 양반 사대부인 지덕붕이 지은 앞 시조와 비교하면 대상에 대한 형상화의 차이를 확연히 알 수 있다.

⑨ 두터비 파리를 물고 두험 우희 치다라 안자
　것넌 산(山) 바라보니 백송골(白松骨)이 떠 잇거늘 가슴이 금즉하여 풀덕 뛰여 내닷다가 두험 아래 쟛바지거고
　모쳐라 날낸 낼싀만졍 에헐질 번 하괘라 (『청진』 520)

⑩ 일신(一身)이 사쟈 한이 물 것 계워 못 견딜쐬
　피(皮)ㅅ겨 가튼 갈앙니 볼리알 갓튼 슈통니 줄인 니 갓 깐 니 잔 별록 굴근 별록 강별록 왜(倭)별록 긔는 놈 뛰는 놈에 비파(琵琶) 갓튼 빈대 삿기 사령(使令) 갓튼 등에 아비 갈따귀 샴의약이 셴 박회 눌은 박회 박음이 거절이 불이 뾰족한 목의 달이 기다한 목의 야윈 목의 살진 목의 글임애 뾰록이 주야(晝夜)로 빈 때 업씨 물건이 쏘건이 뜯건이 심(甚)한 당(唐)빌리예셔 얼여왜라
　그 중(中)에 참아 못 견들 쓴 오뉴월(五六月) 복(伏)더위예 쉬파린가 하노라 (『해일』 320)

위의 두 작품은 사설시조이다. ‘평민적 익살, 풍자와 분방한 체험을 표현’한 사설시조는 ‘전아한 기품과 관조적 심미성을 존중하는 사대부 시조와는 달리 거칠면서도 활기찬 삶의 역동성을 담고 있’는데, 이 사설시조를 지배하는 원리는 ‘웃음의 미학’이라 할 수 있다.[5] 우선 두 작품에 등장하는 동물들을 살펴보자.

두꺼비. 파리. 백송골. 이. 벼룩. 빈대. 등에. 각다귀. 사마귀. 바퀴벌

---

5) 사설시조의 미학에 대해서는 김흥규, 『한국문학의 이해』, 민음사, 1986, 49쪽 참조.

레. 바구미. 모기. 그리마. 쉬파리.

위에 등장하는 동물들은 백송골을 제외하고는 우아하거나 심미적인 것과는 거리가 멀어서 사대부 시조뿐만 아니라 일반적인 시가작품에는 잘 등장하지 않는 것들이다. 일찍이 고정옥 선생은,

> (사설시조는) 시(詩)가 될 수 있는 사물(事物)인지 여부(與否)를 판단(判斷)할 문학적 교양(文學的 敎養)을 갖지 못했기 때문에, **검버섯**이나 **뼈새바위** 같은 것을 노래하고, **상평통보(常平通寶)**를 노래하고, 심(甚)한 것으로는 **이, 벼룩, 모기**까지 노래했던 것이다. 이는 무교양(無敎養)한 서민(庶民)의 문학(文學)이 항상(恒常) 빠지기 쉬운 함정(陷穽)이다. (…) 물론(勿論) 돈이 노래의 내용(內容)이 될 수 없는 것은 아니며, 또 **곤충(昆蟲)**이 시(詩) 속에서 아름답게 살지 못한다는 법은 없다. 다만 문제(問題)는 시화기술(詩化技術)에 달려 있으며, 그런 걸 보는 각도(角度)에 매여 있는 것이다.[6)]

라고 하여 사설시조의 이런 측면을 다소 부정적으로 평가했으나, 그것은 서구 근대시의 미의식을 바탕으로 한 평가일 가능성이 크다. 어쨌든 이런 지저분하고 혐오스러운 존재까지도 시에 끌어들인 것은 사대부 시조와는 확연히 구분되는 사설시조 고유의 영역을 개척한 것이라 할 수 있다.

이제 작품으로 돌아가서, ⑨번 시조는 의뭉스러운 존재인 두꺼비가

---

6) 고정옥, 『고장시조선주 古長時調選註』, 정음사, 1948, 13-14쪽. 강조한 단어는 원문에는 상점으로 표시되어 있으나 필자가 굵은 글씨로 바꿨으며, 원문에 노출돼 있던 한자는 편의상 괄호 속에 넣었다.

파리를 물고 두엄자리 위에 올라갔다가 천적인 백송골이 떠 있는 것을 보고 놀라 뛰어내리다가 넘어지고도, '날랜 나였기에 망정이지 남 같았으면 멍들 뻔했다'고 스스로를 위안한다는 내용이다. 상황과 표현이 독자들로 하여금 웃음을 자아내게 만드는데, 파리를 하층 백성으로, 두꺼비를 중간 수탈자 계층으로, 백송골을 상층의 수탈자 층으로 치환시켜 생각하면 현실에 대한 통렬한 풍자인 셈이다. 봉건적 수탈 구조의 최하층인 평민들의 익살과 풍자의식을 동시에 느낄 수 있다.

⑩번 시조는 이정보가 지었다고 하는 유명한 현실 풍자 사설시조이다. 이, 벼룩, 빈대… 온갖 '물것'들이 쉴 사이 없이 빨고 물고 쏘고 뜯어대니 깽비리인 나로서는 견디기가 힘들다는 것이다. 깽비리는 사전에 '어린아이나 한 동아리 가운데 작은 사람을 낮잡아 이르는 말'이라고 돼 있다. 그렇다면 이 작품의 화자는 힘없는 서민으로, 온갖 '물것'들은 서민들을 수탈하는 지배 관리층으로 치환할 수 있다. 작품 내용은 지배 관리들의 끝없는 수탈을 풍자하고 그로 인한 서민 생활의 어려움을 호소하는 심각한 것이지만, 온갖 '물것'들과 그들의 행위를 나열하는 표현 방식이 웃음을 불러일으키며 수탈하는 관리를 하찮은 '물것'에 비유함으로써 통쾌한 느낌이 들게 한다.

이 두 작품은, 대상을 선별하여 전아한 기품으로 도덕적 이상이나 이념적 가치를 표현하던 사대부 시조의 미의식과 표현 방식에서 벗어나, 눈에 보이는 사물을 선택하여 구체적 일상사에 비유하여 표현함으로써 '새로운 미의식의 세계·동물[자연물]의 새로운 이미지 창출'에 성공한 것이다.

4. 동식물 이미지 변모의 의미

몇 편의 시조를 대상으로 하여 간략하게 시조에 나타난 동식물의 이미지 구현 방식과 그 변모 양상을 살펴보았다. 동식물에 사대부의 이념적 가치나 도덕적 이상을 투사시킨 작품들은 역시 양반 사대부가 지은 작품들이었다.

중인층과 평민층 작가들은 사대부의 규범적 미의식에서 벗어나 대상 자체의 아름다움을 노래하거나 대상에 대한 개성적인 해석과 형상화를 시도했음을 검토했다. 아울러 이들은 고상하고 우아한 것이 아닌 혐오스러운 존재나 일상에서 대하는 하찮은 것까지도 형상화함으로써 시조의 소재를 풍부하게 하는 역할을 하기도 했다.

한편 사대부 작가라 할지라도 18세기 이후에 서울에서 활동했던 작가들 가운데는 사대부의 규범적 미의식을 탈피하여 대상 자체의 미를 발견한다거나 중인층 이하에서나 향유함직한 작품들을 창작하기도 했다. 그러나 이들의 작품에는 사대부들의 전통적 미의식을 충실하게 형상화한 것도 다수 발견되는데, 이는 이들이 교양 형성 과정에서 기본적으로 사대부적 의식을 지니게 되었으며 조선후기 사회라 해도 성리학적 이데올로기가 주류를 이뤘던 사실과 무관하지 않다. 조선후기의 사대부라도 성리학적 이데올로기를 견지하던 향촌 사대부들은 여전히 그들의 이념적 가치나 도덕적 이상을 투사하여 동식물을 바라보고 그것을 문학적으로 형상화했음도 검토했다.

요약하면, 조선전기의 사대부들은 그들의 이념적 가치나 도덕적 이상을 투사하여 동식물을 인식하고 형상화했으며, 조선후기에 이르러서야 이런 규범적 인식이 무너지기 시작했다. 여기에는 서울에서 활동했던 일부 사대부 작가들과 조선후기에 새로운 시조 향유층으로 등장한 중인·평민층의 역할이 있었다.

동아시아의 중세 한문학에서 자연을 노래한 작품은 많이 있었지만 이들이 노래하는 자연은 일정한 철학 혹은 세계관(유가적, 도가적, 불교적)을 바탕으로 '재해석된 자연'이었다. 우주의 도리, 이치가 내재된 혹은 그것의 구현태인 자연 속에서 그것을 닮고자 하고 그 속에 내재된 도를 체득하고자 하는 인간을 그리는 것이 중세 동아시아 문학의 일반적인 형상이었다.

조선시대 사대부 시조에서도 자연을 대하는 이런 경향은 예외가 아니었지만, 조선후기로 넘어오면서 중세적 질서가 동요하기 시작하자 사대부 내부에서부터 규범화된 자연관을 탈피하여 개성적인 시각으로 자연을 형상화하려는 움직임이 시작되었으며 중인 이하 계층이 시조의 창작 향유에 가담하면서 그런 경향은 가속되었다. 대상을 개성적으로 인식하고, 개성적으로 형상화하는 것이 근대문학 형성의 한 조건이라 할 때 조선후기 시조문학은 더디게나마 근대문학을 향한 길을 가고 있었던 것이다.

제4장

취락(醉樂) 시조의 여러 모습

1. 문제제기

이 글은 취락(醉樂) 시조를 대상으로 하여, 시조에 나타난 취락 풍류의 다양한 양상을 분석하는 것을 목표로 한다. '취락'이란 시조의 내용 구성 요소의 하나로 "술 마시고 취하여 즐김. 그러한 즐거움의 추구. 단순히 술이라는 말이 들어 있는 정도보다는 '술 마시는 행사'나 '취흥(醉興)'의 의미가 있을 때 적용"하는 내용소이다.[1)]

인류의 삶과 술의 관계는 새삼 강조할 필요도 없거니와 특히 문학에서 술(혹은 그와 관련된 풍류)은 중요한 소재로 쓰여 왔다. 더욱이 노래로 부르거나 읊조리는 동양의 시가 문학에서 술을 통한 풍류와 흥취는 대단히 사랑받는 소재이고 그 문학적 형상화의 모습도 다양하게 나타난다.

고려대학교 김흥규 교수 연구실에서 5,180수의 시조를 대상으로 개

---

1) 김흥규 외, 『고시조 데이터베이스의 계량적 분석과 시조사의 지형도』, 고려대 민족문화연구원, 2002, 24쪽.

발한 〈고시조 데이터베이스 프로그램〉[2]으로 '취락'이라는 내용소를 검색한 결과 총 421수의 시조가 산출되었다. 전체 시조의 8%가 넘는 점유율이니 대단히 많은 분량이다. 이 가운데 내용은 같으나 한글과 한자로 표기만 다른 작품, 한두 단어나 구절이 다르거나 어미나 조사 등만 달라 한 작품으로 봐도 무방한 경우 등을 제외하니 358수가 남았다.

이 358수의 시조를 대상으로 술 마시는 이유, 술 마시는 상황, 마시는 사람에게 술이 어떤 작용을 하는가 등을 분석하여 크게 세 개의 범주로 분류했다. 첫째는 술 마시는 것 자체를 좋아하여 즐기는 대상으로서의 술을 노래한 작품들이다. 이 부류에 속하는 작품들은 70여 수가 된다. 둘째는 전원생활의 흥취, 마음을 허락한 벗들과의 만남, 다양한 계절의 좋은 경치 감상, 주색(酒色) 풍류 등의 상황에서 술을 마시는 것을 노래한 작품들로 190여 수가 이에 해당되었다. 세 번째는 술을 마시는 행위를 통해 마음의 위안을 얻고자 하는 경우이다. 인생이 무상함을 느꼈을 때, 고단한 삶의 시름을 잊기 위해서, 혹은 세상과의 불화로 인한 소외감을 위로하기 위해 등등의 이유로 술을 마시는 상황을 노래한 작품들로 100여 수가 이에 해당되었다.[3]

시조 전반에 나타난 취락의 양상을 그 자체만으로 분석한 연구는 없었으며, 개론서에서 시조의 내용을 기술하면서 취락시조를 언급한 부분이 있었다. 예컨대 진동혁 교수는 "고인들은 취락함으로써 혼란된

---

2) 〈고시조 데이터베이스 프로그램〉에 대해서는 위의 책, 3-75쪽 참조.

3) 각 범주의 작품 숫자를 뭉뚱그려 언급한 것은 정확하게 한 부류에 넣기 어려운 경계상에 있거나 동시에 두 부류에 속할 수도 있는 작품들 때문이다. 개략적인 숫자만 가지고도 취락시조의 양상을 파악하는 데 큰 문제는 없을 것이다.

세태를 망각할 수 있었고 잠시나마 부귀영화와도 절연할 수 있었다"고 한 뒤, "취락시조를 즐겨 읊은 것은 어지러웠던 현실의 관념을 일시적이나마 망각하고 술로써 도취하여 무아의 경지에 빠지려는 의미도 많으며" 소동파의 〈적벽부〉의 영향도 있다고 했다.[4]

한편 이태극 교수는 『시조개론』에서 〈시조의 내용성〉이라는 항목을 마련하고 시조의 내용을 스무 가지로 분류했는데, 그 안에 '취락 퇴폐의 노래'를 두어 취락시조들을 소개하고 있다. 그는 취락시조들을 "① 세상을 저바리고 술취하여 망각의 상념을 노래한 시조, ② 그냥 그 흥취에 잠겨 즐거움에 견디지 못하는 심정을 나타낸 시조, ③ 덧 없는 인생 보잘 것 없는 세상을 술로 잊고 그 찰나와 그 순간을 만족하게 지나는 것을 읊은 시조"로 나누고, 정철의 〈장진주사〉와 신흠의 시조 등을 인용하며 설명하고 있다.[5] 취락시조에 대한 이태극 교수의 언술은 초기 연구로서 탁월한 면이 있으나, 개론서의 성격상 전체적으로 소략하며 세부적인 분류는 하지 않았다.

이 글에서는 〈고시조 데이터베이스 프로그램〉의 내용소 색인을 이용하여 취락시조 전체를 추출하고 그것을 몇 개의 범주로 나눈 뒤, 순서대로 취락시조들을 검토하여 취락시조의 구체적 실상에 접근하는 데 도움이 되고자 한다.

---

4) 진동혁, 『고시조문학론』, 형설출판사, 1992, 29-31쪽. 초판은 1976년에 나왔는데, 본고에서는 1992년 판을 인용했다.

5) 이태극, 『시조개론』, 새글사, 1974, 171-177쪽 참조. 초판은 1956년에 나왔으며 본고에서는 1974년 판을 참고했다.

2. 술 마시는 즐거움

1) 술 자체를 즐김

일반적으로 사람들은 사회생활을 하는 가운데 어떤 이유나 일정한 상황에 따라서 술을 마시게 된다. 그러나 어떤 사람들은 술 그 자체가 좋아 마시기도 한다. 이럴 때는 술 마시는 행위 자체가 중요하며 다른 이유나 명분은 부차적인 문제가 된다. 이 절에서 검토하는 작품들은 이처럼 술 자체를 사랑하고 술 마시는 행위 자체를 즐기며 노래하는 것들이다.

작품을 검토해보자.

> 술 먹고 뷔거를 저긔 먹지 마쟈 맹서(盟誓)ㅣ러니
> 잔(盞) 잡고 구버 보니 맹서(盟誓)홈이 허사(虛事)ㅣ로다
> 두어라 취중맹서(醉中盟誓)ㅣ를 닐러 므슴 ᄒᆞ리오 〈시전 1720〉[6)]

술을 많이 마시다 보면 몸도 제대로 가누지 못하고 정신도 몽롱하여 예기치 않은 실수를 하기도 한다. 그래서 다시는 술을 먹지 말자고 다짐을 해 보지만 모주꾼에게 술을 끊는다는 다짐처럼 허황한 일이 또 있겠는가? 위 시조는 그런 상황을 노래한 것이다. 이와 비슷한 종류의 시조가 다섯 수나 더 검색되어 이런 주제가 꽤 인기가 있었음을 알 수 있다. 이 가운데 두 작품에서는 '아ᄒᆡ야 술 갓득 부어라 ᄆᆡᆼ세 푸리

---

6) '시전'은 심재완(1972), 『역대시조전서』(세종문화사)를 줄인 말이고, 뒤의 숫자는 『역대시조전서』에 실린 작품 번호이다. 유명씨 작품은 작자 표기를 한다. 이하 같은 방식으로 인용한다.

ᄒᆞ자'고 마무리하여, 다짐을 뒤엎는 것에 대한 양심의 부담을 뻔뻔하게 떨쳐내고 더 적극적으로 술을 마시는 모습을 보이기도 한다. 모주꾼들만 이해할 수 있는 못 말리는 술 사랑이라 할 수 있겠는데 다음 작품들은 여기서 한 걸음 더 나간다.

> 어우하 날 죽거든 독밧츼 집 동산에 무더
> 백골(白骨)이 진토(塵土)ㅣ 도여 주준(酒樽)이나 ᄆᆡᆼ글고쟈
> 평생에 덜 먹은 맛슬 다시 다마 보리라 〈시전 1927〉

> 이 몸이 죽어지거든 뭇지 말고 주푸리여 ᄆᆡ혀다가
> 주천(酒泉) 깁흔 소에 풍덩 드리쳐 둥둥 띄여 두면
> 일생에 질기던 거시ᄆᆡ 장취불성(長醉不醒) ᄒᆞ리라 〈시전 2326〉

일생 동안 마시고도 모자라서 죽어서까지도 술독에 빠지고 싶다는 호기를 보인다. 앞 시조에서 화자는 자신이 죽은 후에 독바치 집 동산에 묻어달라고 한다. 그래서 '백골이 진토'되면 그 흙으로 독바치가 술동이를 만들 것이고 그러면 죽어서도 술맛을 맘껏 볼 수 있다는 것이다. 뒤 시조는 자신이 죽으면 매장하지 말고 아예 '술샘[酒泉]'에 빠뜨려 달라고 한다. 이 작품은 27개 가집에 실려 있어 취객들에게 꽤 사랑받았음을 알 수 있다. 호탕한 술자리에서 과장된 표현과 몸짓으로 자신의 술 사랑함을 장담하는 취객의 모습을 떠올리게 하는 작품들이다.

한편 조선후기에 여성이나 남성을 동경한 나머지 자신이 상대의 소유물이 되어서라도 그와 접촉하고 싶다는 시조들이 꽤 있다. "각시ᄂᆡ 옥(玉) 갓튼 가슴을 어이구러 ᄃᆡ혀볼고 / 금수자지(錦繡紫芝) 쟉져구리 속에 깁적삼 안섭희 되어 돈득돈득 ᄃᆡ히고라지고 / 잇다감 ᄯᆞᆷ 나 붓닐

제 써힐 뉘를 모로이라"[7]와 같은 시조가 대표적인데 성적인 욕망을 위해 자신의 존재마저도 버릴 수 있다는 다소 과장되고 파격적인 수사를 지닌 작품들이다.

앞에 인용한 두 시조는 욕망의 대상이 성적인 것에서 술로 옮겨온 점만 다를 뿐이지 극단적 욕망의 충족을 위해 자기 존재의 정체성을 가볍게 보는 점은 위 시조와 비슷하다. 조선후기의 호탕하고 질펀한 술자리가 이런 과장된 수사적 표현을 생산하는 바탕이 되었을 것이다.

각설하고, 이런 호기로운 장담에는 적절히 댓거리를 해줘야 술자리 분위기가 사는 법이다. 다음 시조를 보자.

> 자네가 슐을 잘 먹는다 ᄒᆞ니 슈슈 쇠쥬 세 ᄃᆡ와 쇠 셔 세 졉시를 먹을싸 본가
> 슈슈 쇠쥬 세 ᄃᆡ와 쇠 셔 세 졉시를 먹으 량이면 ᄂᆡ 물니라 갑슬랑은
> 옛날에 니ᄐᆡᄇᆡᆨ도 일일슈경삼ᄇᆡᆨᄇᆡ라 히도 이 슐 ᄒᆞᆫ 잔 못 다 먹엇씀네
> 〈시전 2473〉

이 작품은 대중적인 시조집인 『남훈태평가』에 실려 있다. '자네가 그렇게 술을 잘 먹는다면 수수로 만든 소주 세 되와 소 혀 세 접시를 먹어 보게. 앉은 자리에서 그걸 다 먹는다면 술값은 내가 내지. 하루에 삼백 잔을 마신다는 이태백도 이 술 한 잔은 다 못 먹었다네.' 두주불사를 외치는 친구를 살살 부추겨서 술내기를 하는 모습을 생생하게 노래했다. 술을 마셔 취했을 때 사람들은 터무니없는 자신감과 호기가 생겨

---

7) 〈시전 50〉, 이 작품은 총 6개 가집에 실려 있고, 비슷한 모티프의 시조도 몇 수 발견되어 제법 인기가 있었음을 알 수 있다.

과장된 언동을 하기도 한다. 이 작품은 체면과 가식을 던져버리고 호기롭고 과장된 언동을 하며 술 자체를 즐기는 보통 사람들의 술자리에서 흔히 있을 법한 술내기 모습을 잘 담아냈다.

그런가 하면 점잖은 방식으로 자신이 호탕한 애주가임을 드러낸 작품도 있다.

> 큰 잔(盞)에 ᄀ득 부어 취(醉)토록 먹으면셔
> 만고 영웅(萬古 英雄)을 손고바 혜여 보니
> 아마도 유령(劉伶) 이백(李白)이 내 벗인가 ᄒ노라
>
> 〈시전 3043, 이덕형〉

이 작품도 『진본 청구영언』을 비롯한 27개 가집에 실려 있어 그 인기를 짐작케 한다. 대단한 기교를 부리지 않으면서도 호기롭게 술 마시는 자신의 모습을 유령과 이백에 비유한 것이 사대부적 정서와 품격에 맞아서 인기 있는 작품이 된 듯하다. 조선시대에 술 마시는 사람에게 유령과 이백은 존경하는 존재이고 영원히 닮고 싶은 스승이다. 따라서 술에 관한 시조에는 그들에 관한 고사나 시 한두 구절을 인용한 것들이 많다. 그런데 이 작품의 화자는 장황한 인용을 생략하고 '만고 영웅'과 '내 벗'이라는 간단한 표현만으로 자신과 그들을 동격으로 만들어 놓았다. 호탕한 정서가 느껴지면서도 군더더기 없는 깔끔한 표현이 돋보이는 작품이다.

다음 시조는 조금 다른 각도에서 술 마시는 호탕함을 느끼게 하는 작품이다.

ᄒᆞᆫ ᄃᆞᆯ 셜흔 날에 잔(盞)을 아니 노핫노라
폴 병(病)도 아니 들고 입덧도 아니 난다
매일(每日)에 병(病) 업슨 덧으란 ᄭᅢ지 말미 엇더리 〈시전 3161, 송인〉

이 시조의 작자인 송인(宋寅, 1517-1584)은 영의정 송질(宋軼)의 손자로서 중종의 셋째 서녀인 정순옹주(貞順翁主)와 결혼하여 후에 여성군(礪城君)에 봉해진 양반 사대부로서, 이황과 이이 등 당대의 석학들과 교유했고 글과 글씨에 능했다.[8] 이처럼 당당한 양반 사대부가 지은 작품인데도 직설적이고 쉬운 표현을 사용하여 입말투로 다소 과장되게 시상을 전개하는 모양이 마치 시정의 술꾼들이 지은 것 같은 느낌을 준다. 술 마시면서 과장 섞인 호기를 부리는 데는 상하귀천이 없다는 사실을 상기시킨다. 아울러 이처럼 당당한 사대부가 도대체 어떤 이유로 매일장취(每日長醉)하려고 하는지 궁금증을 자아내게 하는 작품이다.

술을 취(醉)케 먹고 송정(松亭)에 누어시니
날 즘생 길 버러지 등걸노 아ᄂᆞᆫ고나
두어라 사람 모로ᄂᆞᆫ 즘생을 ᄶᅩᄎᆞ 무엇하리 〈시사 2494〉[9]

나니 언제런지 오다 간지 가다 간지
월송정(月松亭) ᄇᆞᆰ은 ᄃᆞᆯ에 뉘 술인지 먹엇더니
이튼날 술갑(甲) 주쟈 ᄒᆞ니 아무ᄃᆡᆫ 줄 몰ᄂᆡ라 〈시사 5408〉

8) 한국정신문화연구원, 『한국인물대사전』, 중앙 M&B, 1999, 1003쪽 참조.
9) '시사'는 박을수, 『한국시조대사전』, 아세아문화사, 1992.을 줄인 말이고 뒤의 숫자는 이 책에 실려 있는 작품 번호이다. 이하 같음.

위 시조들은 절제되지 않은 '음주의 길'[酒道]이 거의 종착점에 다다른 상태를 노래하고 있다. 술 마시는 행위를 등산으로 비유하자면 정상 직전까지 오른 상태이다.

앞 시조부터 살펴보자. 술을 취하도록 마시고 그 자리에서 잠이 든다는 모티프는 송강의 가사 〈관동별곡〉 마지막 부분에도 나온다.[10] 송강이 망양정에 올라 술을 마시며 달이 뜨기를 기다리다가 잠깐 잠이 들었는데, 꿈속에서 신선을 만나 자신의 과거를 듣고 신선과 술을 마시다가 꿈을 깨니 온 세상에 달빛이 가득하더라는 내용이다. 이 부분은 송강의 시가에 자주 등장하는 '적강한 신선' 모티프와 강원도 관찰사로서 백성들을 잘 다스리겠다는 의지, 임금의 덕화가 온 세상에 두루 미친다는 생각 등을 은유적으로 묘사한, 문학적으로 대단히 뛰어난 구절이다.

취하여 잠이 든다는 모티프를 차용한 시조는 이 작품 외에도 세 수가 더 검색되었다. '술을 취하게 먹고 공산(空山)에서 자니 천지가 곧 이불'이라는 식의 작품들이다. 시조가 워낙 짧은 형식이라 가사처럼 다양한 내용을 담을 수가 없어서 '취하여 자연에서 잠자기' 모티프만 빌려온 것으로 보인다.

다시 앞 시조로 돌아가면, 술이 취해 정자에 누워 자는데 날짐승이나 벌레들이 자신을 나무 등걸로 착각하여 거리낌이 없이 오간다. 초 중장은 '자연과 하나 된 모습', '자연과 동화된 모습'이라고 낭만적인 해석을 할 수도 있겠지만 '인사불성으로 널브러진 취객의 모습'을 상상하는 것이 더욱 현실적일 것 같다. 그리하여 종장의 초탈한 듯한 언술 뒤에

---

10) 숑근을 볘여 누어 픗줌을 얼픗 드니/ …… / 나도 줌을 ᄭᅵ여 바다홀 구버보니/ 기픠를 모ᄅᆞ거니 ᄀᆞ인들 엇디 알리/ 명월이 천산만낙의 아니 비쵠 ᄃᆡ 업다.
정재호 외, 『송강가사』, 신구문화사, 2006, 82-83쪽에서 인용.

감춰진 진실은 '대취로 인해 몸과 마음이 통제를 벗어난 상태'로 보는 것이 타당하다. 모기나 벌레 등이 귀찮지만 몸이 말을 안 들으니 그대로 내버려둘 수밖에 없는 것이다.

두 번째 시조는 요즘 식으로 표현하자면 '술에 취해 필름이 끊긴 상태'를 노래하고 있다. 밝은 달밤에 술을 마시기 시작했는데 언제 어떻게 갔는지, 언제 왔는지, 누가 사는 술인지, 어디서 마셨는지 기억이 안날 정도로 취했다는 것이다. 아무리 취해서 필름이 끊겼어도 취하기 전의 일은 기억이 나는 법이므로, 이 작품의 화자는 크게 취해 정신을 어느 정도 놓아버린 상태에서 다른 술자리로 이리저리 옮겨 다녔을 가능성이 크다. 초장 첫머리의 감탄사가 종장의 언술과 절묘하게 어우러진 재미있는 작품이다.

위에 인용한 두 작품에서 묘사한 음주 행위의 정도는 애주가의 입장에서 보면 '진정한 의미에서 술과 합일된 상태'로서 자신의 호기로운 음주 경력에 빛을 더해주는 낭만으로 받아들여질 수도 있겠다. 그러나 이런 음주 행위가, 얼마간의 과장 섞인 문학적 수사에 그치지 않고, 되풀이되는 일상이 된다면 심각한 문제가 아닐 수 없다. 참고로 조지훈 선생은 〈주도유단(酒道有段)〉의 마지막 단계로서 '폐주(廢酒)'를 상정하고 있다.[11]

2) 절주(節酒), 권주가

앞 절에서 술 마시는 즐거움을 노래한 다양한 시조들을 검토했다.

---

11) '폐주'는 "술로 말미암아 다른 술 세상으로 떠나게 된 사람"이라고 설명하고 있다. 즉 술로 인해 병을 얻어 죽음에 이르렀다는 뜻이다.

술 마시는 즐거움은 말로 설명하기 어렵고 직접 경험해 본 자만이 알 수 있다고 주장하는 사람이 많다. 그러나 술 마시는 즐거움에 지나치게 취하다 보면 앞 절의 마지막에 검토한 두 작품을 통해 살펴보았듯이 사회생활에 수많은 문제를 야기한다. 그래서 지나친 음주를 경계하는 말이 나오게 되고, 또 그런 시조 작품도 여섯 수나 검색되었다. 그 중의 두 수만 살펴보자.

> 나븨ᄂᆞᆫ ᄭᅩᆺ출 ᄎᆞᆺ고 백구(白鷗)ᄂᆞᆫ 믈의 노ᄂᆡ
> 사ᄅᆞᆷ을 주색외(酒色外)예 의론(議論)홈이 비(比)컨대 이 ᄀᆞᆺ거놀
> 엇지타 만나면 과도(過度)ᄒᆞ야 ᄭᅩᆺ과 믈을 탓 ᄉᆞᆷ게 ᄒᆞᄂᆞᆫ요
> 〈시사 635, 김이익〉

> 취중의 ᄒᆞ는 송ᄉᆞ ᄊᆡ고 나면 후회 만타
> 졀음을 알 양이면 낭픠가 젹으리라
> 아마도 술이란 음식은 텬셩이 변귀 쉬워 〈시사 4266, 이세보〉

인용한 앞 시조는 김이익(1743-1830)의 것이다. 김이익은 김창업의 증손으로 병조판서 등 각종 벼슬을 지냈으나, 명분과 원칙을 중시하는 비타협적 성격으로 세 번의 유배 생활을 하기도 한 인물이었다. 그의 시조들은 전형적인 사대부의 보수적 정서를 바탕으로 하고 있는데[12] 이 작품도 작자의 그런 정서적 특징을 잘 보여준다. 사람이 주색을 좋아하는 것은 비유컨대 나비가 꽃을 찾고 갈매기가 물을 찾는 것처럼 지극히 자연스러운 일이다. 그러나 사람들이 그것들을 지나치게 탐하

12) 김이익의 인물과 시조에 대해서는 정흥모, 『조선후기 사대부 시조의 세계인식』, 월인, 2001, 97-122쪽 참조.

여 애매한 꽃과 물(주색-필자 주)을 탓하게 만든다는 것이다. 어떤 상황에서도 흐트러지지 않는 엄격한 절제의 정신이 느껴진다.

뒤의 작품은 이세보(1832-1895)의 시조이다. 술이라는 것 자체가 사람의 천성을 변하게 하는 음식이니 항상 절제를 해야 하는데 사람들이 절제를 하지 못하여 취중의 행동에 낭패를 겪고 후회하게 된다고 한다. 이세보는 술 자체의 속성에 대한 경계에 주안점을 둔 반면에 김이익은 주색 자체는 문제가 없으나 사람들이 그것들을 과도하게 탐하는 것이 문제라 하여 미묘한 차이를 보이고 있다. 그러나 절제와 절주를 강조하는 것은 두 작품의 공통점이다.

한편 술자리의 흥을 돋우는 권주가류의 시조도 열여덟 수가 검색되었다. 세 작품만 살펴보자.

> 남산(南山)은 천년수(千年壽)요 북해(北海)은 만년배(萬年杯)라
> 북해(北海)의 잔을 드러 남산수(南山壽) 올이거든
> 오날에 이 술을 잡수시면 천년 만년(千年 萬年) 〈시사 714〉

> 쟘으시요 쟘으시요 이 슐 한 쟌 잡우시요
> 이 슐 한 쟌 쟘우시면 쳔만년니나 ᄉᆞ오리라 이 슐이 슐이 아니라 한무제 승노반에 이슬 밧은 것이오니
> 쓰나 다나 잡으시요 권헐 적에 잡우시오 〈시전 2496〉

> 제 것 두고 못 먹으면 앙장군(王將軍)의 고자(庫子)오니
> 은잔(銀盞) 놋잔(盞) 다 더지고 사기(砂器)잔에 잡으시오 쳣ᄌᆡ 잔(盞)은 장수주(長壽酒)오 둘ᄌᆡ 잔은 부귀주(富貴酒)오 셋ᄌᆡ 잔은 생남주(生男酒)니 잡고 연ᄒᆡ 잡으시오 고래 현인(古來 賢人)이 개적막(皆寂寞)ᄒᆞ되 유음주자(惟有飮者)ㅣ 류기명(留其名)ᄒᆞ니 잡고 잡고 잡으시오 막석

상두고주전(莫惜床頭沽酒錢)ᄒᆞ라 천금산진환부래(千金散盡還復來)니
내 잡아 권ᄒᆞᆫ 잔을 사양(辭讓) 말고 잡으시오 〈시전 2597〉

앞의 두 작품은 장수를 축원하는 권주 시조이다. '북해 만년배'나 '남산수' 등은 '동해물과 백두산이 마르고 닳도록'과 같은 종류의 비유로서 비현실적인 과장을 통해 현실의 간절한 소망을 말하는 역설적인 표현 방식이다. 만년배나 남산수, 그리고 한 무제의 승로반에 받은 이슬로 만든 술이라는 표현들은 후대의 권주가에도 계승되어 온다.[13] 대중들의 사랑을 받은 권주가라는 증거이다. 마지막 작품의 종장도 후대의 권주가에 많이 쓰이는 구절이다. 이 작품은 장수와 부귀와 생남(生男)을 구체적으로 기원하고, 중장의 후반부에 이백(李白)의 〈장진주(將進酒)〉 구절을 직간접으로 차용하면서 타령조로 흐르고 있다.

원래 권주가라는 것이 인생이 무상함을 일깨운다거나 축수하는 말을 통해 술을 권하는 목적이 있는 만큼, 대부분의 작품이 비슷비슷한 소재와 비유적 표현 등을 가지고 있어서 주목할 만한 개성 있는 작품은 그다지 눈에 띄지 않는다.

3. 풍류의 동반자

1) 전원생활의 흥취

조선전기에 자연에서 우주의 이치를 탐구하고 심성을 수양하는 내

13) 1958년에 등사판으로 출판된 이창배의 『증보 가요집성』, 문예출판사, 24-25쪽에 가창 가사들과 함께 위 작품과 비슷한 내용의 권주가가 실려 있다.

용을 노래하던 강호시조는, 조선후기에 이르러 전원에서의 소박한 삶을 노래하는 전가(田家) 시조로 변모하게 된다. 이들 전가시조는 '강호-세속의 배타적 이분법 쇠퇴', '강호 한거의 드높은 감흥과 풍류적 즐거움의 적극적 표출', '전원생활의 구체성을 노래', '술과 취락에 관한 표현 증가' 등의 특징을 보인다.[14] 이들 전가시조들은 '생활과 동떨어진 관조 영역으로서의 강산'이 아닌 '생활에 밀착된 체험의 공간'으로서의 전원을 노래하며, '농가(農家)와 전원에서의 생활 노동'이라는 모티프들을 가지고 있다.[15]

취락시조로 분류된 작품들 가운데 이러한 전원생활의 흥취(興趣)를 술과 함께 즐기는 작품이 150여 수나 된다. 구체적으로 살펴보자.

> 대쵸볼 불근 골에 밤은 어이 뜻드르며
> 벼 뷘 그르헤 게ᄂᆞᆫ 어이 ᄂᆞ리ᄂᆞᆫ고
> 술 닉쟈 체쟝ᄉᆞ 도라가니 아니 먹고 어이리 〈시전 837〉

이 작품은 가을 농촌의 구체적인 모습들을 묘사하면서 생활 속의 취흥을 노래하고 있다. 대추가 붉게 익어가는 가운데 밤은 절로 벌어져 떨어진다. 논에는 벼를 베고 난 그루 사이로 살진 게들이 기어 다닌다. 이것은 관념적이 자연이 아니라 생활에 밀착된 체험의 공간이다. 풍성한 가을의 모습에 술 생각이 절로 드는데 때마침 체장사가 오니 익은 술을 걸러 아니 마실 수가 없다. 가을 농촌의 풍성함에 따른 마음

14) 이에 대해서는 김흥규, 「16, 17세기 강호시조의 변모와 전가시조의 형성」, 『욕망과 형식의 시학』, 태학사, 1999, 171-201쪽 참조.

15) 위의 논문, 198-199쪽.

의 여유와 시간적으로 절묘하게 맞아 떨어지는 술을 마시기 위한 조건(체장사의 도래)을 잘 조화시켜 전원생활의 흥취를 표현한 수작이라 하겠다.

이 작품은 작자 표기에 혼선은 있지만[16] 총 22개 가집에 실려 있어 가을철 전원생활의 흥취를 노래한 시조의 대표라 할 만하다. 이밖에도 농촌 생활에서 체험하는 구체적인 사물들을 동원하여 전원생활의 자족적 흥취를 노래하며, 술을 통해 도도한 풍류를 돋우는 취락시조들이 다수 발견된다.

> 환상(還上)도 타와 잇고 소천어(小川魚)도 어더 잇ᄂᆡ
> 비즌 술 ᄉᆡ로 익고 뫼헤 ᄃᆞᆯ이 ᄇᆞᆰ아세라
> 곳 픠고 거문고 이스니 벗 청(請)ᄒᆞ여 놀니라 〈시전 3286〉

이 시조 역시 앞 작품과 비슷하게 전가 생활의 흥취를 노래했다. 초장의 환자미를 타 왔다는 표현이나 소천어를 '얻어' 왔다는 표현은 작자의 시선이 전원에 사는 평균적인(즉 관료나 대지주가 아닌) 사람들의 생활에 밀착돼 있음을 보여준다. 그런데 이 작품이 앞에 인용한 작품과 다른 점은 종장에 있다. 앞에 검토한 유형의 시조들은 술을 통해 시적 화자 한 사람의 자족적 흥취를 돋우는 데 주안점이 있었다. 그러나 이 시조는 거기에 '벗'이라는 존재가 추가되었다. 술을 마시며 즐기는 도도한 취흥(醉興)과 풍류는 마음에 맞는 벗이 있음으로써 더욱 즐겁다. 경우에 따라서는 혼자서는 술맛을 느끼지 못하여 친구들과 같이 마셔

16) 작자미상으로 표기된 가집도 있고, 황희, 김굉필, 맹사성으로 표기된 가집도 있다.

야만 즐거운 사람이 있다. "득우(得友)면 난득주(難得酒) ㅣ오 득주(得酒)면 난득우(難得友) ㅣ라/ 금석 하석(今夕 何夕)고 유주 유우(有酒 有友) ㅣ로다/ 두어라 삼난(三難)이 ᄀᆞᄌᆞ시니 아니 놀고 어니ᄒᆞ리〈시전 933〉" 하는 작품에서 보듯 친구를 만나는 것이 술 마시는 이유이자 조건인 사람들도 있는 것이다.

다음 작품들은 벗들과 술을 마시며 전원생활의 풍류와 취흥을 즐기는 모습을 노래한 것들이다.

> 재너머 성권농(成勸農)집의 술닉닷말 어제 듯고
> 누은 쇼 발로 박차 언치 노하 지즐ᄐᆞ고
> 아희야 네 권농(勸農) 겨시냐 정좌수(鄭座首) 왓다 ᄒᆞ여라
> 〈시전 2532, 정철〉

> 손약정(孫約正)은 점심(點心)을 ᄎᆞ리고 이풍헌(李風憲)은 주효(酒肴)를 장만ᄒᆞ소
> 거문고 가야(伽倻)금 혜금 비파 적 필률 장고 무고(嵇琴 琵琶 笛 觱篥 長鼓 巫鼓) 공인(工人)으란 우당장(禹堂掌)이 ᄃᆞ려오시
> 글 짓고 노래 부르기와 여기화간(女妓花看)으란 내 다 담당(擔當)ᄒᆞ옵싀 〈시전 1673〉

앞의 것은 정철의 유명한 시조이다. 작자는 이웃 동네에 사는 친구 집에 술이 익었다는 정보를 얻는다(초장). 좋은 친구와 술을 마시며 도도한 취흥을 맛보고 싶어 마음이 급한 작자는 누워 있는 소를 발로 박차 일으켜 세워 안장도 제대로 깔지 않고 부리나케 타고 간다(중장). 득달같이 친구 집에 당도하여 '정좌수'가 왔다고 연통을 넣는다(종장). 정보 취득과 이동, 그리고 목적지 도착을 한행씩에 배치하여 빠른 속도

감을 줌으로써, 친구와 즐기는 취흥의 기대로 조급한 작자의 심경과 행동을 실감나게 표현했다. 중장에서 보여주는 느긋하게 누워있는 소로 상징되는 농번기가 지난 농촌의 한가로운 풍경과 친구와의 술자리를 향한 작자의 급한 행동의 대비는, 보는 이로 하여금 미소를 띠게 만들며 전원 한거의 흥취를 강화하는 기능을 한다(한가로운 전원생활에서 급한 일이라고는 친구들과의 취락풍류 뿐이다!).

두 번째 작품은 친구들과 풍류놀이를 위해 날을 잡고 그 준비를 하는 과정을 재미있게 노래한 것이다. 먹을 것과 마실 것은 친구들이 준비하고, 취흥을 돋워 줄 악사와 악공들도 친구들이 준비하고, 자신은 글 짓고 노래하는 것으로 멋을 부린 다음에 기생들과 꽃구경을 담당하겠다고 한다. 궂은일은 남에게 미루고 자신은 편하고 좋은 일만 하고 싶어 하는 것은 인지상정이지만 사회생활을 그렇게 할 수는 없다. 인간 내면에 깊숙이 자리 잡고 있는 이기심(혹은 염치없음)을 솔직하게 드러내 사설시조 특유의 웃음을 이끌어내는 기발한 착상의 작품이다. 이런 식의 작품은 취흥이 도도한 술자리에서 불렀을 텐데, 비슷한 작품이 세 수가 더 검색된 것으로 보아 당대의 풍류객들에게 꽤 재미있게 받아들여진 듯하다.

다음 작품들을 보자.

> 이화우(梨花雨) 흣터지고 행화설(杏花雪)이 날닐 젹의
> 청려(靑驢)에 술을 싯고 어드러로 향(向)ᄒᆞᄂᆞᆫ요
> 무릉(武陵)에 봄 간다 ᄒᆞ미 전송(餞送)코져 ᄒᆞ노라 〈시전 2378〉

> 즌서리 술이 되야 만산(滿山)을 다 권(勸)ᄒᆞ니
> 먹어 붉은 빗치 벽계(碧溪)에 즘겨세라

우리도 취(醉)토록 먹은 후(後)에 붉어 볼가 ᄒᆞ노라 〈시전 2664〉

전원생활에서 계절에 따라 변하는 경치를 즐기며 술을 마시는 풍류를 노래한 작품 중에서 두 수를 뽑았다. 첫 번째 시조의 작자는 꽃피는 봄날의 경치를 충분히 즐긴 후에, 떠나는 봄이 아쉬워 내년에 다시 오라며 봄을 전송한다는 핑계로 취흥을 즐긴다. 봄이 시작되면 봄맞이하는 술을 마시고, 꽃이 피면 봄을 즐기는 술을 마시고, 봄이 가면 전송하는 술을 마시니 전원생활의 취락풍류는 끊일 새가 없이 이어진다.

두 번째 시조는 가을에 단풍을 보고 즐기는 취락풍류를 노래했다. 온 산에 단풍이 든 것을 나무들이 진서리로 만든 술을 먹어서 붉어졌다고 하는 발상이 참신하다. 우리는 일상생활에서 술 마셔서 얼굴이 붉은 사람에게 '단풍들었다'는 비유를 흔히 쓴다. 그러나 역으로 '서리 맞은 단풍잎'을 두고 서리를 술로 치환시키는 발상은 쉬운 것 같지만 실제로는 '컬럼버스의 달걀' 같은 것이다. 초 중장의 이러한 참신한 발상이 바탕이 되어 종장의 평범한 언술이 평범하지 않게 받아들여진다. 이 작품은 『가곡원류』 계열의 가집을 중심으로 8개 가집에 실려 있어 비교적 늦게 생성되었지만 꽤 인기가 있었음을 알 수 있다.

지금까지 전원생활의 흥취를 돋우는 기능으로서의 취락에 관련된 시조들을 검토했다. 농가와 전원에서의 생활에 밀착된 취흥, 전원생활에서 마음에 맞는 벗들과의 도도한 취흥, 그리고 계절의 변화에 따라 아름다운 경치를 완상하면서 즐기는 취흥 등을 볼 수 있었다. 그러나 이것만이 취흥의 전부는 아니다. 유적지나 승경을 유람하면서도 술이 빠지면 안 된다. 취락을 추구하는 자에게는 삶의 모든 국면이 술과 연결되는 것이다. 유적지에서의 취흥을 노래한 시조 한 수를 소개하는 것으로 이 절을 마무리한다.

연광정(練光亭) 칠 난간(欄干)에 술을 취코 누워시니
모란봉(峯) 춘 ᄇᆞ름에 취(醉)ᄒᆞᆫ 술 다 ᄭᅵ엿다
동자(童子)야 잔(盞) 즙고 술 부어라 다시 취(醉)코져 ᄒᆞ노라
〈시전 2020〉

2) 색(色)이 동반된 술

이 절에서는 색과 관련된 취락, 즉 주색풍류에 대한 시조들을 검토한다. 먼저 주색을 탐닉하는 삶에 대해 노래한 작품들을 살펴보자.

일정 백년(一定 百年) 살 줄 알면 주색(酒色) 츰다 관계(關係)ᄒᆞ랴
힝혀 츰은 후(後)에 백년(百年)을 못 살면 긔 아니 ᄋᆡ돏온가
두어라 인명(人命)이 재호천정(在乎天定)이라 주색(酒色) 츰은들 백년(百年) 살기 쉬우랴 〈시전 2446〉

술 먹어 병(病) 업ᄂᆞᆫ 약(藥)과 색(色)ᄒᆞ여 장생(長生)ᄒᆞᆯ 술(術)을
갑 쥬고 사량이면 츰 맹서(盟誓)ᄒᆞ지 아모 만인들 관계(關係)ᄒᆞ랴
갑 쥬고 못 살 약(藥)이니 눈치 아라 가며 소로소로ᄒᆞ여 백년(百年)ᄭᆞ지 ᄒᆞ리라 〈시전 1725〉

두 작품에 공통된 화두는 '인생 백 년'이다. 첫 번째 시조에서는 인생 백 년 살기가 쉽지 않다고 한다. 조심하고 삼가면서 살아도 백년 살기가 어려우니 어차피 백 년을 못 살 바에는 마음껏 주색을 즐기면서 살겠다고 한다. 쾌락적인 삶에 대한 가장 일반적인 자기방어의 논리(혹

은 변명)이다. 이런 인식의 바탕에는 백 년도 안 되는 짧은 인생에서 이룰 만한 가치 있는 것이 없다는 허무주의가 짙게 깔려있다. 그에 비해 두 번째 시조는 조금 적극적이다. 술과 색에 지나치게 탐닉하면 병이 들고 장생할 수 없다는 사실을 알고 있다. 그것을 고칠 수 있는 약이 있다면 만금을 주고서라도 살 텐데 그런 약이 없으니 조금씩 조절해서 (이 좋은 것을) 백 년 동안 누리고 싶다고 한다. 주색에 탐닉하는 삶 자체도 가치가 있다고 생각하는 듯하다.

앞 시조는 주색에 탐닉하는 것에 대한 주위의 비판적 시선을 의식해서인지 다소 방어적 논리를 펴고 있다. 자신의 삶의 방식에 대해 남들이 하는 비판을 무시할 정도로 확고한 신념을 가지고 있지는 않다고 볼 수도 있다. 이 작품은 『진본 청구영언』에서부터 『가곡원류』계 가집에 이르기까지 22개 가집에 실려 있어, 오랜 세월 동안 많은 사람들에게 사랑을 받았다는 것을 알 수 있다. 이 작품의 논리가 주색에 빠진 사람들에게 좋은 방패가 되었던 셈이다. 이에 반해 뒤의 시조는 남의 시선을 신경 쓸 단계는 뛰어넘은 듯이 보인다. 유일한 관심은 어떻게 하면 '이 좋은 것'을 오랫동안 즐길 것이냐이다. 주색풍류에 관한 한 뒤의 시조가 한 수 위라고 하겠다.

다음으로 주색풍류의 실상을 노래한 작품들을 검토해보자.

> 믹화 사랑타가 난양으로 나려 가니
> 무명초 부평초와 푸엿꼿나 담도화라
> 싁장아 연연 잉잉 츄월이 월즁믹 화션이 불너라 완월장취
>
> 〈시전 1010〉

> 수성(隋城)에 명옥출(明玉出)이오 동경(東京)에 채봉래(彩鳳來)라

홍련화(紅蓮花) 월색리(月色裏)에 영주선(瀛洲仙)이 도라 든다
아희야 죽엽주(竹葉酒) 부어라 취(醉)코 놀가 ᄒᆞ노라

〈시전 1697, 김민순〉

앞 시조는 이를테면 '봄맞이 주색풍류'를 노래한 것이다. 겨울 동안 집안에서 매화꽃을 보고 즐기던 작자는 봄을 맞아 따뜻한 교외로('난양'을 지명으로 보면 '양(陽)'이란 글자가 그렇게 해석이 될 수도 있다) 내려갔다. 그곳은 온갖 들풀들이 돋아 있고 도화가 피는 등 벌써 봄이 한창이다. 이렇게 좋은 새봄을 맞이하여 기생들을 불러 완월장취하겠다는 내용이다. 이 작품의 특징은 종장에 있다. '완월장취'할 때 흥을 돋워줄 기생을 부르는데 무려 다섯 명의 기생이름이 등장하는 것이다. 질탕한 술자리에 다수의 기생들을 동반하는 것이 이상한 일은 아니지만 한 편의 시조에 다수의 기생 이름이 등장하는 것은 분명 흥미로운 현상이다.

그런데 두 번째 시조에도 역시 다수의 기생 이름이 등장한다. 수원 출신의 명옥과 경주 출신의 채봉, 그리고 영주선이라는 기생들과 붉은 연꽃 핀 달밤에 죽엽주를 마시며 실컷 놀겠다는 내용이다. 이 시조의 작자인 김민순(1776-1859)은 안동 김문 출신이었으나 서자인 관계로 높은 벼슬을 하지 못하고 서울에 살며 풍류를 즐긴 인물이다.[17] 김민순의 시조는 주로 『육당본 청구영언』에 실려 전한다. 이 가집은 1834년 이후부터 1852년 사이에 편찬된 것으로 추정되는데, 순조의 아들인 익종[孝明世子] 주변에서 활동하던 상류층과 익종이 궁궐에서 주관한 정재에

17) 김민순의 삶과 시조에 대해서는 정흥모, 앞의 책, 125-143쪽 참조.

참여했던 전문 가창자들의 작품이 많이 실려 있는 것으로 보인다.[18] 다시 말하면 19세기 전반 서울에 살던 인물들의 정서를 대변하는 시조들이 많이 실려 있다는 것이다.

알고 있듯이 19세기의 서울은 도시 확장과 상업 발달로 인한 부의 증가를 배경으로 소비적 유흥 문화가 활발했다. 이러한 유흥 문화에 힘입어 다수의 기생을 동반한 질탕한 술자리와 그 자리에 참석한 기생들의 이름을 거리낌 없이 시조에 등장시킬 수 있는 분위기가 마련된 것이다. 김민순은 이런 서울의 유흥 문화의 한 복판에서 풍류를 즐긴 사람으로, 위 시조는 19세기 서울의 소비적 유흥 문화의 한 단면을 보여준다. 이런 자리에서 기생은 풍류객과 애틋한 사랑을 나누는 일대일의 관계가 아니라 단지 술자리의 흥을 돋우는 '기생 일반'의 존재가 된다. 유흥 문화의 상품으로 소비되는 존재인 것이다. 이런 자리에서는 풍류객들에게도 서로 마음을 주고받는 특정한 기생이 필요한 게 아니라 취흥을 돋워주는 존재로서의 '기생 일반'이 필요하다. 한 편의 시조에 여러 명의 기생이 출현하는 것은 이런 상황을 반영한 것이다.

첫 번째 인용한 시조도 『남훈태평가』와 『시여』에만 출현하는 것으로 보아 19세기에 창작된 것이다.[19] 따라서 이 두 시조는 19세기 소비적 유흥 문화에 바탕을 둔 주색풍류의 실상을 보여준다는 점에서 주목할 만하다.

---

18) 김용찬, 「〈청구영언 육당본〉의 성격과 시가사적 위상」, 『조선후기 시가문학의 지형도』, 보고사, 2002, 222-234쪽 참조.

19) 〈남훈태평가〉는 1863년에 편찬된 것이 아닐까 추정하고 있으며, 〈시여〉는 〈남훈태평가〉 계열의 가집으로 추정된다. 이에 대해서는 심재완, 『시조의 문헌적 연구』, 세종문화사, 1972, 62-64쪽 참조.

주색(酒色)을 삼가ᄒᆞ란 말이 녯 사ᄅᆞᆷ의 경계(警誡)로되
답청 등고절(踏靑 登高節)에 벗님ᄂᆡ ᄃᆞ리고 시구(詩句)를 을풀 제 만준 향료(滿樽 香醪)를 아니 취(醉)키 어려왜라
여관(旅館)에 잔등(殘燈)을 대(對)ᄒᆞ야 독불면(獨不眠)ᄒᆞᆯ 적 옥인(玉人)을 만나 아니 자고 어니ᄒᆞ리 〈시전 2637〉

이 작품은 총 36개의 가집에 수록되었으며 이와 비슷한 작품이 두수가 더 검색되었다. 주색을 삼가야 한다는 것은 누구나 아는 일이지만 현실에서 이것을 실천할 수 있는 사람은 진실로 성인에 가까울 것이다. 이 시조는 주색을 탐닉해서는 안 되는 줄 알면서도 어쩔 수 없이 끌려 들어가는 보통사람들의 심정을 재미있게 표현했다. 그러나 작자는 주색을 삼가지 못한 것을 진지하게 후회하지는 않는다. 중장의 마지막 구절 '아니 취키 어려왜라'와 종장의 마지막 구절 '아니 자고 어니ᄒᆞ리'에 나타난 정서는, 그래서는 안 되지만 자기도 어쩔 수 없다는, '즐거운 항복'의 분위기이다. 아마도 이것이 보통사람들이 주색에 대해 가지는 일반적인 정서일 터인데 그런 정서를 잘 표현한 점이 이 작품의 인기 비결일 것이다. 우리는 이 작품을 읽으면서, 질탕한 술자리에서 능청스런 표정으로 엮어나가는 노래를 들으며 맞다고 무릎을 치며 깔깔대는 얼굴 붉은 풍류객들의 모습을 떠올릴 수 있다.

4. 삶의 위안물

1) 무상, 시름

이 절에서는 인생이 무상하다는 생각에서 오는 허무감과 이러저러한 삶의 시름을 잊기 위해 술을 마시는 시조들을 검토한다. 전체적으로 70여 수가 검색되었다.

> 만경 창파수(萬頃滄波水)로도 다 못 씨슬 천고수(千古愁)를
> 일호주(一壺酒) 가지고 오늘이야 씨셔괴야
> 태백(太白)이 이러홈으로 장취불성(長醉不醒) ᄒᆞ닷다
>
> 〈시전 961, 이정보〉

> 술 먹고 노난 일을 나도 왼 줄 알건마ᄂᆞᆫ
> 신릉군(信陵君) 무덤 우희 밧 가ᄂᆞᆫ 줄 못 보신가
> 백년(百年)이 역초초(亦草草)ᄒᆞ니 아니 놀고 엇지ᄒᆞ리
>
> 〈시전 1719, 신흠〉

앞 시조의 작자는 만경창파의 바닷물로도 다 씻지 못할 '천고수(千古愁)'를 술을 마심으로써 씻었다고 한다. 종장에서 이백을 언급하여 천고수의 구체적인 내용을 암시한다. 이백은 〈장진주(將進酒)〉에서 '세월이 빨리 흘러 한 번 가면 돌아오지 않음을 한탄한 뒤, 부귀영화도 죽고 나면 다 부질없으니 술을 마셔 '만고수(萬古愁)'를 녹여보자'고 했다.[20]

---

20) 해당 구절을 적시하면 다음과 같다. "君不見黃河之水天上來 奔流到海不復廻 又不見高堂明鏡悲白髮 朝如青絲暮如雪 … 鐘鼎玉帛不足貴 但願長醉不願醒 古來賢達皆寂寞 惟有飮者留其名 … 與爾同銷萬古愁". 『고문진보』, 세창서관, 1928, 卷之七, 57쪽.

오래된 수심이란 결국 인생이 무상하다는 데에서 오는 근심이다. 인생이 무상하다는 명제는 조선시대 사대부 식으로 말하면 '우주의 이법'으로서 인간이 마음대로 바꿀 수 있는 것이 아니다. 인간의 힘으로는 어찌할 수 없으므로 술에 취해서라도 잠시 그 근심을 잊고자 한다는 것이니, 술 마시는 다양한 이유 중에 가장 설득력이 있다고 할 수 있다.

뒤의 시조는 인생무상에 대해 구체적인 예를 들어 말하며 취락을 강조한다. 신릉군처럼 부귀하고 인망이 있던 사람도 죽으면 잊혀 질 뿐만 아니라, 설사 그렇게 백년을 산다 해도 백년이라는 시간은 화살같이 빠르게 흘러가는 것이니[21] 술 마시고 놀지 않을 수 없다는 것이다. 이 두 시조가 각각 19개 가집과 28개 가집에 출현하는 것을 보면 당대의 풍류객들이 술 마시는 이유로서 인생무상을 드는 것에 많은 공감을 했음을 알 수 있다.

다른 작품들을 좀 더 살펴보자.

> 내 부어 권(勸)ᄒᆞᄂᆞᆫ 잔(盞)을 덜 머그려 사양(辭讓) 마소
> 화개앵제(花開鶯啼)ᄒᆞ니 이 아니 됴흔 ᄯᅢ가
> 엇더타 명년간화반(明年看花伴)이 눌과 될 줄 알리오
>
> 〈시전 575, 김천택〉

> 뷘 손으로 나와ᄊᆞ가 뷘 손으로 들어가내
> 죽은 후(後) 금의옥식(錦衣玉食) 불여생전 일배주(不如生前一盃酒)ㅣ로다

21) 종장의 '초초(草草)'는 '수고롭고 고되다'는 뜻과 '바쁘고 급하다'는 뜻이 있다. 전자의 뜻으로 해석해도 무리가 없겠으나 중장과의 연관성을 생각하면 후자의 뜻으로 해석하는 것이 자연스럽다.

ᄒᆞ믈며 수요장단(壽夭長短) 뉘 아더냐 살아신 제 놀니라

〈시전 1348, 김우규〉

첫 번째 시조의 화자는 나이가 지긋하여 인생의 황혼기에 접어든 인물이다. 꽃 피고 꾀꼬리 지저귀는 좋은 봄날을 맞이했으니 술을 사양하지 말라 한다. 여기까지는 흔한 전개로 특이할 것이 없으나 종장에 이르면 그 표현의 절실함이 보는 이(혹은 듣는 이)의 탄식을 자아낸다. 젊어서 온몸에 활력이 도는 사람들이야 죽음을 남의 일처럼 생각하지만, 하루하루 몸이 예전 같지 않음을 느끼는 인생의 황혼기에 들어선 사람들은 내년 봄을 기약하기 어렵다. 이런 상황에서 느끼는 인생무상은 '관념이 아닌 눈앞의 현실'이 된다. 한 번의 봄이라도 더 맞이하고 한 잔의 술이라도 더 마시고 싶은데 무정한 세월은 내일을 기약하기 어렵게 만든다. '명년간화반(明年看花伴)이 눌과 될 줄 알리오'라는 표현 속에서 무정하게 흘러가는 세월을 안타까워하는 절절한 심정을 느낄 수 있다. 인생무상이라는 소재를 자신의 체험으로 녹여 낸 빼어난 작품이다.

두 번째 시조는 인생무상을 주제로 한 작품들에 가장 많이 등장하는 발상과 비유를 사용하고 있다. 인생은 '공수래공수거(空手來空手去)'인데 죽은 후에 금의옥식(錦衣玉食)이 무슨 소용 있겠는가, 살아 있을 때 마시는 박주 한 잔만 못한 것이라는 내용이다. 이처럼 '죽은 후에는 모두 소용없으니 살아 있을 때 술을 마시자'고 직접적으로 노래하는 작품들은 문학적으로 뛰어난 비유와 형상화를 보여주지는 못하지만 나름대로 당대인의 공감을 얻은 듯하다. 정철의 〈장진주사〉를 필두로 열 수가 검색되었다.

다음으로는 굴곡진 삶의 시름을 잊고자 술을 마시는 시조들을 살펴보자. 시름이라는 단어가 본래 포괄적인 의미를 가지고 있어서 인생무상이나 다음 절에서 검토하고자 하는 '세상과의 불화' 같은 것도 넓은 의미의 '시름'으로 분류할 수도 있겠다. 그러나 여기서는 ① 시름이라는 단어가 적시되어 있는 작품, ② 그러면서도 인생무상이나 세상과의 불화를 직접적으로 암시하지 않은 작품들을 대상으로 했다.

술을 취(醉)케 먹고 두렷시 안자시니
억만(億萬) 시름이 가노라 하직(下直)ᄒᆞᆫ다
아희야 잔(盞) ᄀᆞ득 부어라 시름 전송(餞送) ᄒᆞ리라
〈시전 1740, 정태화〉

이러니 져러니 말고 술만 먹고 노새 그려
먹다가 취(醉)커든 머근 재 좀을 드러
취(醉)ᄒᆞ고 좀든 덧이나 시름 닛쟈 ᄒᆞ노라 〈시전 2285〉

술을 마시면 소심하던 사람도 대범해지고 비관적이던 사람이 터무니없이 낙관적이 되기도 하며 전에 없던 자신감이 솟아나기도 한다. 첫 번째 시조의 초 중장은 그런 상황을 말함이다. 그러니 시름을 '전송'하기 위해서라도 술을 마셔야 한다. 두 번째 시조에서는 취해서 잠든 동안만이라도 시름을 잊고자 한다. 취한 상태로는 시름을 완전히 잊기 어렵고 잠이 들어서야 잊을 수 있다고 하니 첫 번째 시조보다 더욱 심각하다. 동양의 고전에서 풍류객들이 왜 천일주(한 번 마시면 천 날 동안 취하여 깨지 않는다는 술)를 최고의 술로 인정하는지 이 시조를 통해 이해할 수 있다. 깨어 있는 동안에는 온갖 시름이 일어나니 항상 술이 취해

몽롱한 상태로 인생의 시름을 잊고 싶은 것이다. 또한 취락시조에 자주 등장하는 '~장취(長醉)'라고 하는 말도 단순히 술을 많이 마셔서 길게 취한다기 보다는 오랫동안 취한 상태로 있으면서 시름을 잊고자 하는 의미로 받아들일 수 있겠다. 첫 번째 시조는 35개 가집에, 두 번째 시조는 15개 가집에 출현하여 당대인들에게 '시름'이 술 마시는 중요한 이유가 됨을 알 수 있다.

> 벼슬을 져마ᄃᆞ ᄒᆞ면 농부(農夫)ᄒᆞ니 뉘 이시며
> 의원(醫員)이 병(病) 곳치면 북망산(北邙山)이 져려ᄒᆞ랴
> 아히야 잔(盞)만 부어라 ᄂᆡ 뜻ᄃᆡ로 ᄒᆞ리라 〈시전 1228, 김창업〉

이 시조는 시름이라는 단어가 직접 나오지는 않지만 시름의 구체적 내용을 적시하고 있어 주목된다. 초장은 인간세상의 계급 혹은 역할의 분담에서 오는 시름에 관한 것이다. 인간이라면 누구나 높고 빛나는 자리에서 만인의 우러름을 받으며 보람 있는 일을 하고 싶어 하며 세속적인 출세를 지향한다. 그러나 벼슬아치가 있으면 농부도 있어야 하고 상전이 있으면 하인도 있어야 하는 것이 세상의 이치이다. 이러한 이치는 같은 계층 내부에서도 마찬가지로, 양반이라고 다 벼슬을 할 수 있는 것은 아니다. 소수의 현역 벼슬아치와 다수의 벼슬아치 예비군이 얼마 안 되는 벼슬자리를 놓고 갈등과 대립과 타협을 하면서 전체적인 균형을 잡아가는 것이 세상의 법칙이다. 그러므로 자신의 이상과 현실적 지위 사이의 간극으로 인한 내면의 갈등은 사회적 인간으로서 필연적이라 할 수 있다. 중장은 삶의 유한성, 즉 인생무상으로 인한 시름을 말하고 있다. 생명이 있는 존재는 언젠가 모두 죽게 된다는 이치를 이

성으로는 이해하면서도 자기 자신만은 좀 더 오래 살고 싶어 발버둥치는 것이 보통 사람들이다.

그러나 작자는 우주자연의 이법과 인간사회의 이치를 알고 있기에 온갖 시름을 불러오는 헛된 욕망으로부터 한 걸음 물러나서 술 마시는 것으로 소일하고자 한다. 다른 사람들은 시름을 잊고자 술을 마시지만 작자는 벌거벗은 인간 욕망의 부딪힘으로부터 거리를 두려는 목적으로 술 마시는 삶을 택했으니, 범인들이 쉽게 따라 할 수 있는 경지가 아니다.

34개 가집에 실려 있는 이 작품은 가집에 따라 김창업 혹은 석교(石郊), 혹은 무명씨 작으로 되어 있다. 대대로 높은 벼슬을 한 명문가에 태어나 뛰어난 학식과 예술적 재능이 있음에도 권력다툼이 싫어 벼슬을 사양하며 숨어 살았던 김창업의 일생과 이 작품의 정서가 상통하는 점이 있다.

2) 세상과 불화

이 절에서는 세상과의 불화로 인하여 속세와 거리를 두고 살면서 술을 통해서 위안을 받으려는 작품들을 살펴본다.

> 느저 날셔이고 태고(太古) 쩍을 못 보완쟈
> 결승(結繩)을 파(罷)흔 후(後) 세고(世故)도 하도 할샤
> 출하로 주향(酒鄕)에 드러 세계(世界)를 니즈리라 〈시전 693, 신흠〉

> 이러니 저러니 흐고 세속(世俗) 긔별 전(傳)치 마소
> 남의 시비(是非)는 닉의 알 빅 아니로다

와준(瓦樽)에 술이 익어시면 그를 죠화 ᄒᆞ노라 〈시전 2287〉

첫 번째 시조에서 작자는 세상에 번거로운 일[世故]이 너무 많아서 차라리 술 마시며 이 세상을 잊고자 한다. 그런데 세상에 번거로운 일이 많아진 이유가 문명이 발달했기 때문이라 한다. 중장의 '결승(結繩)'이란 고대에 문자가 없던 시절에 끈을 맺는 방법으로 의견을 교환하고 사물을 기억하도록 한 풍속을 이름이다. 문자가 발명되고 인지(認知)가 발달하자 태고의 순박한 풍속이 사라져 각종 명분과 이해관계의 대립으로 갈등과 투쟁이 많아졌다는 것이 작자의 현실 인식이다. 그러나 역사의 수레바퀴를 되돌려 태고적 순박한 풍속으로 돌아갈 수는 없으니 세상과 불화할 수밖에 없다. '차라리 술 취해서 세계를 니즈리라'는 종장의 언술은 세상과 불화하는 작자의 심리 상태가 매우 심각함을 알게 해준다.

두 번째 시조의 작자는 세상 시비에 휘말리는 것을 경계한다. 당쟁과 권력 암투가 심했던 조선사회에서 속세의 시비에 말려들었다가 패가망신하는 경우가 허다했기 때문에, 작자는 '세상 긔별'에 관심을 끊고 술이나 마시며 조용히 살고자 한다. 옳고 그름, 희고 검은 것이 권력의 향배에 따라 수시로 바뀌는 세상에서 명을 보존하고 살려면 세속의 시비를 모른 체할 수밖에 없다. '세상 시비는 알 바 없고 술이나 마시며 살겠다'는 시조가 여섯 수나 더 검색이 되어 당대 사회에 당쟁과 권력 투쟁으로 인한 스트레스가 심각했다는 사실을 알려준다.

ᄭᆡ면 다시 먹고 취(醉)ᄒᆞ면 누어시니
세상 영욕(世上榮辱)이 엇덧튼동 ᄂᆡ 몰ᄂᆡ라

평생(平生)을 취리건곤(醉裡乾坤)에 씰 날 업시 먹으리라
〈시전 130, 김천택〉

대장부(大丈夫)ㅣ 천지간(天地間)에 힉올 일이 바히 업다
글을 ᄒᆞ쟈 ᄒᆞ니 인생식자우환시(人生識字憂患始)오 칼을 쓰쟈 ᄒᆞ니 내지병자시흉기(乃知兵者是凶器)로다
출ᄒᆞ로 청루 주사(靑樓 酒肆)로 오락 가락 ᄒᆞ리라 〈시전 831〉

위에 인용한 김천택의 시조는 세상과의 불화가 돌이킬 수 없는 지경에 이르렀음을 보여 준다. 초장과 종장을 통해서 작자는 하루라도 깨어 있고 싶지 않다고 한다. 그렇게 된 것은 자신의 뜻과는 무관하게 돌아가는 '세상 영욕' 때문이다. 중인 출신인 작자에게 조선의 엄격한 신분 제도는 넘을 수 없는 벽이었다. 넘을 수 없는 장벽 앞에서 좌절한 작자가 선택할 길은 많지 않다. 신분을 차별하지 않는 자연을 벗 삼아 살거나[22], 그래도 좌절감을 이기지 못 하면 술에 취해 잊는 수밖에 없다. 이 시조는 조선시대에 중인층들이 세상과 불화할 수밖에 없는 상황을 노래했다.

두 번째 시조는 다른 측면에서 극단적인 정서를 보여 준다. 학식이 있으면서 근심과 환난이 시작됨을 알기에 글공부를 할 수도 없고, 병사(兵事)를 아는 것은 흉기와 같이 위험함을 알기에 이것을 배우기도 내키지 않는다. 그러니 주사 청루를 오가며 보낼 수밖에. 이런 식의 언술은 세로(世路)의 험함을 경계하기 위한 과장된 수사로써는 어느 정도 공감

22) 운소(雲宵)에 오르젼들 ᄂᆞ래 업시 어이 ᄒᆞ며
봉도(蓬島)로 가쟈 ᄒᆞ니 주즙(舟楫)을 어이 ᄒᆞ리
출하리 산림(山林)에 주인(主人)되야 이 세계(世界)를 니즈리라 〈시전 2206, 김천택〉

할 수 있겠으나 실제 행동의 근거로 삼기에는 생각할 점이 많다. 실제로 조선시대에 이 작품에서 말하는 근거로 자식들에게 아무런 공부를 시키지 않거나 스스로 공부하지 않는 양반은 거의 없었을 것이다. 따라서 이 작품을 양반이 지었다면 그것은 주사 청루를 오가는 자신의 행동에 대한 군색한 변명으로 받아들여야 할 듯하다. 그러나 중인층이 지은 것이라면 넘을 수 없는 신분제의 장벽 앞에서 이런 식으로라도 자신을 위로해야 하는 일면의 진정성을 인정할 수 있다.

> 자황 분경(雌黃奔競)ᄒᆞ미 썰치고 고원(故園)의 오니
> 탁주 반호(濁酒 半壺)의 청금 횡상(淸琴 橫床) 샌이로다
> 다만지 생계(生計)은 잇고 업고 시름 업셔 ᄒᆞ노라
>
> 〈시전 2485, 신희문〉

이 시조의 작자인 신희문은 생몰년대를 알 수 없지만 익종 주변에서 활동하던 전문 가창자로 추정되는 인물이다.[23] 작품을 살펴보자. 자황은 유황과 비소의 혼합물이다. 옛날에 시문의 잘못된 곳을 자황을 칠하여 정정한 데서 유래하여 시문의 어구를 고치는 것을 가자황(加雌黃)이라 한다. 분경이란 몹시 다투다는 뜻으로 옛날의 엽관운동(獵官運動)을 일컬음이다. 따라서 '자황분경'은 연줄이나 돈으로 벼슬자리를 사는 바람에 관직에 임용되는 사람의 이름이 자주 바뀌는 세태를 풍자하는 말이다.[24] 매관매직이 횡행하는 세태에 염증을 느껴 고향으로 돌아와 술과 거문고로 소일하니 살림은 구차해도 마음은 편안하다는 내용이

---

23) 김용찬, 앞의 논문, 같은 곳 참조.

24) 정흥모, 앞의 책, 128-129쪽.

다. 전문 가창자인 신희문은 양반은 아니었을 것이므로 자신이 자황분경의 직접 주체나 대상은 아니다. 그러나 익종 주변의 상류층 인사들과 풍류를 통해 교류하는 과정에서 이러한 세태를 목격하고 이 작품을 지었을 가능성이 있다. 중인 출신의 전문 가창자인 김수장이 양반 사대부적 의식에 바탕을 둔 시조를 다수 창작했던 사실을 고려하면 충분히 가능한 추론이다.

5. 맺음말

이글은 취락을 소재로 한 358수의 시조 작품을 대상으로 술을 마시는 이유, 술 마시는 상황, 마시는 사람에게 술이 어떤 작용을 하는가 등을 검토하여 취락시조를 세 부류로 나누고 작품의 실상을 검토했다. 앞의 논의를 요약하여 이글의 결론에 대신하고자 한다.

첫째로, 술 마시는 것 자체를 좋아하여 즐기는 대상으로서의 술을 노래한 부류로 70여 수의 작품이 있었다. 이런 부류의 시조들은 매일장취(每日長醉)하는 것과 주량의 많음을 자랑하기도 하며, 자신을 유령(劉伶)과 이백(李白)에 비유하기도 하고, 심지어는 죽어서도 술과 가까이하고 싶다고 노래한다. 술이 취해 몸과 마음을 가누지 못할 정도가 된 상황을 암시하는 시조도 있다. 한편 지나친 음주로 인한 폐단을 경계하는 시조와 권주(勸酒) 시조도 있다.

둘째로, 풍류적인 삶에 흥취를 돋우기 위해 술을 즐기는 부류로 190여 수의 작품이 있었다. 이들은 농가와 전원에서의 생활에 밀착된 취흥과, 마음에 맞는 벗들과의 도도한 취흥, 그리고 계절의 변화에 따라 아름다운 경치를 완상하면서 즐기는 취흥을 노래한 작품들이 많았는데, 생활의 각 국면마다 풍류적인 감정을 돋우는 매개물로써 술을 마시는 모습을 보여주고 있다. 그리고 주색풍류를 노래한 시조도 20여 수가 있었다. 이 부류의 시조들은 소박하게 술을 즐기는 작품도 있고 질탕하게 술을 마시는 작품들도 있어서 그 폭이 넓은데, 이는 풍류 자체의 폭이 넓음에 기인한다.

셋째로, 삶의 위안물로서의 술을 노래한 시조들로 100여 수가 검색되었다. 인생이 무상하다는 생각에서 오는 허무감을 극복하기 위해 술을 마시기도 하고, 이러저러한 삶의 시름을 잊기 위해 술을 마시기도 했다. 또 세상과 불화하여 느끼는 세상에 대한 소외나 좌절, 혐오의 감정을 위로하고자 술을 마시는 모습도 있었다.

사람들이 술을 마시는 이유가 단순할 때도 있지만 어떤 경우에는 복합적인 이유로 술을 마시기도 하기 때문에, 취락시조에 대한 이러한 분류가 논의의 편의를 위한 자의성을 내포할 수도 있을 것이다. 또한 한 작품 안에 두세 가지 부류의 내용을 담고 있는 시조도 존재하여 이런 분류가 완전히 정확하다고 장담할 수는 없다. 그렇다고 해도 이 글에서 취락시조를 분류한 방식이 360여 수나 되는 취락시조의 다양한 모습을 파악하기 위한 시도 중의 하나로 이해되었으면 한다.

제3부

작품을 통해 본 조선후기 지역사회

제1장
포천 〈금수정(金水亭)〉을 중심으로 한 누정문학 연구

1. 문제제기

> 누정(樓亭)이란 누각(樓閣)과 정자(亭子)를 함께 일컫는 명칭으로서 (…) 대개 높은 언덕에 돌이나 흙으로 쌓아올린 대 위에 (…) 누각에 비하여 정자는 작은 건물로서 (…) 누정은 가족과 함께 살아가는 마을 속의 살림집과 달리, 자연을 배경으로 한 남성위주의 유람이나 휴식공간으로 (…) 방이 없이 마루만 있고 사방이 두루 보이도록 막힘이 없이 탁 트였으며, 아름다운 경관을 조망할 수 있도록 높은 곳에 건립한 것이 특색이다. (…) 누정은 궁실(宮室)을 위한 원림(園林)의 조성과 군신간의 유휴처로서 조영(造營)되기 시작하여 후대에 사대부들이 풍류를 즐기는 장소로 발전하게 된 것이다.[1)]

위의 인용문에서 보듯이 누정이란 유람이나 휴식을 목적으로 경치

---

1) 이상은 한국학중앙연구원에서 간행한 『한국민족문화대백과사전』에서 '누정' 부분을 필요에 따라 요약 정리한 것이다.

좋은 곳에 건립한 건축물이다. 초기에 왕실이나 관공서에서 지어 사용하다가 후대에 사대부들이 사적으로 지은 누정이 많아지게 되었는데, 조선시대 특히 16세기에 들어와서 의미 있는 변화가 이루어진다. 아래 인용문은 16세기 누정의 변화와 관련된 것이다.

> 16세기에 지방에 따라 토착적(土着的) 사림층(士林層)이 형성됨으로써 문화 창조의 중심이 중앙의 관학(官學)으로부터 향촌의 사림(士林)으로 옮겨지는 감이 있었다. 이 새로운 문화 창조의 구심점으로 하나는 학당(學堂)·서원(書院), 다른 하나는 누정(樓亭)이 발달하였으니 학당·서원은 학문 교육의 전당으로 되었으며 누정은 문예의 산실로 되었다.[2)]

조선왕조의 통치 체제가 정착되고 향촌에서도 양반들의 지배 체제가 자리를 잡아가는 과정에서 향촌의 사림층이 누정을 짓고 그것을 중심으로 다양한 문예 활동을 영위하기 시작했다. 그동안 이러한 누정을 중심으로 한 사림층의 문예 활동에 대한 연구가 다양하게 진행되었다. 누정을 중심으로 한 문예 활동을 '계산풍류'의 관점으로 분석한 연구[3)], 누정문화의 발전 과정과 가사와의 관련성 측면에 대한 연구[4)]나 누정의 기능을 분류하고 그에 따른 누정시조를 분석한 연구[5)], 그리고

2) 임형택, 「16세기 光·羅地域의 士林層과 宋純의 詩世界」-溪山風流의 發展-, 『고전시가의 이념과 표상』, 임하최진원박사정년기념논총, 1991, 421쪽.

3) 같은 논문, 같은 책, 408-430쪽.

4) 권정은, 「樓亭歌辭의 공간인식과 미적 체험」, 『한국시가연구』 13, 한국시가학회, 2003, 205-230쪽.

5) 남동걸, 「樓亭의 機能에 따른 樓亭時調의 特性」, 『시조학논총』 20, 한국시조학회, 2004, 75-96쪽.

누정과 그것을 둘러싼 자연을 포괄하는 개념으로서의 '원림공간(園林空間)'을 상정하여 '원림문학(園林文學)'으로 접근한 연구들[6]이 대표적인데 여기서 구체적인 내용 소개는 생략하고 논의에 필요할 때 인용하기로 한다.

그런데 누정은 전국적으로 분포되어 있기 때문에, 누정을 중심으로 한 문예 활동은 지역의 역사 문화적 특성이나 활동하는 사인(士人)들의 성향에 따라 각기 다른 내용으로 전개된다. 지극히 당연한 말이지만 동해안의 명승지에 있는 누정과 관련된 문예 활동과, 〈식영정〉이나 〈면앙정〉에서 이루어진 문예 활동은 그 내용이나 방향성이 다를 수밖에 없다. 따라서 개별적인 누정을 중심으로 한 문예 활동의 특성을 연구하여 그 다양성을 밝히는 작업이 누정문학의 실체에 접근하는 데 중요하다 할 수 있다.

이 글에서 다루고자 하는 〈금수정〉은 경기도 포천에 있는 누정으로서 그 지역적 역사적 배경으로 인하여 독특한 특색을 지니고 있다. 〈금수정〉만이 가지고 있는 누정으로서의 특징과 그를 둘러싼 문예 활동의 특질을 분석하는 것이 이 글의 목표다. 논의는 〈금수정〉의 건립 연원과 지역적 특색을 검토하고, 〈금수정〉 공간에서 이루어진 문예 활동의 특질을 분석하는 순서로 진행한다.

---

6) 박연호의 다음 논문들이 그것이다. 「면앙정 원림과 〈면앙정가〉」, 『개신어문연구』 22, 개신어문학회, 2004, 141-164쪽; 「원림문학의 공간의 위상과 문화 교육적 의미」, 『한국시가연구』 17, 한국시가학회, 2005, 79-108쪽; 「식영정 원림공간의 특성과 〈성산별곡〉」, 『한국문학논총』 40, 한국문학회, 2005, 33-58쪽.

2. 〈금수정〉의 건립과 문인들의 교류

1) 〈금수정〉의 건립과 그 특성

〈금수정〉은 포천시 창수면 오가리에 있는 정자다. 영평천의 절벽 위 평지에 세워져 있으며 빼어난 경치를 자랑한다. 또한 주변의 바위절벽과 정자 앞 시내 가운데 있는 바위들에 다양한 글씨가 새겨져 있어 이것이 〈금수정〉만의 독특한 특성이 되었다. 조선후기에 포천에 살았던 성해응(成海應, 1760-1839)의 글을 통해 이 부분을 자세히 살펴보자.

> 들을 따라 가다 시내를 끼고 정자 북쪽 석문으로 들어간다. 그 문에 ① 동천석문(洞天石門)이라 새겨져 있는데 한석봉의 글씨다. 시내 쪽의 큰 바위에 ② 회란석(廻瀾石)이라고 새겨 놓았는데 중국 사신 허국(許國)의 글씨다. ③ 금수정(金水亭)이라는 정자의 편액은 봉래의 글씨다. (…) 물 가운데 솟은 기이한 바위의 암반이 비스듬하여 앉을 만하여 ④ 경도(瓊島)라 한다. 강모래 위의 흰 바위는 술동이처럼 생겼는데 연화암(蓮花巖)이라 부른다. 바위 옆면으로 ⑤ 봉래시(蓬萊詩)를 새겼으며 또 ⑥ 존암(尊巖)이라 새겼다. 둘 다 역시 봉래의 글씨다.[7]

인용문에서 언급한 글씨들은 모두 여섯 편인데 한석봉의 글씨 한

---

7) 성해응, 『研經齋全集』 卷之五十, 山水記 上, 〈記洞陰山水〉 금수정 부분. 인용문 안의 번호와 밑줄은 필자가 표시한 것임. 문집 자료들은 한국고전번역원 사이트(www.itkc.or.kr/itkc/Index.jsp)에 탑재된 〈한국문집총간〉과 〈고전원문〉에서 인용하며, 이후 특별한 언급이 없는 원문은 모두 이곳에서 인용한 것이다. 번역은 필자.
從野中行 挾川而往入亭北石門 門刻洞天石門 石峯筆也 臨川大石 刻廻瀾石 天使許國筆也 亭扁金水亭 蓬萊筆也 亭扁金水亭 蓬萊筆也 (…) 水中奇巖盤陀可坐曰瓊島 沙上白石其形窪 稱蓮花巖 傍刻蓬萊詩 又刻尊巖 亦並蓬萊筆也.

편, 중국 사신 허국의 글씨 한 편, 나머지 네 편은 모두 양사언의 글씨다. 양사언은 포천 출신인 데다가 많은 글씨까지 남겨 놓았으니 그가 〈금수정〉과 밀접한 연관이 있음을 짐작할 수 있다.

한편, 〈금수정〉 옆 대지에는 구안동김씨 문온공파(대사성공파)의 세거지가 있고 몇 기의 안동김씨 묘도 있으며 그 옆에 〈안동김씨세천비(安東金氏世仟碑)〉가 있는데 세천비의 음기에 〈금수정〉 건립에 관련된 기록이 있다.

> 척약재(惕若齋) 김구용(金九容)이 이곳을 소요하다가 문득 이곳을 소머리[牛頭]의 형상이라 하였고, 그의 둘째 아들 명리(明理)가 탄곡(炭谷)에 은퇴해 있을 때 이곳에 들러 정자를 짓고 〈우두정(牛頭亭)〉이라 명명했다. 그의 큰아들 맹헌(孟獻)은 벼슬이 예문관 직제학에 이르렀는데, 창수(蒼水)에 은퇴하였다. 직제학공의 손자인 윤복(胤福)은 양사언과 더불어 〈우두정〉에서 "오금(吾金)의 금자(金字)와 창수(蒼水)의 수자(水字)를 따서 〈금수정(金水亭)〉"이라 개칭하고[8)]

이에 따르면 처음에 김구용의 아들 김명리가 〈우두정〉을 세웠으며 그의 후손인 김윤복이 양사언과 더불어 〈금수정〉이라 개칭하고 현판을 달았다. 김윤복은 양사언과 긴밀한 교유를 했으며 앞의 인용문 ⑤번의 '봉래시(蓬萊詩)'는 바로 양사언이 김윤복에게 주는 시다.

그런데 후대의 기록에 양사언이 〈금수정〉의 주인이라는 언급이 가끔 보여서 논란이 된다. 앞에 인용한 성해응의 기록에 '고봉래별업 귀우김씨(故蓬萊別業 歸于金氏)'라는 구절이 있으며, 양사언(1517-1584)과 동

---

8) 『포천군지』 하, 포천시, 1997, 480쪽에서 재인용. 일부 오자 탈자를 필자가 바로잡았다.

시대 인물인 박순(朴淳, 1523-1589)의 문집과 후대의 인물인 오원(吳瑗, 1700-1740)의 문집에도 비슷한 언급이 보인다.

① 천연사(天然師)[9]가 영평 보장산(永平 寶藏山)에 사는데 나는 영평에서 자리 잡고 살려고 한다. 천연사가 일찍이 우두연(牛頭淵)의 좋은 경치를 말했고 또 그 옆에 양씨(楊氏)의 정자가 있어 나에게 그것을 사라고 권했다. 천연사가 막 그곳으로 옮겨 가려고 했기 때문에 그렇게 말했던 것이다.[10]

② 금수정은 김윤복이 명인이 거쳐할 만한 곳이라 여겨 봉래에게 주었으나 봉래가 김씨 집안에 돌려주었다고 한다.[11]

'우두연'은 〈금수정〉 앞을 흐르는 영평천이 굽이쳐 흘러 못의 형상을 이루고 있어 부르는 이름이다. 사암 박순은 말년에 영평에서 우거(寓居)했으며 양사언과 동시대 인물이니 그의 기록에 신빙성을 둘 법도 하다. 성해응은 포천 출신이며 고향을 사랑하여 〈기동음산수(記洞陰山水)〉[12]

9) "무위자(無爲者) 천연(天然) 스님은 집안이 본래 좋았으나 잘못되어 중이 되었는데 씩씩하여 기개가 있었다. (…) 양봉래(楊蓬萊)·박사암(朴思庵)과 나의 중형이 모두 천연의 친구가 되었다. (…) 임진란에 정화상(靜和尙-휴정, 즉 서산대사를 말함. 필자 주)을 따라 여러 번 전공을 세웠다고 한다." 허균, 『국역 惺所覆瓿藁』 26권 부록 1 〈鶴山樵談〉. 이하 국역본은 특별한 언급이 없으면 모두 민족문화추진회의 것을 사용하며 한국고전번역원 사이트(www.itkc.or.kr/itkc/Index.jsp)의 〈고전번역서〉에서 인용한 것임.

10) 박순, 『思庵集』 卷之三, 〈次寄然師韻 二首〉의 부연설명문. 師住永平寶藏山 我欲卜居永平 師嘗說牛頭淵勝槪 且上有楊氏亭 勸我買之 師方欲移錫故云. 번역은 차주환 역, 『역해 사암집』, 눌재사암문집역해발간위원회, 1979, 240쪽에서 인용.

11) 吳瑗, 『月谷集』 卷十, 〈遊楓嶽日記〉 일부. 亭是金胤福爲名人所居而歸之蓬萊 蓬萊還之金家嫡室云. 번역은 필자.

12) '동음'은 〈금수정〉이 있는 영평현의 신라 때 이름이다. 『국역 신증동국여지승람』 Ⅱ,

를 지을 정도이니 허언을 하지는 않았을 것으로 짐작된다. 이 문제에 대하여 〈금수정〉 옆에 살고 있는 안동김씨 후손들은 "원래 김씨의 소유였는데 양사언을 사위로 삼아 그에게 주었으나 후에 양사언이 김씨에게 돌려주었다"고 증언했다.[13] 그런데 『청주양씨세보(淸州楊氏大同譜)』에 따르면 양사언은 처음에 음성박씨(陰城朴氏)와 결혼했으나 박씨가 졸하여 간성이씨(杆城李氏)와 재혼했다고 돼 있다. 안동김씨가의 여인은 족보에 양사언의 부인으로 등재되어 있지 않은 것이다. 한편 조경(趙絅, 1586-1669)이 지은 양사언의 묘갈명에는 좀 더 자세하게 기록돼 있다. 박씨와는 자식이 없었고 이씨와의 사이에 3남3녀를 두었으나 2남2녀는 일찍 죽었다고 했다. 그리고 적자(嫡子)인 만고(萬古)와 여식(女息) 외에도 네 명의 서자(庶子-만세萬世, 만선萬善, 만춘萬春, 만상萬祥)와 세 명의 서녀(庶女)가 더 있었다고 기록돼 있다. 대동보와 묘갈명의 기록은 왜 다른 것일까? 묘갈명에 나오는 서자녀들의 모친은 누구일까?

구전되는 설화나 야사들에는 양사언이 서얼 출신이었다는 내용이 있으며 『영조실록』과 『정조실록』에도 양사언과 그의 형제들이 서얼 출신이었다는 기록이 있다고 한다.[14] 구전설화나 야사, 그리고 실록의 내용이 사실이라면 양사언(과 그 후손들)이 자신의 출신에 대한 자의식이 강해서 대동보에 서자녀들을 등재하지 않았을 가능성이 있다. 그런데 위에 적시한 〈금수정〉에 관한 발언과 기록들은 어느 하나만이 진실

민족문화추진회, 1985, 304쪽 참조.

13) 구안동김씨들은 현재 그곳에 26대째 살고 있다고 함. 필자가 2009년 11월 28일 현지를 답사하여 구안동김씨 후손(김광분, 여 64세)에게 들은 말. 최근에 경기도의 지원으로 구안동김씨 文溫公派(大司成公派) 종가 및 금수정 주변 복원사업이 진행되었다.

14) 이 부분은 홍순석, 『양사언의 생애와 시』, 경인문화사, 2000, 20-21쪽을 참조할 것.

이라고 속단하기는 어려우며 모두 일면의 진실을 가지고 있다고 봐야 한다. 모두 자신들이 사실이라고 믿는 것들을 말하고 기록했을 것이기 때문이다.

그렇게 볼 때 조금씩 엇물린 이 모든 기록들을 한 줄기로 엮어낼 수 있는 실마리는 '서(庶)'라는 글자라고 필자는 생각한다. 즉 양사언이 김씨가의 서녀를 측실로 맞아들였다고 가정하면 위의 언술들이 모두 이해된다. 묘갈명에 나오는 양사언의 (적어도 일부) 서자녀들의 어머니는 김씨가의 서녀였을 가능성이 다분하다.[15] 김씨가와는 비록 정실은 아니지만 혼인으로 맺어진 관계이기 때문에, 양사언은 〈금수정〉을 마치 주인처럼 자유롭게 출입[이용]하며 정자의 당대 주인인 김윤복과 거문고를 타며 풍류를 즐기면서 시를 써 주기도 하고 정자 주변에 많은 글씨들을 남겼다고 가정할 수 있다. 이런 속사정을 구체적으로 알지 못하는 제삼자의 입장에서, 시와 글씨, 그리고 신선의 기풍으로 당대에 명성이 자자한 양사언을 〈금수정〉의 주인으로 '오해'하는 것도 무리는 아니라고 생각한다.

이처럼 조금은 복잡한 초기 건립 단계를 거치면서 〈금수정〉은 독특한 이미지를 갖게 되는데, 한석봉과 양사언의 글씨가 새겨진 암각문, 그리고 '신선의 기풍을 지닌 양사언'과 정자의 주인 김윤복과의 풍류가

---

15) 허균은 〈학산초담〉에서 여인들의 한시를 언급하면서 양사언의 첩이 지은 한시 한 수를 소개하고 있다. 이 시를 지은 사람이 김씨가의 서녀인지는 알 수 없으나, 양사언의 첩의 존재는 확인된다.

"양 부사(楊府使)의 첩도 시를 잘했는데 추한시(秋恨詩)는 다음과 같다.

우수수 가을 바람 오동 가지 흔들고　秋風搣搣動梧枝
하늘은 까마득 기러기 낢도 더디어라　碧落冥冥雁去遲
깁창에 기댔어도 사람 하나 안 보이고　斜倚綺窓人不見
눈썹 같은 초생달만 서녘 섬돌에 내리네　一眉新月下西墀"

그것이라 할 수 있다.

2) 유람과 풍류공간으로서의 〈금수정〉

〈금수정〉은 건립 초기 주변에 새긴 명필들의 글씨와 양사언(과 김윤복)의 풍류로 후대 문인들에게 널리 알려져 많은 문인들이 이곳을 방문하고 그것을 기록으로 남겼다. 문집에 보이는 〈금수정〉에 관한 초창기 글들은 대부분 정자 주변의 글씨와 양사언의 시, 그리고 정자 주인과의 풍류 생활에 관한 것이다. 몇 개만 살펴보자.

> ① 양봉래(楊蓬萊) 선생의 아량과 풍도는 세상의 숭상 받는 바가 되거니와, (…) 문장이 높고 빼어나 구름을 앞지를 듯한 기상이 있고, 행서(行書)・초서(草書)를 잘 쓰는데 그 쓰는 법이 마치 용이나 뱀처럼 분방하며, 본성이 벼슬살이를 우습게 알고 산수에 정을 붙여, 짚신과 밀로 결은 나막신차림으로 어느 때고 가지 않는 날이 없었다. 바위 골짜기에 사는 이들이 사강락(謝康樂 강락은 육조(六曹) 진(晉)의 사영운(謝靈運)의 봉호)에 비겼다.(…) 언젠가 금강산에서 시를 읊기를 다음과 같이 하였다. (…) 읽으면 사람으로 하여금 훨훨 노을처럼 공중에 나는 것 같은 느낌을 가지게 한다.

봉래의 금수정(錦水亭) 시는 다음과 같다.

비단물 은모래는 마냥 고운데	錦水銀沙一樣平
골구름 강비 속에 갈매기 산뜻	峽雲江雨白鷗明
진인 찾아 그릇 봉랫길에 들었거니	尋眞誤入蓬萊路
고기잡이 배를 동구 밖으로 내몰진 마오	莫遣漁舟出洞行[16]

② 봉래(蓬萊) 양사언(楊士彦)은 신선(神仙) 가운데 끼는 인물이다. 그 글씨도 그 인물과 같은데, 사람들은 그 글씨가 진속을 벗어난 줄만 알고 그 시가 세상 사람의 말이 아니라는 것을 알지 못한다. 그가 옥류협(玉流峽) 비선교(飛仙橋)에서 원(遠) 스님에게 준 시는 다음과 같다. (…) 또 그 풍악(楓嶽)의 돌에 새긴 시는 다음과 같다. (…) 금수정(金水亭)의 돌에 새긴 시는 다음과 같다.

녹기금 백아의 마음	綠綺琴伯牙心
한 번 타고 또다시 한 번 읊노라니	一鼓復一吟
종자기가 바로 지음을 하는구려	鍾子是知音
허뢰는 선들선들 먼 봉우리서 일어나고	虛籟起遙岑
강 달은 곱고 고와라 강물은 깊고 깊네	江月涓涓江水深

나는 이 곳에서 노닌 지가 이미 수십여 년이 지났는데, 몽상(夢想)이 오히려 괴롭다.

두자미가,

어쩌면 생각이 저 도·사의 솜씨 같아서	焉得思如陶謝手
그네들의 술작과 함께 끼어를 볼거나	令渠述作與同遊

하였는데, 이 한 글귀가 다시 사람으로 하여금 먼 생각을 일으키게 한다.[17)]

위 인용문에서 공통적으로 드러나는 내용은 '양사언은 신선 같은 풍격을 지니고 있으며 글씨와 시도 진속(塵俗)을 벗어난 신선'의 그것처럼

16) 허균, 앞의 책, 밑줄은 필자.

17) 이익, 『국역 星湖僿說』 28권 詩文門 〈봉래시〉. 밑줄은 필자.

빼어나다는 것이다.[18] 그렇기 때문에 양사언의 시는 문인들의 입에 자주 오르내렸는데, 특히 금강산을 유람하며 시를 짓고 바위에 글씨를 새긴 일들은 가히 신선의 풍격에 어울리는 일로 여러 문인들의 부러움을 샀다. 〈금수정〉에서 정자 주인과 거문고를 타며 시를 짓고 주변 바위에 글씨를 새기는 일도 그런 '신선 같은' 풍류활동의 연장에서 이해되었다.

인용문 ① 허균(1569-1618)의 글은 이런 정황의 초기 모습을 보여준다. 양사언이 〈금수정〉 주변의 바위에 시와 글씨를 새긴 사실을 허균은 아직 모르는 듯하며 단지 〈금수정〉에 관한 시 한 수를 소개하고 있다. 허균이 윗글에서 인용한 양사언의 시 〈금수정〉은, 다른 곳에서는 한음 이덕형의 시로 소개되기도 했는데[19], 〈금수정〉과 그 주변을 속세를 떠난 신선들이 살 법한 도원경 같은 세계로 묘사하고 있다.

인용문 ② 이익(1681-1763)의 글은 양사언의 금강산에서의 풍류뿐만 아니라 〈금수정〉에서의 풍류도 소개하고, 자신도 그곳에서 노닌 적이 있노라 언급하며 양사언과 김윤복의 '금수정 풍류'를 몹시 선망하고 있다. 이익은 양사언(1517-1584)보다 백여 년 후의 인물이다. 이때에는 '금수정 풍류'가 널리 알려져서 많은 문인들이 답사를 했고 그 기록이 많이 남아 있다.

윗글에 등장하는 〈금수정〉의 돌에 새긴 양사언의 시는 제목이 '증금

---

18) 일반적으로 양사언의 인물됨을 평하는 대표적인 말은 "神仙의 風采, 道人의 氣骨"이라고 한다. 홍순석, 앞의 책, 29-32쪽 참조.

19) 『영평군읍지』에는 이 시가 이덕형의 것인데, 이를 양사언이 조필하였다고 기술하고 있다. 『포천군지』 하, 1997, 1122-1123쪽 참조. 필자가 양사언의 문집인 『봉래시집』이나 이덕형의 문집인 『漢陰文稿』를 살펴보았는데 어디에도 이 시는 실려 있지 않았다. 따라서 여기서는 특정인으로 작자를 확정짓지 않으려 한다.

옹(贈琴翁)'이다. 금옹은 〈금수정〉 주인인 김윤복으로, 양사언이 김윤복과 이곳에서 풍류 생활을 할 때 이 시를 지어서 '존암(尊巖)' 바위에 새겨 놓은 것이다.[20] 앞의 세 구는 양사언과 김윤복의 '마음이 통하는' 교유와 풍류 생활을 간결하고도 직접적으로 묘사하고 있다. 양사언은 두 사람의 교유와 풍류 생활을 묘사하면서 교묘하게 문장을 꾸민다거나 길게 부연하지 않고, 너무도 유명한 고사를 꺼내어 간결하게 정공법으로 치고 들어감으로써 오히려 독자들에게 강렬한 느낌을 주는 동시에 상상의 공간을 열어주고 있다. 뒤의 두 구에서는 두 사람의 풍류 활동에 환상적인 주변 배경을 장치해 놓아, 독자들로 하여금 두 사람에게서 속세를 떠난 신선의 풍격을 느낄 수 있도록 하였다. 이처럼 이 시는 짧은 형식임에도 고사를 적절히 인용하여, 달밤에 환상적인 경치 아래에서 신선 같은 두 인물이 마음이 맞아 거문고를 타고 시를 읊조리는 정경을 눈에 잡힐 듯이 그려내고 있다.

이익의 위 인용문은, 양사언이 신선 같은 풍격을 지닌 데다가 글씨와 시에도 빼어난데 거기에 더하여 知音을 만나 환상적인 풍류를 즐기고 그 자취들을 후세에 남기고 있으니, 이 모든 것이 부럽다는 심사를 두자미의 싯구를 인용하여 표현한 것이다. 후대의 문인들이 왜 〈금수정〉을 답사하고 싶어 했는지, 그리고 왜 그렇게 많은 문인들이 답사 후에 '금수정 풍류'를 동경하고 감탄하여 기록으로 남겼는지 하는 이유를 이익의 이 글을 통해 짐작할 수 있다.

③ 바위 위에 양봉래(楊蓬萊)가 손수 쓴 글씨를 새겨 놓은 것이 몇

20) 양사언, 『蓬萊詩集』 卷之一, 七言絕句. "贈琴翁 琴翁 錦水亭主人也 刻此詩於尊岩".

작품 있다. 그중에 삼오칠언시에, (…) 하였다. 시가 몹시 아름다워 문득 본떠 짓고 보니 도저히 좇아갈 수 없음을 알겠다.

칠현금 타는 소리	七絃琴
천고의 마음이로다	千古心
자봉의 울음을 듣는 듯	似聽雌鳳音
노룡의 노래를 듣는 듯	如聞老龍吟
뭉게뭉게 흰 구름 저녁 산에서 피어오르고	苒苒白雲生暮岑
푸른 벼랑에 북두성 도니 맑은 물 깊어라	蒼崖斗轉淸流深[21]

박세당(1629-1703)의 글이다.[22] 이 인용문은 후대 문인들의 적극적인 〈금수정〉 답사 활동의 한 사례를 보여준다. '금수정 풍류'를 단순히 선망하는 데에 그치지 않고 양사언의 시를 본떠 자신도 시를 창작하는 단계까지 발전하였다. 〈금수정〉을 답사한 후 자신의 감회를 표현한 시를 짓는 일반적인 경우보다도 더 몰입된 모습을 보여준다. 박세당의 모방 시는 앞부분에서 선인의 자취를 추억하는 후인의 마음과 느낌을 잘 묘사하고 마지막 두 구에서는 표현을 달리 하면서도 원래 시의 정서를 흡사하게 살려 내었다. '좇아갈 수 없'다는 표현이 겸사임을 알 수 있겠다.

④ 영평 금수담은 우두연이라고도 하는데 산수의 빼어남이 기내(畿內)에서 으뜸이다. 옛적에 김윤복이 그곳에서 살았는데 윤복은 평생 거문고 타는 것을 좋아해서 호를 금옹(琴翁)이라 했다. 양봉래가 암석

21) 박세당, 『국역 西溪集』 3권, 詩 〈後北征錄〉 부분.

22) 박세당이 〈금수정〉을 답사하게 된 계기는 다음 장에서 그의 시와 함께 다시 검토한다.

에 시를 새겼는데 이르기를, (…)[23]

앞에서 검토한 ①, ②, ③의 글들은 모두 양사언의 글씨와 시, 그리고 풍류에 중점을 둔 것들이었다. 그런데 위에 인용한 이수광(1563-1628)의 ④번 글은 〈금수정〉이라는 정자 자체와 그 주인인 김윤복을 양사언의 시와 비슷한 비중으로 언급하고 있다. 이런 언급은 상당히 중요한 사실을 시사하고 있다.

일반적으로 조선시대에 많은 문인들이 답사하고 싶어 하는 정자의 조건으로 대략 세 가지 정도를 생각할 수 있겠다. 첫째는 정자와 그 주변 산수의 수려함이고, 둘째는 그 정자에 관련된 '감흥을 일으킬 만한' 역사적 일화다. 마지막 세 번째는 정자와 그 주변을 유지 관리하며 답사객들을 맞이하여 그들을 접대하고 교유하는 주인의 존재다. 물론 '산천은 의구하되 인걸은 간 데 없'는 인간사의 허망함을 느껴보는 답사지도 의미가 없다고 할 수는 없다. 그러나 조선시대의 선비 문화[接賓客]를 고려하면, 빼어난 산수 위에 지은 정자를 답사하여, 정자의 주인에게 직접 그곳과 연관된 감동적인 고사와 알려지지 않은 이야기를 듣고, 아울러 그와 함께 거문고를 타고 시를 읊조리며 술을 마시는 풍류야말로 당대 문인들의 로망이었을 것이다.

실제 〈금수정〉은 구안동김씨 일문에서 지속적으로 보수 유지에 힘썼으며 찾아오는 문인들을 접대하고 그들과 교유했다. 채제공(1720-

---

23) 이수광, 『芝峯類說』 卷十三, 文章部 六, 〈東詩〉 부분. 번역은 필자.
永平金水潭一名牛頭淵 山水之勝 甲於畿內 舊有金胤福者居之 胤福平生喜彈琴 號琴翁 楊蓬萊士彦刻詩巖石曰 綠綺琴伯牙心 鍾子是知音 一鼓復一吟 冷冷虛籟起遙岑 江月娟娟江水深

1799)의 다음 기록이 그 사실을 말해준다.

> 금수정은 김씨의 소유로 된 지 누백년이 되었다. 김씨들의 묘(墓)가 이곳에 있고 전원(田園)이 이곳에 있다. 벼슬자리에 나아가서는[出] 의용(儀容)을 바르게 하고 당당한 태도로 하고 물러나서는[處] '토구지지(兎裘之地)'[24]를 굳게 지킨다. 냇물과 폭포를 울타리로 삼고 바위와 뫼부리로 침석을 삼는다. 경성 둘레 수백 리 안에 정자로서 이름 있는 것 가운데 감히 금수정과 더불어 자리를 다툴 만한 것이 없다. (…) 내가 일찍이 도백으로서 순행(巡行)할 때[25] 이곳에 들러 정자에 올라 술잔을 들고 물가에 앉아 양사언과 한석봉의 필적(筆蹟)을 어루만지며 (…) 금년 봄에 김택인이 나에게 정자를 개수(改修)한 전말(顚末)을 말하고 그것을 기록해 달라고 했다.[26]

이 외에도 여러 차례 보수했다는 기록[27]이 있다. 〈금수정〉의 이러한 특장, 즉 정자의 주인들이 대를 이어가며 유지 보수하며, 방문객들을 접대하고 그들과 교유한 점이 후대의 문인들이 지속적으로 이곳을 방문하는 데 일정한 기여를 했을 것이다. 이러한 사실이 예전 〈금수정〉 주인과 양사언과의 일화와 연결되어, 〈금수정〉의 명성을 높이고 많은

---

24) '토구지지'는 벼슬을 내놓고 은거하는 곳이나 노후에 여생을 보내는 곳을 이름이다.

25) 채제공이 함경도 관찰사로 부임하던 1767년을 말한다.

26) 채제공, 『樊巖先生集』 卷之三十四, 「記」, 〈金水亭重修記〉 부분. 번역은 필자.
亭爲金氏有且累百年矣 金氏丘墓於斯 田園於斯 出則羽儀王廷 處則牢守菟裘 以川瀑爲樊籬 巖巒爲枕席 環京城數百里內亭以名者 無敢與所謂金水者齒 (…) 余嘗以道伯迂巡節以入 登亭而觴 臨水而席 拊楊士彦韓景洪筆蹟 (…) 今年春 金君宅仁 爲余言改修亭顚末。要余文記之.

27) 이 외에도 채팽윤(蔡彭胤, 1669-1731)의 「金水亭重建上梁文」, 정범조(丁範祖, 1723-1801)의 「金水樓重修記」 등의 기록이 남아있다.

문인들이 이곳을 방문하는 첫 번째 배경이 되었다.

후대의 문인들이 많이 방문했던 두 번째 배경은 〈금수정〉이 가지고 있는 지정학적 특색이다. 〈금수정〉이 있는 지역은 조선시대에 영평현(永平縣)에 속해 있었다.[28] 이 지역은 서울에서 금강산과 함경도로 가는 길목에 자리하고 있다. 당시 서울에서 출발하여 하루나 하루 반나절 정도면 영평현에 도착할 수 있었다. 금강산을 유람하러 가거나 함경도에 부임하는 관리들이 오가는 과정에 영평현이나 이웃 김화현에서 여장을 풀고 지역의 명소를 유람하는 경우가 많은데, 이 지역의 대표적인 명소가 〈금수정〉인 것이다. 여기에 더하여 이 지역은 양사언·박순[29]·이항복·조경 등 명사와 관인들도 많이 배출했다. 지역 명사들을 방문하거나, 지역의 옛 명사들이 남긴 자취를 답사하는 김에 〈금수정〉을 방문하는 경우도 많았다. 몇 개의 예를 살펴보자.

> 백로주를 보고 저녁에 백운계에 이르렀다. (…) 계곡의 반석에 완상(玩賞)할 만한 봉래(蓬萊 양사언楊士彦)와 석봉(石峯 한호韓濩)의 석각(石刻) 글씨가 있으며 못가에 옛날 김씨(金氏 김확복金矱卜)가 지은 금수정(金水亭)이 있다. 아래로 몇 리를 내려가면 창옥병(蒼玉屛)이 있는데 (…) 옛날 박 승상(朴丞相 박순朴淳)의 별업(別業)이 있으며 시냇가에 승상의 사당이 있다.[30]

---

28) 지금의 포천지역은 조선시대에 永平縣과 포천현으로 나뉘어 있었는데 고종 32년(1895)에 지방관제 개정에 따라 영평현을 포천현에 병합하고 군으로 승격시켰다. 이듬해 다시 분할했다가 1914년에 다시 통합했다. 이 부분은 『포천군지』(1987년판), 1장 연혁 부분(43-45쪽) 참조.

29) 박순은 이 지역 출신은 아니지만 당쟁으로 조정에서 물러난 이후에 영평에 우거했고, 이 지역의 〈옥병서원〉에도 제향되어 있다.

30) 허목, 『국역 記言』 27 하편, 山川 上 〈白鷺州記〉.

6일(정미) 김화에서 경성(京城)을 향하여 출발하였다. 이날 저녁에 영평(永平) 금수정(金水亭)에 도착하였다. 7일(무신)에 창옥병(蒼玉屛)을 찾아가서 박사암(朴思庵 박순朴淳)의 배견사(拜鵑祠)[31]를 참배하고,[32]

정자 서북쪽 백여 보 거리 넓은 모래사장에 흰 바위가 제법 괴이하여 가운데가 움푹 파여 술동이 모양을 이뤄 '존암(尊巖)'이라는 두 글자를 새겼다. (…) 그 서쪽으로 십여 보 거리에 있는 작은 바위에 봉래의 삼오칠언시를 새겨 놓았다. (…) 시내를 따라 북쪽으로 창옥병을 향했다. 절벽 밑에 이르니 절벽의 뿌리는 강 속까지 뻗어 있었다. (…) 위에는 나무숲이 울창했으며 사암서원은 시내의 왼쪽에 있었으나 (…) 시내가 깊고 배가 없어 서원에 참배할 수 없어서 몹시 섭섭한 마음으로 돌아왔다.[33]

첫 번째 인용문은 허목(1595-1682)의 글이다. 그는 조경(趙絅)을 방문하고 돌아가는 길에 〈금수정〉을 유람하고 이어 부근에 있는 〈창옥병〉과 박순의 별업과 사당까지 답사한 것이다. 지역의 명사를 방문한 이후에 이어지는 〈금수정〉 답사의 예다. 두 번째 인용문은 송시열의 〈연보〉에서 가져왔다. 그는 77세 되던 1683년 4월에, 아들을 따라 김화(金化)에 가 있는 여동생을 만나러 가는 길에 금강산을 유람했다. 그 후 5월

31) 배견은 '拜鵑窩'로서 박순이 말년에 영평에 우거할 때 살았던 집의 이름[齋號]이다. 필자 주.

32) 송시열, 『국역 宋子大全』 부록 9권, 〈年譜〉 8, 숭정 56년 계해 5월의 기록.

33) 오원, 앞의 책, 〈遊楓嶽日記〉 부분. 번역은 필자.

亭之西北百餘步 沙汀廣鋪 有白石頗奇 中陷是爲窪尊 刻尊巖二字 (…) 其西十餘步小巖 刻蓬萊三五七言 (…) 沿川北向蒼玉屛 至屛下 屛根揷江。(…) 上多林木蔚然 思菴書院在川左 (…) 而川深無舟 不能拜書院 悵然而返

초에 김화를 거쳐 서울로 돌아오는 도중에 <금수정>을 답사하고 박순의 별업과 사당을 참배했다. 이 경우는 금강산 유람에 동반되는 방문과, 지역 명사의 유적 방문시의 동반 답사가 혼합되어 있다. 세 번째 인용문은 앞 절에서 언급한 오원의 <유풍악일기(遊楓嶽日記)> 중 일부이다. 그는 1727년 3월 17일 금강산으로 출발해서 유람하고 돌아오는 길에, 4월 4일 김화에서 자고 영평으로 와서 <금수정>과 <창옥병>을 답사했다. 이 경우는 금강산과 동반 유람이라 말할 수 있겠다.

물론 대부분의 경우, 어떤 명승지나 유적을 답사할 때 겸하여 그 부근의 다른 명승지나 유적도 같이 답사한다. 그렇지만 <금수정>은 조선 최고의 유람지인 금강산 행로의 길목에 있으며 양사언이라는 인물의 풍류 행적으로 금강산과 연계되어 있기 때문에[34], 다른 지역의 명소에 비해 방문 기회가 상대적으로 많아질 수밖에 없다. 이 절의 소제목을 '유람과 풍류 공간으로서의 <금수정>'이라 설정한 것도 이러한 지정학적 특색을 감안한 것이다.

문인들의 <금수정> 출입이 더욱 많아지게 된 마지막 계기는 신안동 김씨 청음(淸陰) 계의 후손들이 영평에 우거지를 정하고 이 정자에 출입한 것이다. 김상헌(1570-1652)의 손자인 김수항(金壽恒, 1629-1689)이 "응암의 아름다운 수석(水石)을 좋아하여 장차 그곳에 돌아가 노년을 보내려고", 둘째 아들 김창협(金昌協, 1657-1708)에게 먼저 가서 집을 짓도록 명하였다. 이에 창협이 1679년 8월에 영평 응암(永平 應巖, 지금의 포천시 이동면 연곡리-필자 주)에 우거지를 마련한다. 10년 후인 1689년 2월 기사

34) 양사언이 금강산 만폭동의 바위에 글씨를 새긴 것과 금수정의 바위에 글씨를 새긴 것이 그것이다.

환국(己巳換局)으로 당시 영의정이던 김수항이 진도로 유배 가서 그해 4월에 사약을 받아 죽자 김창협은 9월부터 아예 영평에 들어와 산다. 1692년 2월에는 농암서실(農巖書室)을 완성했는데 지금의 포천시 이동면 장암리에 있었다.[35] 이후 김수항이 신원(伸冤)되고 김창협에게도 관직이 주어졌으나 계속 사직하고 우거하였다.

김수항 일가가 영평에 우거지를 마련했을 때, 김창협의 동생들(창흡昌翕, 창업昌業, 창집昌緝)도 자주 영평에 출입했다.

> 10일에 부친 편지를 받아 보고 부모님을 모시는 자네들의 근황이 편안하고 좋다는 소식을 알게 되어 기뻤네. 금수정(金水亭)에서 하는 ≪주역(周易)≫ 공부가 즐겁다는 소식은 (…) 나도 한창 그 책을 공부하고 있다네.[36]

위 인용문은 김창협이 35세 되던 1685년(숙종 11)에 쓴 것이다. 〈연보〉에 따르면 그는 이해 3월에 함경북도 병마평사에 제수되어 6월에 경성(鏡城)에 도착하였다. 당시에 김창협의 동생들은 부모님을 모시고 영평에 우거하며 〈금수정〉에서 『주역』 공부를 하고 있었다는 사실을 위 편지글을 통해 알 수 있다. 김씨 일가는 이후 영평의 우거지와 〈금수정〉을 중심으로 당대 문인들과 교유를 했다. 김수항은 후에 영평의 〈옥병서원〉에 사암 박순과 함께 제향되었으며, 김창협과 김창흡의 묘는 포천읍 신읍리에 있다.

---

35) 김창협, 『국역 농암집』 35권, 〈연보〉 상, 참조.

36) 같은 책, 11권, 〈書〉 "자익과 경명에게 보냄". 자익과 경명은 작자의 弟氏인 昌翕과 昌緝의 자이다.

당대 서인의 핵심 세력 중의 하나였던 신안동김씨 일가가 영평에 우거지를 만들었으니 당색을 같이 하는 인사들이 이곳을 드나드는 것은 당연한 일이다. 서인들은 이후 최대의 집권 세력이 되었으므로 〈금수정〉의 방문자는 늘어날 수밖에 없다.[37] 앞에 검토한 것처럼 1683년, 당대의 거인 송시열이 노구(당시 77세)를 이끌고 〈금수정〉과 〈창옥병〉을 방문한 것은, 서인의 시조 격인 박순의 사당을 참배하고, 〈금수정〉에서 김수항을 만나 정국의 추이를 논의했을 가능성을 부인할 수 없다. 〈연보〉에는 당시 금강산에 가 있던 송시열에게 빨리 서울로 돌아오라는 왕의 독촉이 있었다고 했다.

이처럼 〈금수정〉은 빼어난 풍경과 건립 초기 양사언과의 특수한 인연, 대를 이은 정자 주인들의 철저한 유지 관리, 금강산과 함경도 가는 길목이라는 지정학적 위치, 후대에 신안동김씨 일파의 출입 등의 배경을 등에 업고, 조선 말기까지 수많은 문인들이 방문하고 관련 기록과 시를 남기는 영광을 안았다.

3. 〈금수정〉과 문학작품

이 장에서는 〈금수정〉과 관련된 문학작품들을 검토한다. 〈금수정〉 관련 한시들은 대단히 많지만 여러 가지 사정상 한정된 작품을 검토할

---

37) 물론 다른 당파들은 〈금수정〉에 오지 않았다는 뜻은 아니다. 〈금수정중수기〉를 쓴 채제공이나 〈금수정〉을 자주 찾고 많은 시와 기록을 남긴 허목 같은 인물은 남인 출신이다.

수밖에 없다.

1) 거주(居住) 문인들의 문학작품

여기서는 이 지역 출신이거나 이 지역에 우거했던 인물들이 쓴 〈금수정〉 관련 작품을 살펴본다. 지면 관계상 이미 앞 장에서 언급한 시들의 검토는 생략한다.

〈금수정(錦水亭)〉

十年塵土鬢如絲　풍진 십년에 귀밑털 실이 됐는데
一笑懽娛問幾時　한 번 즐겁게 웃은 적이 얼마나 될까
晩向江湖訪漁父　늦게나마 강호(江湖)로 어부를 찾아 가니
白鷗心事少人知　갈매기 좇는 마음 아는 이 누구일까[38]

〈우숙우두정(寓宿牛頭亭)〉

累宿牛頭水上堂　우두(牛頭) 물가의 집에 자주 묵으니
漸於風土見聞詳　점점 토풍(土風)에 관해 견문이 자세해졌다
洞民常道虎豹患　마을 사람들은 늘상 호표(虎豹)의 해(害)를 말하고
溪女不知時世粧　시냇가의 여인은 유행하는 단장 모른다
匙刮樹腰收白蜜　숟갈로 나무 허리 긁어 흰 꿀 거두고
杵鳴村外搗黃粱　마을 밖에서 절굿공이 울려 조를 찧는다
老夫新到無他業　이 늙은이는 새로 와 다른 일이 없고
案上先披採藥方　책상 위에 먼저 채약방(採藥方)을 펼친다[39]

38) 『蓬萊詩集』 卷之一, 七言絕句. 번역은 필자.
39) 차주환 역, 앞의 책, 243쪽에서 원문과 번역 인용. 오탈자를 필자가 바로잡았다.

순서대로 양사언과 박순의 작품이다. 양사언은 30세 되던 해에 식년문과(式年文科)에 병과(丙科)로 급제하여 벼슬 생활을 시작한 뒤 39세 되던 해에 함흥부사(咸興府使)에서 해임되어 귀향했다. 이듬해 대동승(大同丞)에 발탁될 때까지 고향인 포천에 돌아와 살았다. 이때가 그의 40여 년에 걸친 벼슬 생활 동안에 가장 오랜 기간 포천에서 지낸 시기라고 한다.[40] '십년진토(十年塵土)'란 표현으로 미루어 이 시기에 창작한 것이 아닌가 한다. 급제 후 꿈을 안고 벼슬살이를 시작했으나 10년 동안 속세의 풍파에 시달린 나머지, 이제는 강호에서 유유자적하겠다는 마음을 담았다. 두 번째 구에서 처음 환로에 나갔던 젊은 작자가 험난한 현실에 얼마나 가슴을 졸이며 살았는지를 짐작할 수 있다.

두 번째 시의 작자인 박순은 15년 동안 정승 자리에 있었으나 동서 당쟁이 격화되자 스스로 사직하고 물러나 사위가 사는 영평에 우거하였다. 1553년(명종 8) 정시문과에 장원으로 급제한 뒤 30년 이상 벼슬살이를 하면서, 초반에는 윤원형 일당의 횡포로 해직되어 낙향하기도 했으며 후반에는 동서 당쟁으로 마음의 고초를 많이 겪었다. 중앙정계에서 험난한 정쟁을 직접 겪어 본 노(老) 재상의 눈에 비친 순박한 시골사람들의 평화로운 생활 모습과 그들의 삶에 동화되어 가는 자신의 모습을 생생하게 묘사했다. 은퇴한 노 재상은 지금 순박한 시골사람들의 삶에 동참하여 오랜 정치 생활에서 얻은 마음의 병을 치유하고 있는 것이다. 박순에게 이곳은 혼탁한 속세에 대비되는 순박한, 치유의 공간이다.

이처럼 두 작품에서 〈금수정〉은 '진세(塵世)와 대비되는 순수한 공간'

40) 홍순석, 앞의 책, 25-26쪽 참조.

으로, 속세에서 얻은 내면의 상처를 치유하는 곳으로 묘사되었다.

다음 작품을 보자.

〈금수정(金水亭)〉

春游已多日　어느새 며칠 된 이번 봄놀이
夙駕更侵星　새벽에 길을 나서 밤까지 노네
馬首知何處　**말 머리 어느 쪽을 향해야 할지**
牛頭問古亭　**우두연(牛頭淵) 옛 정자에서 길을 묻노라**
　(…)
觴流仍禊節　물 위에 술잔 띄워 삼짇날 쇠고
柯爛卽仙扃　도낏자루 썩는 선경 따로 없으니
晉日追高會　진나라의 고상한 모임과 같고
秦餘訝近坰　무릉도원 가까이 있는 듯하네
　(…)
浪舂蓬萊筆　양봉래의 필적에 파도가 치고
苔漫石峯銘　한석봉의 명문(銘文)에 이끼가 끼어
人代嗟如許　**인간의 영고성쇠 이와 같건만**
川流詎或停　**강물이야 멈출 때가 어이 있으리**
不遑悲舊跡　**옛 자취 슬퍼할 경황도 없이**
轉自感親丁　**스스로 당한 처지 느꺼워지니**
疇昔陪先子　지난날 내 나이 젊었을 적에
登臨憶壯齡　선친을 모시고 이곳에 올라
秋淸倚霜樹　맑은 가을 서리 맞은 나무 기대고
月皎臥宵欞　밝은 달밤 창 아래 누워 있었지
往事依俙夢　지난 일 꿈속처럼 아스라하니
流光廿七螢　**번개처럼 이십칠 년 흘러간 세월**
恒河觀不變　**항하런가 강물 모습 변함없는데**

孤露涕空零　**아버님 여읜 나는 눈물 떨구네**
(…)
行藏戀叢桂　세속 떠난 은거 생활 바라던 바니
聚散信浮萍　**사람 인연 부평초와 다름없어라** (…)[41]

조금 길게 인용한 이 작품은 김창협의 것이다. 그는 이미 영평을 떠나 양주에 우거하고 있었는데, 50세 되던 1700년 3월 농암서실에 찾아와서 10여 일 동안 머물다 갔다. 이때 백로주(白鷺洲), 금수정(金水亭), 창옥병(蒼玉屛) 등 지역의 명승지를 두루 유람하였는데, 매번 이르기를 "이번 걸음에 유람한 경치는 전에 없이 마음에 든다."[42] 하였다고 한다. 밑줄 친 부분을 참고하면 이 시기에 쓴 작품으로 추정된다. 시 앞부분에서 묘사한 즐거운 모임과 관계없이, 작자는 영평에서의 지난 삶을 되돌아보고 좀 더 근원적인 인생의 의미를 탐구하여 미래 삶의 방향을 결정할 생각으로 이번 나들이를 기획한 듯하다. 작자에게 이곳은 과거의 추억을 되살리며 문인(門人)들과 즐길 수 있는 곳이지만, 이곳을 떠나는 순간 피할 수 없는 험한 세상과의 싸움이 기다리고 있었다.

굵은 글씨로 강조한 부분들에 작자의 심정이 잘 드러나 있다. 〈금수정〉에 남아있는 선인들의 자취가 희미해져 가는 것을 보고 인간사의 영고성쇠를 깨닫지만, 그런 보편적인 감성보다는 자신이 당한 힘든 일을 떠올리며 더욱 비감해 한다. 지금은 신원(伸冤)이 되었으나 선친은 유배지에서 이미 사약을 받았으며, 자신은 현재 조정에서 내리는 벼슬을 계속 사양하는 중이었다. "우두연(牛頭淵) 옛 정자에서 길을 묻노라"

41) 김창협, 앞의 책, 6권 〈詩〉에서 인용. 굵은 글씨와 밑줄은 필자.
42) 같은 책, 36권 연보 하 경진년(1700) 조 참조.

는 구절에서 작자의 복잡한 심경을 느낄 수 있다. 인용한 마지막 행이 작자가 그간의 고난을 통해 얻은 깨달음일 텐데, 〈연보〉에는 그해 7월에 셋째 딸을 잃고 10월에는 19세 된 아들 숭겸(崇謙)을 잃었다고 기록되어 있다. 아들과는 지우(知友)처럼 생각하며 사랑했던 바, 작자는 이후에 다시 시를 읊지 않았다고 한다. "이번 걸음에 유람한 경치는 전에 없이 마음에 든다."고 했다는 작자의 발언 등을 종합하여 생각하면 아지 못할 인생사의 깊이에 두려움을 느끼고, 작자 일가의 정치적 입장에 대한 평가와 관계없이, 인간적인 측면에서 작자의 처지를 생각하며 비감한 마음이 든다.

이번에는 〈금수정〉에 관련된 시조작품을 검토해보자.

옥소(玉簫)를 손의 들고 금수정(金水亭) 올나 가니
은구 철삭(銀鉤 鐵索)이 석면(石面)의 붉아쏘다
지금(至今)에 양봉래(楊蓬萊) 업ᄉᆞ니 놀 니 업ᄉᆞ ᄒᆞ노라 (238번 작품)

벼ᄉᆞᆯ를 ᄇᆞ리거다 젓나귀로 도라오니
새 ᄀᆞ을 금수정(金水亭)의 여윈 고기 ᄉᆞᆯ지도다
아희야 그믈 더져라 날 보내려 ᄒᆞ노라 (240번 작품)[43)]

이 작품들은 이한진(李漢鎭, 1732-1815)의 시조이다. 이한진의 자는 중운(仲雲), 호는 경산(京山)이며, 본관은 성주(星州)인데 당대에 글씨와 퉁소로써 유명하였으며, 뚜렷한 벼슬을 하지 않고 포의로서 풍류를 즐기

---

43) 『연민본 청구영언』 혹은 『이한진본 청구영언』이라 하는 시조집에서 인용했고, 괄호 안의 숫자는 작품출전 번호다.

는 일생을 살았다.[44] 포천 출생으로 젊어서는 서울 북악산 아래에서 살면서 김용겸·홍대용·박지원·이덕무·박제가·김홍도·이서구·성대중 등 당대의 명사들과 교유하며 풍류를 즐겼다. 그는 젊을 때 김용겸(金用謙, 1702-1789)에게 글과 음률을 배웠는데, 이는 그의 어머니가 김창흡의 손녀(김치겸金致謙의 딸)로 안동 김문이 그의 외가가 되는 인연 때문인 듯하다. 만년에는 향리인 동음(洞陰)에 내려와 살았는데 이곳에도 김창협 형제의 우거지(寓居地)가 있어서, 이한진의 일생은 안동 김문의 영향이 크다고 할 수 있다. 이 시조들은 작자가 영평에 내려와 살 때 지은 것이다.

첫 번째 시조에서 '은구철삭'은 표면적으로는 은 갈고리와 쇠줄이라는 뜻인데, '위려(威麗)한 초서를 형용하는 말'로 특히 양사언이 회양군수로 있을 때 금강산 만폭동 바위에 새겼다는 글씨를 비유하는 말이다.[45] 여기서는 〈금수정〉 바위에 새겨놓은 양사언의 글씨를 지시하는 바 자신도 글씨와 퉁소에 조예가 있었으므로 감회가 깊었을 것이다. 두 번째 시조의 초장은 전형적인 '귀거래(歸去來)' 류의 표현이다. 그저 '번우한 속세를 떠나 전원으로 돌아왔다'는 정도의 뜻이니, 작자가 벼슬도 하지 않았으면서 무슨 벼슬을 버렸다고 하느냐며 정색할 필요는 없다. 중장의 '새 가을'은 작자가 전원에서 새로운 삶을 시작함을 중의적으로 나타내고, '여윈 고기'가 살지다는 것은 펼쳐질 미래의 전원생활에 대한 기대를 포함하는 표현이다.

이상으로 이 지역 출신이거나 이곳에 우거한 적이 있는 이들의 작

---

44) 이한진과 그의 문학에 대해서는 정흥모, 「경산 이한진의 풍류와 문학」, 『인문학연구』 제4호, 대진대인문학연구소, 2008, 23-41쪽에서 주로 참고했다.

45) "蓬萊楓嶽 元化洞天"이 그것이다.

품을 검토해보았다. 2장 2절에서 검토했듯이 「학산초담」에 실린 시 〈금수정錦水亭〉이나 바위에 새긴 〈증금옹(贈琴翁)〉은 〈금수정〉에서의 신선 같은 풍류 생활을 묘사하고 있다. 그러나 이 절에서 살펴본 양사언·박순·이한진의 작품은 번우(煩憂)한 속세를 떠나 강호에서 한정을 즐기는 내용이어서, 진세(塵世)에서 얻은 상처를 치료해주는 삶의 공간으로서 〈금수정〉을 바라보고 있을 알 수 있다. 김창협의 작품은 젊은 날 이곳에서 가졌던 선친과의 즐거운 추억을 회상하고, 험난한 세상에서 인간사의 '영고성쇠'를 다시 생각하는 내용이다. 즉 그에게 〈금수정〉이란 평화롭고 즐거웠던 과거의 추억을 되돌아보는 매개체로서 작용한 것이다.

2) 비거주(非居住) 문인들의 문학작품

이 절에서는 다른 지역에 살면서 〈금수정〉을 유람한 문인들의 작품을 살펴본다.

〈금수정(金水亭)〉 3수[46)]
牛頭自昔亦聞名　우두연은 예부터 이름났는데
今日還來水上行　오늘 다시 와서 물가를 거니네
曾識主人無處問　일찍이 인사 나누었던 주인을 찾을 곳 없으매
可憐浮世足傷情　가련하다 속절없는 세상이 마음을 상하게 하네[47)]

46) 박세당, 앞의 책, 제3권 〈시(詩)〉. 서두에 다음과 같은 付記가 있었다.
○후북정록(後北征錄) 무진년(1688, 숙종 14) 봄에 짓다. ○형의 아들 판서공 박태상(朴泰尙)이 함경도 관찰사가 되었을 때 감영에서 선대의 시호를 맞았다. 선생께서 그곳에 갔을 때 지은 것이다.

(두 번째 시 생략)
纍纍疊石曝黿鼉　울퉁불퉁 쌓인 돌이 자라 등 같은데
半倚溪頭半入波　반쯤은 기슭에 반쯤은 물속에 있네
見有楊家題刻在　바위에 새겨진 양봉래의 글씨를 보니
數行堪換一群鵝　몇 행의 글씨가 한 무리의 거위와 바꿀 만하네

이 작품은 박세당의 것으로, 집안의 경사스런 일로 함경도에 가는 길에 〈금수정〉에 들러 감회를 노래한 것이다. 첫 번째 작품은 〈금수정〉의 옛 주인과 인연이 있었으나 그가 이미 세상을 떠났음을 안타까워하는 내용이다. 명승지에서 선인들의 유적(遺跡)을 보고 세상사의 무상함을 느끼는 일은 전형적인 감회다. 그러나 자신과 직접 인연이 닿았던 인물의 부재를 목도하는 것은 더욱 깊은 내면의 울림을 가져온다. 이 시는 그런 정서를 노래했다.

두 번째 작품은 양사언의 글씨에 관한 소회이다. 진(晋)나라 때의 왕희지가 산음현(山陰縣)의 한 도사에게 글씨를 써주고 거위와 바꾸었다는 고사를 인용하며 바위에 새긴 글씨의 뛰어남을 찬미하고 있다. 2장 2절에서 검토한 박세당이 양사언의 '삼오칠언시'를 모방한 작품과 더불어 살피면, 그가 〈금수정〉의 풍류에 흠뻑 빠져 있음을 알 수 있다.

다른 작가의 작품을 하나 더 살펴보기로 한다.

〈등금수정(登金水亭)〉
蓬萊仙子乘雲去　양봉래는 구름 타고 이미 떠났고

47) "금수정은 도사 김환(金奐)의 옛 별업이다. 김환이 일찍이 석천으로 나를 찾아와 한 번 인사를 나누었다. 지금 세상을 떠난 지 이미 오래되었으니 이곳을 지나며 감회가 없을 수 없다."는 付記가 있다.

江上獨留金水亭　강 위에 정자 홀로 남아 있네
山色擧盃來彷彿　잔 들고 바라보니 산 빛은 더욱 가깝고
灘聲倚檻聽丁寧　난간에 기대어 청량한 여울 물 소리 듣는다
依微遠樹洞陰縣　나무 숲 너머 동음(洞陰) 고을은 아득하고
咫尺翠崖蒼玉屛　푸른 절벽 창옥병은 가까이 있네
水淺行人騎馬渡　냇물은 얕아서 말을 타고 건너니
虛舟自在繫沙汀　냇가 모래사장엔 빈 배만 매여 있네[48)]

이 작품은 조선후기에 대사헌·공조판서 등을 역임하고, 강문팔학사(江門八學士)의 한 사람으로서 호락논쟁(湖洛論爭)의 중심 인물로 꼽힌 윤봉구(尹鳳九, 1683-1767)의 시이다. 그는 권상하(權尙夏)의 문인으로, 서인에 속한다. 전반부에서 작자는 신선 같은 풍류를 즐기던 양사언은 이미 떠났지만 빼어난 산수에 세워진 정자는 여전히 남아있다고 하며 〈금수정〉에서의 옛 풍류를 회상한다. 후반부에서는 속세[洞陰縣]는 멀리 있고 강호[昌玉屛]는 가까이 있다 하여 두 개의 세계를 분리한 뒤, 여기는 속세인들이 많이 찾지 않는 '별유천지'임을 강조한다.

이제 마지막으로 좀 독특한 기록과 작품을 검토해보자.

『동유첩(東遊帖)』[49)]

8월 6일, 금수정을 구경했다. 바윗돌 위에 세워진 정자라 굽이쳐 내린 시냇물이 이룬 연못을 내려다 볼 수 있었다. (…) ① <u>푸른 절벽에 옛 사람의 필적이 보이기에 이끼를 걷어내 보았으나 글자의 흔적만</u>

48) 윤봉구, 『屛溪先生集』 卷之一, 〈詩〉. 번역은 필자.

49) 이풍익, 『동유첩』, 이충구·이성민 옮김, 성균관대출판부, 2005, 31쪽. 밑줄 필자. 이 부분에 대한 인용과 번역은 모두 이 책을 참조했다.

> 있을 뿐 내용은 알 수 없었다. 잠시 뒤 저녁상을 받아보니 ② 향긋한 나물에 살진 생선이 전부였다. 산골 마을다운 참으로 소박한 밥상이었다. 대낮처럼 밝은 달빛을 벗 삼아 정자 근처를 산보하였다. 옅은 안개 아래로 물결치는 맑은 계곡, ③ 나는 그 화폭 속에 신선이 되었다.

〈금수정만조(金水亭晚眺)〉[50]

座來茶熟酒醒初	뜨거운 차 한 모금에 술기운 가시고
溪雨林風意有餘	빗물 계곡 바람 숲에 이 내 맘 느긋하다
山掃蛾眉張子畵	눈썹 그린 듯 산뜻한 산, 장승요의 그림이요
巖留鳥跡右軍書	바위에 남은 새 발자국, 왕희지의 글씨로다,
牧童短笛跨黃犢	피리 부는 목동은 송아지 등에 앉았고
釣叟長竿擧白魚	강태공 낚싯대엔 파닥이는 은빛 바늘
安得此間營小築	내 이곳에 초가삼간 엮어 두고서
隔籬連屋共君居	그대와 이웃되어 천년만년 살고지고

위 기록과 작품은 조선 말기에 예조·이조·공조·형조판서 등을 두루 지낸 관료 문인이었던 이풍익(李豊翼, 1804-1887)의 것이다. 그는 1825년(21세)에 금강산을 유람하고 기행문과 시를 모아서 『동유기(東遊記)』를 지었으며, 여기에 화공을 시켜 그리게 한 금강산 실경산수화 28점을 더해 하나의 서화첩으로 묶어 내어 『동유첩(東遊帖)』이라 하였다. 8월 4일 서울을 출발하여 8월 5일 황혼 무렵에 영평현에 도착하고, 8월 6일 〈금수정〉을 유람했는데 위 기록과 시는 그중의 일부이다.

금강산 여행길이라 마음이 그런 쪽으로 기울기도 했겠지만, 작자는 〈금수정〉과 그 주변을 환상적으로 묘사하고 있다. 밑줄 ①은 이곳이

50) 같은 책, 82쪽.

옛날 신선들이 노닐었던 곳이라는 점을 암시하며, ②는 시간이 흘렀어도 그 후손들이 속세를 등지고 순박하게 살아가는 이곳이야말로 별유천지임을 강조하는 수법이다. ③은 그 분위기에 동화되어 자신도 잠시 속세를 잊고 신선처럼 살고 싶다는 의미이다. 여행자의 고양된 심리에서 오는 과장 섞인 서술이 없다고 할 수는 없다. 이어 인용한 시 〈금수정의 저녁 풍경〉 역시 같은 정서를 보인다. 작자는 전반부에서 〈금수정〉의 빼어난 경치를 찬미하고 선인들의 옛 자취를 추억한다. 이어 후반부에서는 현재의 〈금수정〉 공간도 여전히 속세와 구분되는 은자(隱者)들이 사는 모습을 보이고 있으며, 자신도 이런 삶에 동참하고 싶다고 노래한다. 물론 그것은 현실적으로 불가능하며 여행자의 일시적 흥취에서 나온 발언임을 작자나 독자 모두가 알고 있다. 정리하자면 이풍익의 유람기와 시는 〈금수정〉의 승경(勝景)과 이곳에 전해오는 풍류고사(風流古事), 그리고 현재 이곳에 사는 사람들의 소박한 삶을 묘사하여, 이곳이야말로 '별유천지비인간別有天地非人間'임을 약간 과장되게 표현하고 있다.

간단히 살펴본 바와 같이, 다른 지역에 사는 문인들이 〈금수정〉을 유람하고 그 소회를 표출한 작품들은, 대부분 〈금수정〉의 빼어난 경치에 감탄하며 아직 자취가 남아 있는 양사언의 글씨와 시를 통해 알 수 있는 선인들의 신선 같은 풍류 생활을 동경하는 내용이 주가 된다. 그들에게 〈금수정〉은 유람의 대상이요, 이곳에서 과거에 이루어진 신선 같은 풍류는 동경의 대상이다.

그런데 이와 대비하여 이 지역에 직접 살았던 이들의 작품은 미묘하게 다른 정서를 보인다. 앞서 검토했듯이 양사언과 박순에게 이곳은 좀 더 절실한 공간이었다. 그들에게 이곳은 풍진 세상에 시달려 상처받은 영혼에게 안식을 주는 공간, 속세의 사나움을 모르는 순박한 사람들이 살아가는, 그래서 자신들도 그렇게 살고 싶은 공간이다. 김창협에게는 선친과의 즐거운 추억을 상기해주는 곳이며, 이한진에게는 번우한 도시를 떠나 한가롭게 살고 싶은 전원이다. 이들에게 〈금수정〉과 그 주변은 거친 세상으로부터 자신들을 지켜주는 일종의 안전지대 같은 공간인 것이다. 거주 문인과 비거주 문인이 보이는 〈금수정〉에 대한 이러한 미묘하게 다른 인식은, '그곳'에서 직접 살아가는 사람의 관점과 유람객의 입장에서 바라보는 관점의 차이에서 오는 것이 아닌가 한다.

4. 마무리

지금까지 〈금수정〉의 건립 연원과 초창기에 독특한 이미지를 확립하기까지의 과정, 그리고 지정학적 특색 등을 살피고 〈금수정〉을 소재로 한 문학작품들을 검토해보았다. 논의를 요약하면 다음과 같다.

〈금수정〉은 조선중기에 포천 영평천 절벽 위 높은 지대에 구안동김씨들이 세운 정자이다. 건립 초기에 정자 주인 김윤복이 양사언과 깊이 교유하여, 이곳에서 거문고를 타고 시를 지으며 풍류 생활을 하면서 한석봉·양사언 등 명필들의 글씨와 시를 주변 바위에 새겨 놓아 문인들에게 널리 알려지게 되었다.

이후 조선시대 말기까지 〈금수정〉은 많은 문인들이 유람하고 그 감회를 기록과 시로 남기는 명소가 되었는데, 다음과 같은 몇 가지 이유 때문이다. 먼저 건립 초기 양사언과 김윤복의 풍류이다. 양사언은 일찍이 글씨와 시와 거문고에 빼어난 재능을 지니고 신선 같은 풍격으로 세인의 주목을 받았는데, 그의 금강산 풍류에 버금가는 자취를 〈금수정〉에 남겼다. 후인들이 이곳에 와서 그의 시와 글씨에 감탄하고 김윤복과의 '신선 풍류'를 동경했다.

두 번째 이유는 〈금수정〉이 자리 잡은 영평 지역의 지정학적 특성이다. 이 지역은 함경도와 금강산으로 가는 길목으로 많은 사람들이 거쳐 가는 곳이다. 함경도와 금강산을 오가는 길에 영평 지역의 명소를 답사하는 경우가 많다. 〈금수정〉은 이 지역의 대표적인 명소로서, 이곳에 남아 있는 양사언의 풍류의 자취가 금강산의 그것과 비슷하여 금강산과 더불어 '동반 유람'의 여정이 되었다.

마지막 이유는, 조선후기 서인의 핵심 가문인 신안동김씨 일파가 영평에 우거하면서 〈금수정〉을 출입한 일이다. 정자에서 가까운 곳에 박순이 우거하던 곳과 박순과 김수항을 제향한 〈옥병서원〉도 있어서, 후대에 서인에 속한 인물들이 빈번하게 방문할 만한 조건을 갖추었다.

〈금수정〉을 소재로 한 문학작품들은 이 지역에 거주했던 문인들과 단지 유람으로 방문했던 인물들의 작품에 미묘한 차이가 있다. 지역에 거주했던 문인들은, 풍류 생활을 노래한 작품도 있지만, 대체적으로 이곳을 풍진세상과 구분되는 순박한 삶의 공간으로 인식했다. 유람의 일환으로 방문했던 문인들의 작품에는 〈금수정〉과 그 주변공간을 '별유천지(別有天地)'로 보고 이곳에서 신선 같은 풍류를 즐겼던 양사언을 동경하는 내용이 많다.

16세기 이후 전국적으로 누정이 많이 건립되고 그곳을 중심으로 문예 활동을 하는 경우가 많았음은 기존 연구들을 통해서 알 수 있다. 그런데 누정문학은 천편일률적인 것이 아니라 누정과 그곳을 출입한 인물들의 개성에 따라 다양한 지향을 보인다. 정자와 그 주변의 산수자연, 그리고 그 앞에 펼쳐진 들판까지를 하나의 세계로 인식하여 그곳을 성리학적 이념이 구현된 이상적 공간으로 상정한 〈면앙정〉[51] 같은 경우가 있는가 하면, 진세(塵世)에서 벗어난 공간 혹은 풍류 공간으로 인식되는 〈금수정〉도 있는 것이다. 따라서 개별 누정의 정체성을 확인하는 작업이 누정문학의 전모를 파악하는 데 중요하다 할 것이다.

〈금수정〉에 관련된 기록이나 작품은 대단히 많은데 이글에서는 여러 가지 제약으로 인해 그 가운데 극히 일부만 검토할 수밖에 없었던 점이 아쉬움으로 남는다.

51) 박연호, 「면앙정 원림과 〈면앙정가〉」, 앞의 책, 143-156쪽 참조.

제2장

경산 이한진(京山 李漢鎭)의 풍류와 문학

1. 머리말

이한진(李漢鎭)은 자가 중운(仲雲)으로 전서(篆書)를 잘 썼는데, 골기(骨氣)가 부족하였다. 한 때 명관들이 많이 그의 전서를 요청해서 공가에 쓰이는 데 이바지했다.[1)]

금성현(金城縣)의 성벽 허리 부분에 각판(刻板)이 서너 칸 가로질러 있는데, 거기에 "서울과의 거리가 300여 리이고, 금강산 일만 이천 봉을 다스린다"고 쓰여 있다. 이 글씨는 경산(京山) 이한진이 쓴 예서(隸書)로서, 서체가 굳세고 힘차서 죽천(竹泉) 김진규(金鎭圭)가 낙민루(樂民樓)에 쓴 글씨와 서로 견줄 만하다.[2)]

이한진(1732-1815)의 자는 중운(仲雲), 호는 경산(京山)이며, 본관은 성

1) 이규상, 『병세재언록』(민족문학사연구소 한문학분과에서 『18세기조선인물지』로 변역 출판함, 창작과 비평사, 1997), 137쪽.

2) 이유원, 『林下筆記』 제27권, 〈금성 성벽에 쓰여있는 글〉. 여기서는 민족문화추진회 번역본을 인용했다.

주(星州)인데 당대에 글씨와 퉁소로서 유명하였으며, 뚜렷한 벼슬을 하지 않고 포의로서 풍류로운 일생을 살았다. 앞의 두 인용문은 그가 글씨를 잘 쓴다는 사실과 금성현의 성벽에 그의 글씨가 남아있다는 기록이다. 그는 문열공 이조년(文烈公 李兆年)의 후손으로, 그의 증조부 이광적(李光迪, 1628-1717)은 공조판서를 역임했다. 그러나 집안이 점차 쇠락하여 이한진은 벼슬과 무관하게 살면서 당대의 문인 명사들과 교유하며 풍류를 즐겼다. 그가 교유했던 인물들은 김용겸·홍대용·박지원·이덕무·박제가·김홍도·이서구·성대중 등 당대의 명사들로서, 우리는 이한진의 행적을 통해 18세기 서울에 살던 문인 지식층의 풍류 생활의 일단을 엿볼 수 있다. 또한 그는 시조집 『청구영언』을 편찬했고[3], 시조 몇 수와 〈속어부사〉 등의 작품을 남겼다.

이한진은 포천 출생으로서 그의 외가인 안동김씨 일문의 어른 김용겸에게 글을 배웠으며, 김용겸의 교유 범위에 있던 당대의 명사들과 어울려 풍류 생활을 했고, 같은 포천 출신인 성대중 일가와 친밀한 관계를 맺었다. 당시 안동김씨 일문은 포천에 일정한 생활 기반을 가지고 있었다. 따라서 이한진이 당대의 명사들과 어울려 풍류 생활을 하게 된 배경으로 그가 포천 출신이라는 점도 상당히 중요하게 작용했다. '포천의 인물 연구'라는 기획 안에서 이한진을 소개하려는 이유가 여기에 있다.

이 글에서는 이한진이 당대 명사들과 교유를 통한 풍류 생활의 구체적 실상을 추적해보고, 그가 지은 〈속어부사〉와 시조작품들을 통해 그의 문학세계를 분석하기로 한다.[4]

---

3) 『연민본 청구영언』 또는 『이한진본 청구영언』이 그것이다.

2. 명사들과의 교유와 풍류 생활

이한진의 문집이 남아있지 않아 그의 생애에 대해 상세하게 알 수는 없다. 다만 그와 교유했던 인물들의 문집에 실려 있는 단편적인 기록을 통해 유추해 볼 수 있을 따름이다. 먼저 조선후기 경화벌열가 중에서도 '문학과 예술에 대한 애호·향유가 두드러진 가문'인 풍산홍씨가의 홍직영(洪稷榮, 1782-1842)이 지은 〈경산이공전(京山李公傳)〉을 살펴보자.

> 이공 한진(李公漢鎭)의 자는 중운. 성산(星山) 사람이다. 자호는 경산(京山)이다. 집안이 대대로 청한(淸寒)하였으나 사족의 명맥은 이어왔다. … 공은 전예(篆隸)를 잘하여 … 대소 비갈(碑碣)과 원근 누관(樓觀)에 공의 글씨로 된 것이 많이 전한다고 한다. 기유년(1789) 사도세자의 능을 옮길 때 일찍이 남을 대신해서 비의 두전(頭篆)을 써 올린 적이 있었다. … 중년에는 더 이상 공사(貢士)의 길을 가지 않고는 산수 사이를 왕래하며 지냈다. 더불어 교유한 이는 시인과 기사(奇士)들이 많았는데 만년에는 동음(峒陰)에 살면서 봄 가을로 한가한 날에 때로 서울 나들이를 하였다. 석 자되는 꼬리털이 다 빠진 나귀를 타고 평두노자(平頭奴子)는 채찍을 쥐고 그 뒤를 따르는데 노비의 등에는 조그만 봇짐 하나가 지여져 있었으니 그 안에는 차[茶], 약(藥), 서첩(書帖) 및 옥퉁소 하나일 뿐이었다. 행장의 청쇄(淸灑)하기가 완연히 한 폭 살아

---

4) 이한진과 『이한진편 청구영언』에 대한 주요한 선행연구들은 다음과 같다.
심재완, 「이한진편저 청구영언에 대하여」, 『어문학』 7, 한국어문학회, 1961; 김종화, 「이한진과 그의 〈청구영언〉 연구」, 고려대 석사학위논문, 1994. 6; 이형대, 「어부형상의 시가사적 전개와 세계인식」, 고려대 박사학위논문, 1997; 김영진, 「조선후기 시가 관련 신자료(1)」, 『한국시가연구』 20집, 한국시가학회, 2006.
이 가운데 김종화의 논문은 이한진과 그의 『청구영언』에 대한 종합적인 연구로서 본고는 이 논문의 연구결과를 바탕으로 출발하고 있음을 밝혀둔다.

> 있는 그림이었다. … 사람들이 이를 쳐다보고는 노선(老仙)이 하강한 것이라 여겼다 한다. …[5]

이한진은 한미해져 가는 사족 가문 출신으로서 글씨를 잘 썼으며 중년 이후에는 세속의 명리를 초월하여 (적어도 표면적으로는)신선 같은 풍류 생활을 했다는 사실을 알 수 있다. 만년에 고향인 동음으로 들어가 살았는데, 이는 "어진 아내를 잃어 집 식구들을 이끌고 동음 산속으로 들어갔으니 고향의 자연에 머물면서 장차 생애를 마치고자 하였다"[6]는 구절로 미루어 보아 이한진이 부인을 사별한 후에 고향으로 물러난 것으로 보인다. 그가 한거한 동음은 지금의 포천시 창수면 일대이다. 그의 묘지가 창수면 주원리 임봉동에 있고, 성대중은 소흘면 초가리에 살고 있었는데 이한진이 살고 있는 경산초당(京山草堂)과는 10리 정도의 거리가 있다는 기록들이 참고가 된다.[7]

이한진에 대한 가장 풍부한 기록은 성대중(成大中, 1732-1812)과 그의 아들 성해응(成海應, 1760-1839)의 문집에서 발견된다. 이들은 같은 포천 출신으로 성대중과 이한진은 동갑이었고, 무엇보다도 교교재 김용겸(嘐嘐齋 金用謙, 1702-1789)을 통해 연결되어 있었다. 안동 김씨 집안과 성대중 일가는 선대에 사돈 관계가 있었으며, 이한진의 어머니는 김수항(金壽恒, 1629-1689)의 증손녀요 김창흡(金昌翕, 1653-1722)의 손녀이며

---

5) 김영진, 앞의 논문, 218-220쪽에 원문과 번역문이 소개되어 있다. 이 글에서는 김영진의 번역을 재인용한다.

6) 乃窮老無成又喪其賢配 挈家入洞陰山中 依止松楸 將以之而畢命. 성대중, 〈送李仲雲盡室入洞陰序〉. 『青城集』 권5, 여강출판사, 1985, 248-439d. 원문 인용은 한국고전번역원의 인터넷사이트에서 했다. 이하 『청성집』 인용은 같은 곳에서 한다.

7) 김종화, 앞의 논문, 주 41) 참조.

김치겸의 딸이다.

> 공은 일찍이 교교재 김용겸의 문하에서 수학했는데 곧 외가 어른이다. 김공이 평소 예악을 익혔기 때문에 공도 이에 따라 음률에 능통할 수가 있었다. 일찍이 금강산에서 노닐 적에 밤에 헐성루에 올라 통소 몇 곡을 연주했는데 승려 무리가 신선으로 여겼다.[8)]

> 공은 젊어서 북산의 취미대 옆에서 살았는데 자연 경관이 그윽하고 빼어났다. 도성의 많은 명사들이 술을 가지고 이르러 모두 공을 주인으로 삼아 풍류를 즐겼다. 만년에 동음의 선영 아래로 돌아갔는데 동음 또한 아름다운 산수가 많아 소요하며 자오(自娛)하였다. 북산은 선원, 청음 이래로 세거하던 곳이고 동음 역시 농암, 삼연이 노닐던 곳이다.[9)]

이한진은 젊어서 김용겸에게 글과 음률을 배웠으며, 북악산 밑에서 살았는데 이곳은 선원 김상용(仙源 金尙容, 1561-1637)과 청음 김상헌(淸陰 金尙憲, 1570-1652) 때부터 안동김씨 일문이 세거하던 곳이다. 만년에 우거한 동음 또한 김창흡 형제가 노닐던 곳이다. 이것은 이한진의 삶의 공간과 동선이 외가인 안동김씨 일문의 자장 안에 있음을 의미하는 것이다.

북산의 취미대(翠微臺)는 '악하풍류(岳下風流)'의 근거지라 할 수 있는

8) 公早從嘐齋金公遊 卽外黨也 金公素習禮樂 公遂通音律 甞遊金剛 夜登歇惺樓 弄簫數曲 僧徒以爲神仙云. 성해응, 〈世好錄〉-李漢鎭, 『研經齋全集』 권49, 275-040d. 원문 인용은 한국고전번역원 인터넷사이트에서 했다.

9) 公少居北山翠微臺傍 泉石幽絕 都下名士載酒而至 皆就公爲主 晩而歸洞陰之墓下 洞陰亦多佳山水 逍遙自娛 北山自仙源淸陰以來所甞居 而洞陰又農巖三淵之所遊也. 위의 책, 275-041a.

곳으로, 김용겸을 비롯한 홍대용, 박지원 등 명사들이 모여 풍류를 즐기던 곳이다.[10] 이곳에서 이들은 시와 글씨와 그림과 음악과 노래가 어우러진 풍류 모임을 열었던 것이다. 이제 이들의 풍류 모임이 어떠했는지 구체적으로 살펴보자.

> 담헌 홍대용은 가야금을 놓고, 성경 홍경성은 거문고 잡고, 경산 이한진은 퉁소를 소매에서 꺼내고, 김억은 서양금을 들고, 악원공(樂院工) 보안이 또한 국수(國手)라 생황을 연주하며, 담헌의 유춘오에 모였다. 성습 유학중은 노래로써 거드는데 교교재 김용겸은 연장자여서 상석에 앉았다. 향기로운 술이 거나해지자 중악이 어우러져 일어난다. 뜰이 깊어 대낮인데도 고요하고 떨어진 꽃잎은 계단에 가득하다. 궁조, 우조 번갈아 나아오매 곡조는 현묘한 경지에 들어선다. 김용겸이 홀연히 자리에서 내려와 절을 하니 사람들은 모두 놀라 일어서서 피하였다. 김용겸은 "그대들 괴이 여기지 말라. 우(禹)임금은 선한 말에 절을 했다고 하네. 이것은 천상의 음악이다. 늙은이가 어찌 한 번 절하는 것을 아깝게 여기리오?"라고 말했다. 태화 홍원섭이 또한 그 모임에 참여했다가 나에게 이와 같이 말해주었다. 담헌이 세상을 뜬 다음해에 쓰다.[11]

---

10) '악하'는 '북악[白岳]의 아래'를 의미하며 연암그룹을 비롯한 당대 문인 명사들의 주요 활동무대였다고 한다. '악하풍류'는 위로는 17세기 후반과 18세기 전반에 김창협, 김창흡, 이병연, 정선 등이 참여했던 '白岳詞壇'의 문채풍류의 맥을 잇는 것이라 한다. 이에 대해서는 김영진, 앞의 논문, 216-217쪽. 김종화, 앞의 논문, 23-27쪽을 참조할 것.

11) 洪湛軒大容置伽倻琴 洪聖景景性操玄琴 李京山漢鎭袖洞簫 金檍挈西洋琴 樂院工普安亦國手也 奏笙簧 會于湛軒之留春塢 俞聖習學中 侑之以歌 嘐嘐金公用謙 以年德臨高坐 芳酒微醺 衆樂交作 園深晝靜 落花盈階 宮羽遞進 調入幽眇 金公忽下席而拜 衆皆驚起避之 公曰 諸君勿怪 禹拜昌言 此匀天廣樂也 老夫何惜一拜 洪太和元燮亦與其會 爲余道之如此 湛軒捨世之翌年 記. 성대중, 〈記留春塢樂會〉, 『청성집』 권6, 248-466b-c.

상사일(삼월삼짇날)에 경산 이한진 어른을 모시고 대은암에 모였으니 주된 참석자만도 14명이었다. 술독과 술잔이 어지러이 벌려 있고 지은 시문이 쌓이는데, 술이 반쯤 오르자 경산 어른께서는 전서를 쓰시고, 유환경(柳煥絅)은 거문고를 타고, 김홍도는 여러 새와 꽃과 대나무를 그렸다. … 내가 벼루를 받들고 나아가서 말하기를 … "만약 그 자취를 그림으로 그려 뒷사람들에게 전하지 않는다면 그 누가 이 모임의 훌륭함이 옛날 당시와 같았던 것이며, 우리가 다행히 태평한 시절에 태어나서 태평한 기상을 아름답게 장식했던 것을 알 수 있겠습니까?"라고 하였다. 이에 단원 김홍도에게 명하여 〈은암아집도〉를 그리게 했다.[12]

사집[성대중]은 붓을 잡으매 글씨가 솟아오르는 듯하고, 중운[이한진]이 전서를 쓰매 구름과 연기 같고, 화중[이광섭]은 팔분서(八分書)에 능하고, 덕재[구형원]는 또한 초서에 능하다. 기공[서상수]은 연꽃과 연잎을 그리고, 석여[김홍운]는 잘 취하기도 하고 잘 깨기도 하였으며, 청장관[이덕무]은 술에 지쳤고, … 중래[이덕무의 조카]는 여섯 살 먹은 아이인데 이에 끼어서 하늘 천자[天]를 썼고, 단원[김홍도]이 파초·국화·매죽(梅竹)·수성(壽星)을 그리던 솜씨가 아니면 어찌 이 기쁨을 제대로 표현할 수 있겠는가? … 거문고와 피리소리가 어울려 질탕한 가운데 술을 권하니, 이것은 모두 청장관이 즐거워하는 것이고 여러 손들이 어른을 위해 축수하는 것이다.[13]

황운조(黃運祚)는 … 해서를 잘 썼는데 획이 매섭고 법이 정연하였다 … 연기(燕岐) 원으로 있을 때의 일이다. 이광섭(李光燮)이 충청병사로

---

12) 유홍준, 「단원김홍도」, 『화인열전 2』(역사비평사, 2001), 225-226쪽.

13) 이덕무, 『청장관전서』, 〈先考積城縣監府君年譜〉 下, 무신년 4월 2일자.(민족문화추진회 국역본, 12권, 168쪽).

> 부임하였는데 그는 전서·그림·통소와 양금을 잘 하였다. 이한진은 전서와 통소를 잘 하였고, 김홍도(金弘道)는 그림을 잘 그렸는데, 연풍현감으로 있었다. 이한진이 서울로부터 병영에 놀러오고 김홍도가 연풍에서 왔기에 병사는 몸소 연기로 초청하는 편지를 보내 황운조를 불렀으나 그는 오지 않았다. 이에 병사가 격문으로 오게 하니 그는 어쩔 수 없이 나아갔다. 그러자 병사가 공적인 격식을 그만두게 하니, 각자 편복으로 둘러앉아 자기의 재주를 마음껏 펼쳤다. 전서와 그림은 그리기 어렵기 때문에 종일토록 겨우 10여 장에 그쳤으나, 글씨는 쓰기를 비바람같이 하니 황운조는 수백 장의 종이에 써내려갔다 … 연달아 큰 잔으로 술을 권하게 하였으나 … 이 모임을 이름하여 서원아집(西原雅集)이라 하였다.[14)]

첫 번째 인용문은 성대중의 글로, 홍대용의 원정(園庭)인 '유춘오(留春塢, 永禧殿의 북쪽 담장 밖에 있었다 함)'에서 벌어졌던 낙회(樂會)에 대해 홍원섭에게서 전해 듣고 기록한 것이다. 뜻이 통하는 인사들이 모여서 당대 최고 수준의 음악과 노래를 연주하고 들으며, 향기로운 술과 떨어지는 꽃잎에 취하며 고아한 담론을 즐기는 흥겨운 모습이 가히 신선들의 풍류라 할 만하다. 김용겸의 파격적인 행동을 통해 그들의 도도한 흥취를 엿볼 수 있다.

두 번째 인용문은 1788년 3월 3일 북악의 대은암(大隱巖)에 모여 풍류모임을 가진 전말을 기록한 것으로, 이 자리에 참석했던 권상신(權常愼, 1759-1825)이 찬문(讚文)을 쓴 것이다. 이때 이한진은 이미 50대 중반이었으므로 좌장 대접을 받고 있었다. 〈아집도(雅集圖)〉란 본래 송나라

---

14) 이규상, 앞의 책, 140-142쪽.

때 화가 이공린의 정원[西園]에 당대의 명류인 소동파, 미불, 황정견, 원통대사 등이 모여 시도 짓고 글씨도 쓰면서 담론했던 광경을 그린 〈서원아집도(西園雅集圖)〉에서 유래한 것으로, 이들의 고아한 모임이 훗날 문인·사대부의 한 이상적인 풍류로 생각되면서 아집도(雅集圖)의 한 장르로 발전한 것이라고 한다.[15] 글씨와 음악과 그림과 술, 그리고 봄날의 경치가 어우러진 고아한 풍류 모임의 모습을 상상할 수 있다.

세 번째 인용문은 은암 아집이 있은 지 한 달 뒤에 청장관 이덕무의 부친 칠순잔치에 당대의 명사들과 친지들이 모여서 축수(祝壽)하며 즐기는 모습을 기록한 것이다. 음악과 술이 어우러지는 흥겨운 분위기에서 어떤 사람은 글씨를 쓰고 어떤 사람은 그림을 그리며 당대 최고 수준의 솜씨를 뽐내며 노인에게 축수하는 장면을 상상해보자. 여섯 살 먹은 아이까지 끼어들어서 하늘 천자[天]를 썼다는 대목에 이르면 흥겨움이 정점에 이른다. 예인들을 돈 주고 초청하여 그들의 공연과 재주를 감상하는 소외된 잔치가 아니라 모든 사람들이 참여하는 진정한 잔치 풍류의 모습을 이 인용문을 통해 볼 수 있다. 이 글을 쓴 사람은 능계 김홍운으로 그의 맏아들이 이덕무의 사위이다.

마지막 인용문은 황운조와 이광섭, 이한진과 김홍도가 글씨·그림·음악과 술로서 즐거운 모임을 가졌다는 기록이다. 예술 세계의 친구들이 마침 청주 근처의 지방관으로 가 있어서 이한진이 청주까지 걸음을 한 듯하다. 공사에 바빠 초청을 사양하는 황운조를 공적인 격문으로 불러오고, 그가 오자 사적인 풍류 자리로 전환하는 병사 이광섭의 호탕한 행동이 인상적이다. 자신들의 예술적 경지가 당대 최고라는 자부심

---

15) 유홍준, 앞의 책, 189-190쪽.

이 거침없는 풍류와 '서원아집'이라는 이름 속에 드러난다.[16] 한편 김홍도와 이한진은 그림과 글씨의 명인으로서 다른 풍류석상에서도 자주 어울렸는데, 김홍도의 그림 5폭과 이한진의 글씨 16폭을 함께 엮은 ≪영정첩(寧靜帖)≫이 현재까지 전하고 있다.

간략하게 18세기 문인·명사들의 풍류 생활 모습을 이한진을 중심으로 살펴보았다. 이들의 풍류생활은 단순히 술만 마시는 것이 아니었다. 시·서·화·악이 어우러진, 그것도 당대 최고 경지의 예술적 감흥을 맛볼 수 있는 모임이었다. 영·정조 년간에 조선후기 문화를 활짝 꽃피울 수 있었던 데에는 이러한 풍류 모임의 공헌도 무시할 수 없을 것이다.

3. 이한진의 문학

이한진이 편찬한 『청구영언』에는 총 257수의 시조와 〈속어부사(續漁父詞)〉, 그리고 〈경산옹속어부사서(京山翁續漁父詞序)〉가 실려 있다. 일반적인 시조집이 곡조별·작자별·주제별 등의 분류 체계를 가지고 있는 데 비해 이 시조집은 뚜렷한 규칙 없이 작품이 배열돼 있다. 더욱이 작자 표기의 오류가 많이 발견되기도 한다. 이러한 사실들은 이 시조집의 편찬자인 이한진이 자신이 참석했던 풍류석상에서 불렸던 시조들을 임의로 수집 기록해 놓은 것이라 해석할 수 있다. 이 시조집에 등장하는 작자들이 주로 자신과 자주 어울렸던 사람들이거나 그들과 혈연적·학적·정치적 관계에 있던 전시대의 인물들이라는 사실도 방증이

16) 당시 병영이 있던 청주의 옛 이름이 '西原'인 데서 착안하여 宋나라 때의 '西園雅集'에 빗대어 명명한 것이다.

된다.[17)]

이한진 편 『청구영언』에는 총 10수의 신출 작품이 수록돼 있는데, 이 가운데 7수는 이한진의 작이고 2수는 김홍도, 1수는 김용겸의 작으로 되어 있다. 여기서는 이한진의 작품이라고 생각되는 시조와 〈속어부사〉를 중심으로 그의 문학세계를 검토하기로 한다.

아층의 밧출 갈고 저녁의 글 니르니
향래 성시(向來 城市)의 ᄒᆞ옴 업시 늙은 일이
지금에 아무리 뉘으츤들 밋츨 줄이 이시랴 (235번 작품)

쇼 친 더운 방(房)의 춘수(春睡)를 느지 깨여
일죽간(一竹竿) 두러메고 압내로 ᄂᆞ려 가니
아마도 세외 한정(世外 閒情)은 나 ᄲᅮᆫ인가 ᄒᆞ노라 (236번 작품)

백운(白雲)은 첨하(簷下)의 자고 권조(倦鳥)는 임중(林中)의 잔다
수촌 계견(數村 鷄犬)이 야인가(野人家)의 풍미(風味)로다
인간세(人間世)를 다 니ᄌᆞ시니 어늬 벗이 ᄎᆞ자오리 (237번 작품)

이 작품들은 전원에서의 한가로운 삶을 노래하고 있다. 235번 작품에서 작자는 젊은 날의 '도회지에서의 분주했지만 이룬 것 없는 삶'을 되돌아보면서 뒤늦게나마 돌아와 사는 농가에서의 삶을 잔잔하게 노래했다. '아침에 밭을 갈고 저녁에 글 읽는'다는 표현에서 전원에 사는 질박한 선비의 생활 모습을 떠올릴 수 있다. 이런 질박한 삶 속에는

17) 이한진 편 『청구영언』의 서지적 사항에 대해서는 김종화가 정밀한 검토를 진행한 바 있으므로 여기서는 세세한 언급을 생략하기로 한다.

속세의 욕심이 끼어들 여지가 없다. 뜬구름을 좇으며 정신없이 살던 젊은 날을 이제 와서 후회한들 무슨 소용이 있을까. 작자는 만년에 부인과 사별하고 고향인 동음에 들어왔다. 한 때 글씨와 음악에 다소 명망이 있었다 하나 인생을 정리하는 싯점에서 돌아보면 부질없이 느껴질 법도 하다.

236번 작품은 전원적 삶의 구체적인 모습을 묘사한 것이다. 소 여물을 쑤느라 불을 많이 때서 뜨뜻한 방에서 느지막이 깨어 일어나 대나무 낚싯대 하나 둘러메고 앞 냇가로 나가는 한가로운 정경이다. 237번 시조의 중장에 나오는 '야인'의 생활 모습이다.

조선전기 사대부의 강호시조가 단순히 '강호한정'만을 노래하는 것이 아니라 자연 속에서 심성을 수양하고 학문을 닦는 모습을 그리고 있는 데 반해, 조선후기로 올수록 전원에서의 한가로운 삶 자체를 추구하여 '농가의 생활상과 야인적(野人的) 흥취, 그리고 질박한 삶의 자족함이 두드러진'[18] 경향을 보이는 바, 이 작품도 그런 흐름에 맥이 닿아 있다. '쇼 친 더운 방' 같은 표현은 '심성을 수양하는 공간으로서의 강호'보다는 '농가의 구체적 일상'과 밀접한 관련을 맺는 것으로, 조선중기 이후의 전가(田家)시조에 등장하는 이미지이다.

237번 작품은 전원에 은거하는 선비의 한가로운 생활을 잘 표현하고 있다. 두보의 한시 〈강촌(江村)〉[19]에서 느낄 수 있는 종류의 고즈넉함과 평화로움을 노래하고 있다. 이 작품 속에 그려진 세계는 한없이 고

18) 김흥규, 「16,17세기 강호시조의 변모와 전가시조의 형성」, 『욕망과 형식의 시학』, 태학사, 1999, 196쪽.

19) "淸江一曲抱村流 長夏江村事事幽 自去自來堂上燕 相親相近水中鷗 老妻畵紙爲棋局 稚子敲針作釣鉤 多病所須唯藥物 微軀此外更何求". 杜甫. 〈江村〉 전문.

요하고 평화롭다. 새들은 숲속에서 졸고 있고 거침없이 흘러가야 할 흰 구름마저 처마 끝에서 자고 있다. 마을의 닭들이 꼬꼬거리고 개가 짖는 소리가 농촌의 고요하고 평화로움을 더욱 강조하는 장치로 작용하고 있다. 이 속에서 화려하고 복잡한 인간관계는 발붙일 여지가 전혀 없다.

이러한 종류의 한가로움은 '우주의 이법을 발견하고 체화하는 심성수양의 공간으로서의 자연'보다는 '번다한 세속을 벗어나 심신의 휴식을 취하는 공간으로서의 자연'에서 얻을 수 있는 것이다. '야인가(野人家)'라는 시어가 이러한 의미를 더욱 강화하는 장치로 작용하고 있는 바, 전자가 조선전기 강호시조의 지향이라면 후자는 조선후기에 등장하는 전가시조의 지향이라 할 수 있다.

이 세 작품들은 전원에서의 한가롭고 질박한 삶을 평온하게 노래하고 있다. 이한진이 만년에 귀향하여 찾은 공간은 '그 속에서 심성을 수양하는 강호자연'이 아니라 지친 몸과 마음을 달래주는 평화로운 전원이었던 것이다.

옥소(玉簫)를 손의 들고 금수정(金水亭) 올나 가니
은구 철삭(銀鉤 鐵索)이 석면(石面)의 뷝아또다
지금(至今)에 양봉래(楊蓬萊) 업스니 놀 니 업스 ᄒᆞ노라 (238번 작품)

창옥병(蒼玉屛) 기픈 골의 묘문(廟門)이 엄숙(嚴肅)ᄒᆞ니
삼현 동림(三賢 同臨)이 만고(萬古)의 빗나도다
석양(夕陽)의 만학 후생(晩學 後生)이 불승경앙(不勝景仰) ᄒᆞ여라
(239번 작품)

벼슬를 ᄇᆞ리거다 젓나귀로 도라오니
새 ᄀᆞ을 금수정(金水亭)의 여윈 고기 ᄉᆞᆯ지도다
아희야 그믈 더져라 날 보내려 ᄒᆞ노라 (240번 작품)

위의 세 작품들은 만년에 작가가 은거한 포천 창수면 일대의 승경지(景勝地)를 소재로 하고 있다. 238번 시조에 등장하는 금수정은 포천 팔경의 하나로서 창수면 오가리에 있는 정자이다. 현판의 글씨를 봉래 양사언이 썼으며, 물 가운데 우뚝 솟은 바위에 새겨진 '경도(瓊島)'라는 암각문도 양사언의 글씨라고 알려져 있다.[20] 중장의 '은구 철삭'은 표면적으로는 은 갈고리와 쇠 줄이라는 뜻인데 '위려(威麗)한 초서를 형용하는 말'로 특히 양사언이 금강산 만폭동에 썼다는 글씨를 형용하는 말이다.[21] 아마도 이 작품은 바위에 새겨진 '경도'라는 양사언의 글씨를 보고 노래한 듯한데, 글씨로서 나름대로 일가를 이뤘다고 자부하는 작자로서는 이 양사언의 유적에 깊은 감회를 느꼈을 법하다. 이 금수정은 양사언 사후 대대로 구안동김씨의 소유가 되었으며, 김수항·김창협 등이 자주 찾던 곳이어서,[22] 안동김씨 가문을 외가로 둔 이한진으로서는 더욱 감회가 깊었을 것이다.

239번 작품에서 등장하는 창옥병도 역시 포천 팔경의 하나로 창수면 주원리에 있는데 일찍이 박순·이의건·김수항·김창협 등이 노닐던 곳이다. '기픈 골의 묘문'은 옥병서원(玉屛書院)을 말함이다. 창수면 주원

20) 간행위원회, 『포천군지』 下, 1997, 520-524쪽.

21) 양사언이 회양 군수로 있을 때 만폭동에 올라 "蓬萊楓岳元化洞天"이라는 여덟 자를 새겼다고 한다.

22) 금수정의 연혁에 대해서는 『포천군지』 下, 1997, 479-482쪽 참조.

리에 위치한 옥병서원은 만년에 창수면 옥병동에 우거하던 박순(朴淳, 1523-1589)을 기리는 사우로 창건했는데, 1698년(숙종 24)에 영의정 신완(申玩)의 주청으로 이의건(李義健, 1533-1621)과 김수항(金壽恒, 1629-1689)을 배향하고 1713년 '옥병'이라는 사액을 받았다.[23] 중장의 '삼현'은 이 세 사람을 가리킨다. 이한진에게 이의건은 집안의 어른이요 김수항은 외가의 어른이다. 박순은 서인의 시조 격인 인물이다. 김수항의 조카인 김창협이 포천에 거주하면서 옥병서원의 창건과 사액에 힘쓴[24] 점을 고려하면, 이한진에게 친가와 외가의 어른들의 자취가 남아있는 이곳이 더욱 의미가 있었을 것이다.

마지막 시조는 만년에 동음으로 물러나 한가로운 삶을 살고자 하는 의지를 노래했다. 이글의 2장에서 소개한 홍직영의 〈경산이공전〉에 묘사된 "만년에는 동음에 살면서 봄 가을로 한가한 날에 때로 서울 나들이를 하였다. 석 자되는 꼬리털이 다 빠진 나귀를 타고 평두노자(平頭奴子)는 채찍을 쥐고 그 뒤를 따르는데 노비의 등에는 조그만 봇짐 하나가 지여져 있었으니 그 안에는 차[茶], 약(藥), 서첩(書帖) 및 옥퉁소 하나일 뿐이었다."는 구절과 잘 맞아 떨어진다.

초장의 '젓나귀'란 다리를 저는 나귀라는 뜻으로 소박하게 사는 선비들의 나들이 동반자로서 조선후기 시조에 자주 등장하는 소도구이다. 중장의 첫구에서 '새 ᄀ을'이라 하여 과거의 도시 생활과 앞으로 살아가게 될 전원에서의 삶을 구분하였다. '여읜 고기 살지다'는 표현을 통해 앞으로의 전원생활에 대한 기대를 보여주는데, 이것은 물질적인 풍

23) 위의 책, 436쪽.

24) 위의 책, 437쪽. 김창협은 영평에 거주한 적도 있으며, 이동면 장암리에 농암서옥을 짓고 우거하기도 하였다.

요로움이 아닌 한가한 전원생활 속에서 느끼는 정신의 '살짐'을 말하는 것일 것이다. 종장에서는 금수정에서 한가롭게 고기잡이나 하면서 '가어옹(假漁翁)'으로 남은 날을 보내겠다는 심사를 드러냈다. 아이에게 그물을 던지라는 명령투의 앞 구와 가어옹으로 날을 보내겠다는 의지가 반영된 뒷 구절을 통해, 새롭게 시작하는 전원에서의 삶에 대한 작가의 가벼운 흥분과 기대를 읽을 수 있다.

이 세 작품들은 전원에서의 한가로운 삶을 노래하되 작자가 우거하는 곳의 구체적 장소와 연결지어 노래함으로써, 일반적인 '선언'으로 그치고 마는 귀거래류(歸去來類) 시조들이 가지는 추상성의 한계를 탈피하여 정서의 구체성을 획득하고 있다.

복잡한 도시 생활을 청산하고 한가로움 속에 정신적 풍요를 얻고자 고향으로 돌아온 작자는 자신의 삶의 지향을 〈속어부사〉의 창작으로 다시 한 번 확인한다.

동아시아의 문학적 전통에서 〈어부사(漁父詞)〉는 굴원으로부터 출발하여 '전원 산수의 발견과 세속으로부터의 초탈', '부정적 정치 현실을 떠나 강호에서의 생활' 등등의 다양한 내용을 담아 이어져 내려온 전통적인 문학 장르로서, 우리나라에서도 고려 중기 이후로 사대부들에게 꾸준한 사랑을 받으며 역사적 시기마다 각기 다른 심미 의식과 정신 지향을 보여주며 이어 내려왔다.[25)]

이한진이 지은 〈속어부사〉의 한 부분을 살펴보자.

江烟漠漠月中還ᄒᆞ고	강에는 이내 자욱한데 달빛 속에 돌아와서

---

25) 이에 대해서는 이형대의 앞의 논문이 참고가 된다.

蘆葉蕭蕭篷底眠을	갈대 잎 흔들리는 뜸[26] 아래서 잠이 드네
돗 디여라 돗 디여라	돛 내려라 돛 내려라
一灣流水護柴門을	한 구비 흐르는 물이 삽작문을 감싸돈다
至匊悤至匊悤於斯臥ᄒᆞ니	찌그덩 찌그덩 어여차 하니
翁自醉眠魚自樂을	어옹은 취해 잠이들고 물고기도 절로 즐겁다네 〈속어부사〉 4장

하루 종일 배를 타고 강에서 노닐다가 이내 자욱한 달밤에야 돌아온다. 속세를 잊었으니 급한 일이 전혀 없고 시간 가는 것도 관계없다. 거룻배에는 햇빛과 이슬을 가리기 위해 대로 엮은 뜸이 드리워져 있다. 한가로운 삶과 자연과 술에 취한 시인은 갈대 잎 흔들리는 뱃전에 누워 잠이 들고, 물굽이는 무심하게 삽작문을 감돌아 흐른다. 본래 고기잡이로 생업을 이어갈 뜻이 없으니, 어옹과 물고기가 어우러져 한가지로 즐거울 수밖에.

이처럼 이한진의 〈속어부사〉는 자연과 하나 되어 한가로이 세월을 보내는 어부[가어옹]의 생애를 잘 묘사하고 있다. 젊은 날 화려한 도시에서의 풍류를 뒤로 하고, 이한진이 얻은 마지막 풍류는 자연과 하나 된 어부의 풍류였다.

이제 마지막으로 이한진 편 『청구영언』에만 등장하는 시조 가운데 이한진의 소작(所作)이 아닌 작품 세 수를 검토해보자.

왕자구선(王子求仙) 월만대(月滿臺)ᄒᆞ니 옥소청전(玉簫淸轉) 학배회(鶴徘徊)라

26) 篷 : 대를 엮어 배나 수레 따위를 덮는 것. 거룻배.

곡조(曲調) 뭇츤 후의 간 곳들 부지(不知)ᄒᆞ니
산하(山下)의 벽도(碧桃)만시ᄉᆞ 춘자개(春自開)를 ᄒᆞ더라
(234번 작품)

춘수(春水)의 배를 ᄯᅴ여 가는 ᄃᆡ로 노ᄒᆞ시니
물 알ᄋᆡ 한늘이오 한늘 우희 물이로다
차 중(此 中)의 노안(老眼)의 뵈는 곳든 무중(霧中)인가 ᄒᆞ노라
(244번 작품)

먼ᄃᆡ ᄃᆞᆰ 우러ᄂᆞ냐 품의 든 님 가랴 ᄒᆞᄂᆡ
이제 보내고도 반 밤이나 남아시니
ᄎᆞ라리 보내지 말고 남은 정을 펴리라 (245번 작품)

234번 작품은 교교재 김용겸의 소작으로 되어있다. 왕자가 신선을 찾으니 달빛이 누대에 가득하고 옥퉁소 맑은 소리에 맞춰 학이 춤을 춘다. 퉁소 한 곡조를 마친 후에 신선은 간 곳이 없다. 초·중장은 고전문학 작품에 등장하는 일반적인 신선의 이미지를 노래하고 있다. 상투적인 이런 표현에 다소 식상할 수도 있겠지만, '일찍이 금강산에서 노닐 적에 밤에 헐성루에 올라 퉁소 몇 곡을 연주했는데 승려 무리가 신선으로 여겼다'고 하는 이한진에 관한 기록과 연결시켜 보면 이 작품이 생성된 배경을 구체적으로 상상할 수 있다. '산 아래의 벽도(碧桃)만 봄이라고 스스로 피더라'는 종장은 신선의 풍류와 자연의 운행이 일치된 상태의 고양된 미적 정서를 느끼게 해주며, 이 작품이 흔한 상투성에 빠지지 않고 일정한 품격을 갖추게 하는 장치로 작용하고 있다. 결론적으로 이 작품은 김용겸과 이한진 등이 수도 없이 경험했을 '승경지에서의 풍류'를 노래한 것이다.

244번 시조는 김홍도의 작품으로 되어 있다. 김홍도는 당대 그림의

명인으로 이한진과 풍류석상에서 자주 어울렸음은 앞에서 살핀 바 있다. 따뜻한 봄날을 맞아 배를 띄워 놓고 뱃놀이를 하는 장면이다. 드넓게 펼쳐진 물가는 하늘과 맞닿아 있는데 조그만 배에 누워서 바라보니 물이 하늘이요 하늘이 물이다. 자연의 경관에 취해서 하찮은 인간의 분별심을 잊었다(하늘이면 어떻고 물이면 어떤가!). 종장은 분별심을 잊은 상태에서 느끼는 감정의 순간적인 혼란과 우주 자연의 유현함을 표현한 것이다. 한 편의 수묵화를 연상시키는 이 작품은, 일반적으로 알려진 '풍속화의 대가'인 김홍도의 화가로서의 새로운 면목을 이해할 수 있는 좋은 재료이다.

245번 시조도 역시 김홍도의 작품으로 되어있다. 이 시조는 여러 가지 면에서 상당히 재미있다. 먼저 내용을 살펴보자. 사랑하는 두 남녀가 한 이불 속에 들어있다. 시간은 새벽닭이 울 때이니까 인시 초 정도가 되지 않았을까? 두 사람은 사회적으로 공인된 관계는 아니다. 기생과의 관계이거나 '내연의 관계'인 듯하다. 새벽닭이 울었으니 이제 헤어져야 한다. 임과 같이 있는 시간은 짧게만 느껴지고 홀로 있는 시간은 길게만 느껴진다. 비록 새벽이지만 아직 아침이 되려면 멀었으니 임을 보내지 않고 아침까지 남은 정을 펴겠다고 한다.

> 오경샴졈 첫마치의 가노라 이러나니
> 품안의 다졍튼 임이 다시 보니 무졍하다
> 아마도 보닌 후의 쟘들기 어려 (풍아 115)

이 작품은 조선후기 왕족 출신의 사대부인 이세보(李世輔, 1832-1895)가 지은 것이다. 사회적으로 공인받지 못한 사랑이기 때문에 새벽에

임을 보내고 홀로 뒤척이는 심란한 심정을 노래한 것이다. 이 작품은 당당한 사대부가 여성의 시점에서 사회적으로 공인받지 못한 사랑을 노래했다는 점에서 시조사적으로 중요한 의미가 있다.[27] 이세보는 수동적인 여성의 입장에서 임을 보내고 난 후의 외로움을 노래한 반면, 김홍도는 임을 보내지 않고 남은 정을 펴겠다는 적극적인 여성의 심사를 노래했다. 김홍도는 당대 최고의 화가였고 그 재능으로 현감 벼슬을 하기도 했지만 양반 출신은 아니다. 따라서 이세보 같은 당당한 양반이 이런 시조를 지은 것과는 구별돼야 하겠지만, 시기적으로 100여 년 앞서서 이런 시조를 지었다는 점은 주목하지 않을 수 없다.

각설하고, 이 작품은 이한진 그룹의 풍류 세계의 다른 면을 보여주는 자료로서 가치가 있다. 지금까지 검토한 자료들은 다양한 예술적 재능과 고아한 담론으로 이루어진 풍류 자리만을 보여준 데 비해 이 시조는 이들이 즐겼던 풍류 세계의 이면을 보여준다. 질탕한 술자리 뒤에 이어지는 남녀간의 애정 행각(물론 이때의 애정은 '건전한' 종류의 사랑이라고는 할 수 없다)의 한 면을 드러내고 있다. 이런 종류의 애정 행각은 시공을 초월하여 풍류남아를 자처하는 이들의 공통된 속성인지도 모르겠다.

이한진 편 『청구영언』에 등장하는 신출 작품 가운데 이한진의 작품이 아닌 세 수의 시조를 검토해 보았다. 다양한 주제와 내용을 지니고 있지만 모두 이한진과 같이 어울렸던 풍류 자리에서 산출된 작품들임을 확인할 수 있었다.

---

27) 이 작품을 비롯한 이세보의 애정시조가 가지는 시조사적 의미에 대해서는 정흥모, 「왕족 출신 사대부의 애정과 풍류」, 『조선후기 사대부시조의 세계인식』, 월인, 2001.을 참조할 것.

4. 마무리

이한진의 풍류 생활과 문학에 대해 간략하게 살펴보았다.

이한진은 김용겸·박지원·홍대용·박제가·이덕무·김홍도 등 당대의 명사들과 교유했다. 이처럼 당대의 명사들과 교유가 가능했던 것은 우선적으로 이한진이 지닌 예술적 역량[글씨와 퉁소] 때문이었지만, 안동김씨 일문의 역할도 무시할 수 없다. 안동김씨는 이한진의 외가이며 포천에 우거지를 두고 있었다는 점에서 가까이 교유할 수 있었으며, 같은 맥락에서 성대중 일가와도 긴밀하게 지내는 계기가 되었다. 한편 이한진이 김용겸이나 연암그룹 등과 교유했던 소위 '악하풍류'는 '백악사단'의 문채 풍류를 잇는 것으로서, 이들 사이에는 정치적 동질성이 자리하고 있었다. 18세기 후반 서울 지성인들의 풍류에 '포천'이라는 지역이 상당히 중요한 역할을 했다는 점이 재미있다.

이한진의 시조와 〈속어부사〉는 만년에 포천에 한거할 때 지은 것으로 보이며, 작품에도 포천 팔경 등의 지명이 등장한다. 내용은 전원에서의 한가로운 삶이 주가 되며 이것은 조선후기 전가시조에 많이 등장하는 주제이다. 젊은 날 시정에서의 풍류 생활을 정리하고 전원에 돌아온 만년의 심정이 잘 드러나 있다. 아울러 이한진 편『청구영언』에 등장하는 김용겸과 김홍도의 신출 작품들을 통해 이들이 어울렸던 풍류 활동의 실상에 대해 더욱 접근할 수 있었다는 점도 중요한 성과이다.

이 글은 '포천의 인물연구'라는 대 주제 아래 기획된 것이다. 따라서 포천 출신의 인물 가운데 아직 널리 알려지지 않은 인물들을 선정해서 그들의 활동상과 문학 세계를 소개하는 데 중점을 두었다. 글의 목적상 이한진의 풍류 생활과 문학 세계를 소개하는 데 중점을 두었으며, 이한진에 대한 기존의 논의를 정리하는 차원에서 더 나아가 새로운 이론을 정립하지는 못했다. 다만 그의 시조 작품과 김용겸, 김홍도의 시조 작품이 가지는 의미를 검토한 것은 나름대로 성과라 자부한다.

제3장

송사형(訟事型) 우화소설의 인물형상과 조선후기 향촌사회의 변모

1. 조선후기 사회변화와 요호부민(饒戶富民)의 등장

우화소설은 조선후기에 들어와서 본격적으로 만들어지고 널리 읽힌 단편의 서사양식이다. 우화소설의 양식적 근원으로 국외적으로는 인도의 불전설화(佛典說話), 국내적으로 『삼국사기』 소재의 〈귀토지설〉, 설총이 지었다는 〈화왕계〉, 그리고 가전체 문학 등을 생각할 수 있겠다. 그러나 동물을 소재로 한 설화적 형태의 우화는 문학사의 이른 시기부터 다양하게 존재해왔을 터인데, 그것이 소설로 발전되는 배경은 이른바 '중세사회의 해체기'인 조선후기 사회의 시대적 특수성이 자리 잡고 있다. 즉 설화적 차원의 우화를 소설로 개조하기 위해서는 "우화의 내용이 언제 어디서나 항상 있을 수 있는 대립을 다루는 데 그치지 않고 특정 시기의 사회적 상황과 결부되는 의미를 가질 수 있게끔 구체화하는 것이 필수적인 과제"[1]라 할 수 있다. 여기서 말하는 '항상 있을

1) 조동일, 『한국문학통사』 3, 지식산업사, 1986, 95쪽.

수 있는 대립'이란 이른바 초역사적인 범주로 포장된 인간이 가지고 있는 본질적 심성이나 윤리적 문제에서 발생하는 대립을 의미한다. 그런데 이런 대립들이 '특정 시기의 사회적 상황'과 결부되어 구체적인 의미를 가질 수 있으려면 현실생활의 경험적 질량을 서사화할 수 있는 일정 정도로 발전된 역사 단계가 전제되어야 한다. 보편 문학사에서 본격적인 의미에서의 소설의 발생 발전은 이런 사정을 잘 설명해주거니와 조선후기 사회야말로 이런 전제가 갖추어진 시대라고 할 수 있다.

알고 있듯이 18세기 이후 조선후기 사회는 사회 경제적 발전에 따라 16,7세기의 재지사족 중심의 향촌 지배질서가 조금씩 동요하기 시작한다. 수리시설의 보강과 시비(施肥) 기술의 개발에 따라 이앙법 등이 보급됨으로써 농업생산력이 급격하게 발달하였다. 한편 수공업 광업 부분의 발전과 상인자본의 성장은, 시장의 발달과 화폐의 전국적 유통을 토대로 한 상품화폐경제를 일정 정도 발전시켜 조세 수취의 금납화와 농업생산물의 상품화를 촉진시켰는데, 18세기 중엽 전국적으로 장시(場市)가 서게 된 것은 이러한 사정을 반영하는 것이다.

농업생산력의 발전은 농업 부문에서 부의 축적을 가능하게 하였으며, 토지의 상품화의 진전과 토지소유권의 신장은 평민(일부 천민 포함)도 축적한 부를 바탕으로 토지소유자가 될 수 있는 가능성을 열어 놓았다. 이러한 이른바 서민지주라고 부를 수 있는 계층의 등장은 한편으로는 경작할 토지를 잃은 빈농층을 양산하는 등의 농민층 내부의 분해뿐만 아니라 지배층 내부의 분해도 야기함으로써, 토지의 집중에 따른 양반토호의 지주제 강화와 양반지배층 일부가 전호로 전락하는 것을 촉진하기도 하였다. 또한 성장한 상인자본이 농업 경영에 참여하게 되면서 농업 경영 외에 곡물시장의 형성 등에 따른 지역적 계절적 곡가(穀

價) 차이를 이용하는 상업적 방법으로 인해 토지집중이 심화되기도 하였다.

이러한 변화 속에서 '토지소유자(지주) = 양반계층'의 정식은 깨어져 나가고, 부의 축적을 바탕으로 한 평민 천민의 신분상승 운동의 결과로 중세적 신분 질서도 균열이 일어나기 시작하는 등, 경제적 이해관계가 사회 세력의 존재 형태에 중요한 영향을 끼치게 되었다.[2] 그리하여 16,7세기 성리학적 이념에 기반을 둔 재지사족 중심의 향촌 지배질서가 가졌던 상대적 안정성과 이른바 공동체적 질서는 무너지기 시작했다. 즉 삼강오륜이나 향약의 실천 항목 등으로 대표되는 공동체적 윤리 규범들 보다는 "일국여광 성리시추(一國如狂 性利是趨)", "이지소재 형법불능금(利之所在 刑法不能禁)"[3]이라는 개탄에서 드러나듯이 개인의 경제적 이익 추구가 일상 행위의 실질적 동기로 작용하여 개인, 계층 간의 대립과 갈등이 현실화되기 시작한 것이다.

현실세계에서 대립되는 이해관계를 가진 두 사람 혹은 집단이 당사자끼리 대화와 타협으로 문제를 해결하지 못하고 제삼자인 공권력[官]에 그 해결을 의뢰하게 된다는 이른바 '송사소설'이 조선후기에 집중적으로 창작된 사실은 이러한 사회상황을 반영하고 있는 것이라 할 수 있다. 따라서 당대사회의 개인이나 계층 간의 첨예한 이해관계가 잘

---

2) 이상의 논의는 정승모, 「향촌사회의 지배세력의 형성과 조직화 과정」, 제19회 동양학 학술회의 강연초록(1989.10. 단국대동양학연구소 주최), 고석규·정진영·최윤오, 「신분 계급구성의 변동과 변혁주체의 성장」, 갑오농민전쟁 100주년 기념연구사업 제1회 학술 심포지움(1990.4), 고석규·한상권, 「18, 19세기 봉건모순의 심화와 '민'의 성장」, 『역사와 현실』 3(한국역사연구회, 1990.6)에서 필자가 논의의 필요에 따라 요약 정리한 것임.

3) 『영조실록』 권73, 영조 27년 3월 기해조.
『순조실록』 권12, 순조 9년 6월 신축조.

반영되어 있는 송사소설을 통해서 조선후기 사회의 개인적 집단적 대립 및 갈등의 형편과 그 문학적 반영 양상 및 그것의 의미를 살펴볼 수 있을 것이다.

이 시기의 송사소설들 중에서도 우화적 수법을 사용한 작품들이 주목되는 바, 이들 송사를 주제로 한 우화소설들에는 중세사회 해체기에 향촌사회에서 발생하는 각 계층 간의 대립과 갈등의 모습이 다양하게 형상화되어 있다. 특히 흥미 있는 사실은 그러한 대립과 갈등의 모습이 작품마다 특정한 계급적 입장에서 묘사하고 있다는 점이다. 이글에서는 송사를 주제로 한 우화소설 중에서 조선후기 사회에 새롭게 등장한 요호부민 계층의 입장을 대변한 것으로 보이는 작품들[4)]을 분석하여, 요호부민 계층 인물형상화의 구체적 실상과 그 이데올로기적 성격 및 그것의 문학사적 의의를 시론적으로 검토하고자 한다.

여기서 말하는 '요호부민(饒戶富民)' 계층은 조선후기, 특히 18세기 이후에 성장하고 잇던 계층으로서, 농업생산력의 발달로 인한 농민층의 양극분해 과정에서 대두한 부농과 상업발달로 성장한 상인, 그리고 부패한 중세적 지배질서에 편승하여 부를 축적한 하급관리(서리, 역관 …) 등으로 구성되어 있다.[5)]

이들은 생산력 발달과 아울러 중세사회 해체기의 사회적 혼란 속에서 일정한 수준까지는 부를 축적할 수 있었지만 양반지배층처럼 신분적 특권에 의지해 성장한 것은 아니었다. 그러나 중세사회에서는 신분적 특권이나 뇌물 등에 의지하지 않고는 사회적 지위나 권리, 재산을

---

4) 이글에서 주로 분석하는 대상들은 〈황식결송〉, 〈녹쳐사연회〉, 〈셔동지젼〉이다.

5) 이 요호·부민이라는 용어는 양반·양인·천민으로 구별되는 전통적 신분체제가 아닌 변화된 경제관계에 의한 계층적 질서의 형성을 표현한 것이라 할 수 있다.

적절히 보호받거나 신장시킬 수 없기 때문에 일정한 한계 이상의 부를 축적하는 것은 매우 어려운 상황이었다. 이들 중의 일부는 지방수령이나 서리들과 결탁하여 향촌사회의 수탈구조에 편입하기도 했으나 대부분은 권력이나 봉건적 특권으로부터 소외된 채 불법, 무단 앞에 노출되어 있었다. 즉 흉년이 들면 공명첩을 사들이는 조건으로, 또는 조건 없이[福民願納] 많은 곡식을 구휼미로 내어 놓아야 했으며, 삼정의 문란으로 상징되는 부패한 중간관리의 수탈의 대상이 되기도 했다. 그 결과 파산하여 빈농으로 전락하는 자도 속출했으며, 19세기에는 요호침탈의 문제가 중요한 사회문제로 제기되어 조정에서까지 논의되고 있었다.[6)]

한편 요호층은 신분적 계급적 성격상 주자학적 세계관에서 상대적으로 자유로울 수 있었으며 자신의 노력으로 재부를 축적하는 것에 대한 자부심도 있었으리라 생각한다. 비록 많은 한계는 가지고 있지만 근대 부르주아지의 맹아가 이들 안에서 발견되기도 한다. 그러나 한편으로는 소작료 착취나 고리대 수취 등 봉건적 체제에 기생하여 부를 축적하는 측면이 강했으므로, 이들 내부에는 중세적 질서를 지양하려는 성향과 함께 그것을 유지하고 공고화하려는 성향이 공존했다. 즉 자신들의 성장을 가로막는 부패한 관료체제에 대해서는 분명한 저항감을 가지고 있었지만, 부 축적과정의 기생성(寄生性)으로 인해 중세체제의 근본적 변혁을 거부하기도 하였다. 그러한 사정은 1862년 농민항쟁 당시, 초기에는 부패한 관료체제의 개혁을 위해 요호층이 일정 부분 지도적인 역할을 수행했으나, 항쟁이 진행되는 과정에서 빈농들의 근

6) 안병욱, 「19세기 민중의식의 성장과 민중운동」, 『역사비평』 1, 1987, 166쪽 참조.

본적인 체제 개혁 요구가 대두하기 시작하는 상황에 돌입하면서 대다수 요호층이 탈락한 사실을 통해서 짐작할 수 있다.[7)]

2. 우화소설에 형상화된 요호층

1) 〈황시결송〉

경상도 땅에 한 부자가 살았는데, 유리표박(流離漂泊)하는 무뢰한인 친척이 있어 갑자기 부자의 재산을 반분하자고 패악질을 한다. 이웃의 권유로 부자는 형조에 소송을 제기하지만 무도한 친척이 관원들에게 뇌물을 주는 바람에 패소하게 된다. 이에 부자가 황새의 우화를 이야기하며 형조의 관원들을 풍자한다는 내용의 이 작품은 액자소설의 형식을 취하고 있다. 이 작품의 주요 인물인 시골 부자와 그 친척의 인물 형상을 검토함으로서 작품의 주제에 접근해 보기로 한다.

부자는 "본듸 하향의 이셔 좀쳐로 글ᄌᆞ도 닑으며 상시의 박남ᄒᆞ여 좀쳐로 구변도 이시며 주제너문 문ᄌᆞ도 쓰"[8)]는 인물이다. 본래부터 시골에 살면서 재산이 풍족한 까닭에 글자를 알아 평소에 책을 읽어 구변도 좀 있기는 하지만 문자 쓰는 일이 주제넘은 일로 치부되는 것으로 보아 양반은 아니다. 또 부자는 형조에 원정(原情)을 올려 놓고 "그ᄉᆞ

---

7) 요호·부민층에 관해서는 안병욱, 위의 논문과 「임술민란에 있어서의 향회와 요호」, 『한국사론』 4, 1986. 박찬승, 「조선후기 농민항쟁사 연구현황」, 『중세사회해체기의 제문제』 하, 한울, 1987. 주 2)의 논문들을 참고해서 필자가 요약, 재구성한 것이다. 이들에 관해서는, 특히 한국 사회변혁의 경로와 관련하여, 아직 연구해야 할 점이 많이 있지만 이들의 존재와 계급적 성격 등에 관해서는 어느 정도 합의가 이루어졌다고 생각한다.

8) 김동욱 교주, 『한국고전문학대계』 13, 민중서관, 1976, 634쪽. 이하 같은 책에서 인용함.

이 셔리나 ᄎᄌ보고 셈이나 어둘 일이로ᄃᆡ 졔 이왕 그르지 아니ᄒᆞ게 ᄒᆞᆫ일을 젼혀 밋고 아모 사ᄅᆞᆷ도 ᄎᄌ보지 아니ᄒᆞ고 그 졀통ᄒᆞᆫ 심ᄉᆞ를 견ᄃᆡ지 못ᄒᆞ여 그 놈 속여 쥬끼만 기다리고 잇"(636쪽)는 시속물정이 어두운 사람으로, 아직 이른바 공동체적 질서가 남아 있는 향촌사회에서, 일정 정도 부를 축적해 가고 있던 평민, 즉 요호층의 형상이라고 할 수 있겠다.

부자의 친척은 어떤 사람인가? 그는 "본ᄃᆡ 허랑방탕ᄒᆞ므로 가산을 탕픽ᄒᆞ고 동셔로 유리"한다. 부자가 불쌍히 여겨 집과 전답을 사 주었으나 "갈수록 고이ᄒᆞ여 농ᄉᆞ도 아니ᄒᆞ"고 "온갖 노름ᄒᆞ기와 슐먹기를 죠와"하여 전답을 일조에 팔아 없애며, "졍쳐업시 단니기를 죠와"하므로 "쟝ᄉᆞ질"이나 하라고 밑천돈을 주면 그것도 다 없이 하고 돈이 떨어질 때마다 부자에게 와서 받아가다가 이제는 재물과 전답을 반씩 나누자고 패악질하는 무도한 인물이다.

허랑방탕하여 노름과 술먹기를 좋아하며 농사짓기를 싫어하고 동서로 유리표박하는 부정적으로 형상화된 인간형은 〈우부가〉 같은 서민가사에도 등장한다.[9] 이들은 상품화폐경제가 발달하고 도시의 상업적 문화가 농촌사회에 침투하여 공동체적 질서가 동요하기 시작하는 조선후기 사회에 새롭게 등장하는 인물형이다. 이들은 농민층의 분화 과정에서 토지의 기반을 상실했거나 미약한 기반을 가지고 있는 빈농층으로 미래에 대한 희망을 가지지 못한 자들로서, 도시의 상업적 문화가

9) "저건너 꼼생원은 … 欺人取物하자하니 일갓집에 부자없고 뜬재물 경영하고 京鄕없이 싸다니며 … 僞造文書 非理好訟 … 부자나 후려볼까 堰막이며 洑막이며 銀점이며 金점이며 … 대로변에 색주가며 노름판에 푼돈떼기" 김성배 외, 『주해가사문학전집』, 집문당, 1961, 269쪽.

보여주는 유흥성과 풍족함에 경도되어 일확천금을 꿈꾸는 인물형이다. 이들 중 극소수는 성공적인 상인자본의 길을 걷기도 하지만 대다수는 도시 주변의 부랑인으로 전락한다. 중세체제의 해체기에 필연적으로 등장하는 이러한 인물형들은 전통적인 농촌공동체의 윤리를 깨뜨리면서 오로지 경제적 이익을 좇아 협잡과 술수를 일삼는 자들이므로, 공동체적 질서를 유지하려는 입장에서는 부정적으로 묘사되며 이들의 행위는 경계의 대상이 된다.

이 부랑자인 친척은 비록 '허랑무도(虛浪無道)'하나 "쥬류사방ᄒᆞ미 문견이 너르고 견ᄒᆞ여 시속물졍을 아ᄂᆞᆫ지라, 이ᄯᅢ 송ᄉᆞ의 올나와 일변 친구도 ᄎᆞᄌᆞ셔 형죠의 쳥길을 뚤러 당샹이며 낭쳥이며 서리 ᄉᆞ령ᄭᅡ지"(636쪽) 매수한다. 그러므로 시속물정을 모르는 시골 부자와 무도한 친척의 대결은 필연적으로 부자의 패배로 귀결될 수밖에 없다.[10] 그런데 전통적인 향촌사회라면 무도한 친척을 공동체 내부에서 제어할 수도 있었다. 무도한 한 사람의 부랑자를 제어하지 못하고 송사를 하게 되는 것은 향촌사회의 견고한 결속력이 무너지는 양상을 보여주는 것이라 할 수 있다.

송사에서 패배한 부자는 분한 마음을 억누를 길이 없으나 다른 방법이 없으므로 판결한 관리들에게 무안(無顔)이나 뵈리라고 생각하여 '따오기의 뇌물을 받은 황새가 잘못된 재판을 한다'는 우화에 빗대어 부패한 형조의 관리들을 'ᄀᆡ아들 쇠ᄌᆞ식'이라고 욕한다. 비록 우회적인 방법으로라도 부패한 관리들을 신랄하게 욕을 하고, 그들이 무안해서 아

10) 시골 부자는 "저놈 달나 ᄒᆞᄂᆞᆫ되로 난화쥬고 친쳑간 서로 의를 상치 말나"(636쪽)는 판결에 따라 무도한 친척에게 재산의 반을 양도해야 한다.

무런 대꾸도 하지 못한다는 설정은 감정적으로 통쾌한 일임에는 틀림없지만, 역설적으로 잘못된 재판 결과에 대한 시골 부자의 현실적 무력감을 반증하는 것이다.

이상을 종합하면, 이 작품은 전통적인 향촌사회에서 부를 축적한 요호층이 부패한 관리나 무도한 친척으로 대표되는 세력의 침탈에 대해서 현실적으로 무력하게 대처하거나 그것에 대해 감정적 적대감을 가진 모습을 보여주고 있다고 하겠다.

2) 〈녹처ᄉᆞ연회〉

녹처사는 산중에 은거하여 세상에 출입함이 없는(生於斯 長於斯)[11] 인물이다. 생일을 맞이하여 잔치를 배설할 때 뭇 짐승들의 자리다툼이 있자 그는 "조정의 막여작이오 향당의 막여치라 ᄒᆞᄂᆞ 망년교도 이셧ᄂᆞ니 쟝유유셔 무엇ᄒᆞ리"(652쪽)라고 하면서 '내력과 재주'로서 자리 순서를 정하자고 한다. 이때 노루가 내력과 재주조차도 객관적으로 평가할 수 있는 방법이 없으니 '유유상종'이 제일이라 하자 녹처사도 이에 전적으로 찬성하고 노루의 말을 따른다. '장유유서'는 성리학적 지배질서의 씨줄이며 '내력(문벌)'과 '재주(능력)'는 양반사대부 내부의 서열을 정하는 중요한 기준이라고 할 수 있는데, 이 작품은 이것들을 모두 부정하고 '유유상종'이라는 새로운 기준을 제시한다.

이렇게 하여 끼리끼리 자리를 잡고 앉아 술과 노래와 춤으로 즐길 적에, 토끼가 내달아 시를 몇 편 짓자 녹처사가 칭찬하고 이에 시기심을 가진 구미호가 토끼를 시험하고자 한다. 토끼가 자신의 내력과 문견

---

11) 김동욱, 위의 책, 650쪽. 이하 같은 책에서 인용.

의 넓음을 자랑하니 구미호가 진심으로 승복한다. 구미호와 토끼의 이런 수작을 지켜보던 노루가

> 딕져 지식이 이스면 도쳐의 쓰이미 만커니와 문장궁익이오 진승박덕이라. 유식ᄒᆞ니도 의식닛고 무식ᄒᆞ니도 지물이 만하 양양ᄌᆞ득 ᄒᆞᄂᆞ니 … 녹녹부유의 광인방셜를 그만 긋치라(666쪽)

고 하며 술을 마시며 즐긴다. 노루에게는 토기가 자신의 화려한 문벌이나 박식함을 자랑하는 것이 현실적으로 아무런 쓸모가 없는 '썩은 선비들의 미친 헛소리'로 밖에 들리지 않는다. 노루에게 지식이란 실용적인 것으로서만 의미가 있을 뿐이고, '재물'만이 현실적인 가치이다. 이 부분은 앞에서 '유유상종'으로 자리를 정하는 것과 더불어 이 작품의 현실인식이 어떤 성격의 것인가를 짐작케 해준다.

한편 생일잔치에 ㅋ자신들이 초청받지 못한 것에 불만을 품은 두꺼비·개구리·너구리 등은 순산(巡山) 중인 백호산군에게 소지(所志)를 올린다. 이들은 어떤 인물들인가?

> 의도 등이 본딕 영슈산의셔 ᄉᆞ옵더니 그곳이 픽동이 되어 무뢰빅와 경박지 모혀드러 존장을 능멸ᄒᆞ며 빈천ᄒᆞ며 빈쳔ᄒᆞ기 … 의도등이 세고녁단ᄒᆞ와 부릉금단ᄒᆞ옵고 … 부득이 반이ᄒᆞ와 이곳의 와 (666쪽)

산군에게 올린 소지에서 자신들이 설명한 것처럼 이들은 농촌사회의 분화과정에서 토지의 기반을 상실하고 유랑하는 빈농층이다. 이들에게는 같은 평민 출신인 녹처사 등이 재산을 조금 모았다고 해서 자신

들을 무시하며 잔치에도 초청하지 않는 것이 불쾌하다.

산군은 이 산의 주인인 자신을 초청하지 않은 녹처사 무리에게 괘씸한 마음은 있으나 체통 때문에 잠자코 있다가 두꺼비 등의 송사를 기화로 녹처사 무리를 소환하려 하는데, "환난상구ᄒᆞ며 혼샹샹휼ᄒᆞ며 연회왕닉ᄒᆞ미 ᄃᆡᄃᆡ향약"(668쪽)이라 하여 재지사족이 향촌을 지배할 때의 윤리덕목으로써 녹처사를 소환하는 명분으로 삼고 있다.

녹처사는 산군에게 가서 자신의 입장을 말한다.

> 물론 아모동리ᄒᆞ고 상하존비 닛는지라. 둑겁 등이 … 져의 본ᄃᆡ 미셰지뉘라. 우리와 상적지 못ᄒᆞ미 … 졔엇지 우리 연회의 참예ᄒᆞ리오. 비컨ᄃᆡ 우리 등이 산군긔 미셰지뉘니 산군연회의 참예ᄒᆞ미 만만불가 … 하물며 둑겁이는 우리게 슈은ᄒᆞᆫ 놈으로 (670쪽)

녹처사의 이런 발언의 앞부분의 '유유상종'과 상통한다. 녹처사 등이 산군과 유(類)가 다른 것과 마찬가지로 두꺼비 등은 녹처사 무리와 유가 다르다는 것이다.[12] 녹처사가 산군과 자신들을 구분하는 것은 방어적·소극적 입장에서라고 할 수 있는데 비해서 두꺼비 등과 자신들을 구분한 것은 공세적·적극적 입장에서라고 할 수 있다. 즉 비록 신분이 같다 할지라도 우월한 경제력을 기반으로 자신들을 두꺼비 등의 빈농층과 구분하려는, 다시 말해서 집단적 자기동일성을 확보하려는 의도로 이해할 수 있겠다. 두꺼비가 녹처사들에게 은혜를 입었다는 말은

12) 여기서 類를 구분하는 기준은 전자의 경우는 신분의 차이이고 후자의 경우에는 아마도 경제력의 차이가 될 것이다. 계급관계가 신분에서 완전히 자유로울 수는 없었지만, 경제력의 문제가 사회계급 분화에 중요한 요소임을 암시하고 있다.

흉년에 구휼한 것으로 볼 수 있지 않을까 한다. 산군은 녹처사의 말이 정당함을 인정하고 그와 술을 마시며 즐기다가 헤어지는 것으로 이 작품은 끝난다.

지금까지의 검토를 통하여 산군은 지방수령이나 그에 준하는 관리로 상정할 수 있겠고 두꺼비 등은 토지에서 유리된 빈민층으로, 그리고 녹처사 등은 부유한 평민층으로 볼 수 있겠다. 이렇게 보면 〈녹쳐く 연회〉는 조선후기에 사회 경제적 변화를 바탕으로 향촌사회에서 부를 축적한 요호층이, 자신들의 경제력에 걸맞은 새로운 계급으로 부상하려는 의지를 형상화시킨 작품이라는 해석이 가능하다. 아울러 집안의 내력이나 자신의 박식함을 자랑하는 사대부적 행태를 우회적으로 풍자하는 것[13]이 아니라 직접적으로 매도하고(토끼와 여우의 수작에 대한 노루의 면박), 전통적인 향촌사회의 윤리덕목인 향약의 조목도 무력화하는 등, 이 작품은 조선후기 사회의 변화된 의식을 강하게 표출하고 있다.

3) 〈셔동지젼〉

옹주(雍州) 구궁산(九宮山)에 사는 서대쥐는 자손이 번성하고 살림이 풍족하였다. 당태종이 금용성을 치려할 때 서대쥐가 일족을 거느리고 금용성의 양미(糧米)를 없앤 공로로 토굴 사방 사십 리 안의 잣나무·밤나무 등을 하사받고 동지(同知) 벼슬도 받아 향당 종족과 인리(鄰里)

---

13) 나이자랑 모티프를 주 내용으로 하는 〈섬동지전〉의 경우, 두꺼비와 여우가 가문내력과 聞見으로서 다투어 두꺼비가 승리하지만, 마지막 부분에서 두꺼비의 우스운 현상을 빗대어 희극화 시킴으로써 두꺼비로 상징되는 양반지배층의 행태를 간접적으로 풍자하고 있다.

의 서류(鼠類)를 초청하여 잔치를 열었다. 이때 구궁산의 서동 쪽에 사는 다람쥐는 위인이 불인하고 게을러서 삼순구식(三旬九食)이 어려웠는데, 이 소식을 듣고 찾아가 생율(生栗) 일석과 잣 다섯 말을 구걸해 돌아왔다. 다람쥐는 구걸해 온 양식으로 삼춘(三春)을 무사히 넘겼으나 겨울이 되어 다시 굶게 되었다. 설날이 돌아오매 다람쥐는 다시 서대쥐에게 가서 조상의 제사상에 올릴 양식을 구걸하였으나 거절당하자 원한을 품고 돌아와 백호산군에게 서대쥐를 무고한다. 산군이 오소리와 너구리를 보내어 서대쥐를 소환한다. 오소리와 너구리는 이 일을 기화로 뇌물을 받으려 공모하고, 서대쥐는 이들에게 융숭한 대접을 하며 황금 이십 냥을 뇌물로 준다. 서대쥐가 산군에게 가서 자초지종을 이야기하자 산군이 다람쥐를 정배(定配)시키라 한다. 서대쥐가 다람쥐를 불쌍히 여겨 방송(放送)해 주라고 부탁하니 산군도 기특하게 생각하고 다람쥐를 방송해 준다. 서대쥐는 관청의 상하 이속들에게 가지고 온 돈을 나누어 주고 다람쥐에게도 황금 수십 냥을 주어 보낸다.

이 작품에 대해 기존 연구자들은 주로 주제의 지배 이데올로기적 측면을 지적하는 것에 집중하였다. 예컨대 이 작품은 공신의 후예이며 호농(豪農)인 서대쥐가 영웅화되어 있어서 '우화소설을 영웅소설의 인습에 결합시킨 것'이며 '소수 지배층의 윤리를 찬미'하고 '농촌 사회를 이상화·합리화'하여 '사회의 부조리를 은폐하기 위한 것'으로, '역사의식을 상실한 반동'적 성격을 지닌 것이라는 견해가 대표적이다.[14] 이런 견해들은 조선후기 사회의 계급구조를 '소수 지배층-피지배 대중'의

---

14) 정학성, 「우화소설연구」, 서울대 석사학위논문, 1972, 49-50쪽. 이상구도 이와 비슷한 견해를 보인다. 이상구, 「우화소설의 서술구조와 사회의식」, 고려대 석사학위논문, 1984, 4장 2절 참조.

도식으로 인식하고, 부유한 서대쥐는 소수 지배층을 형상화한 것으로, 가난한 다람쥐는 피지배 대중을 형상화한 것으로 이해하는 데서 출발한다.

그러나 조선후기 사회는 이러한 포괄적인 이분법적 도식만으로는 충분히 설명될 수 없는 다양한 계급들이 존재했던 역동적인 사회로 추정된다. 따라서 여기서는 기존 연구에 대한 반성적 입장에서, 조선후기 사회의 계급관계의 변화에 유의하면서 서대쥐와 다람쥐의 인물형상을 분석하기로 한다.

작품의 서두에서 서대쥐는 자식들이 학문에 열중하지 않음을 근심하다가, 장자(長子) 쥐가 (학문은) 성명이나 기록하고 자손이 행실을 바르게 하면 선조에게 욕됨을 면할 것이고 매년 추수하여 사시향화(四時香火)를 받들며 위아래가 화목하면 족하지 "부즐업시 대왕영웅과 충효렬절과 부귀공명문장을 하쳐의 쓰리오"[15]라고 하자 옳다고 하며 즐거워한다. '대왕영웅과 충효렬절과 부귀공명문장'은 이념적 가치와 명분을 중요시하는 사대부적 의식이 관계된 것이다. 장자 쥐의 발언은 이러한 사대부적 지향보다는 풍요롭게 살기를 원하는 현실생활의 물질적 욕구에 충실하려는 의식의 표출이다.

천자로부터 동지 벼슬과 하사품을 받았을 때, 장자 쥐가 잔치를 열자고 하니 서대쥐는 "만일 잔치코져 훌진딕 불소ᄒᆞ야도 슈천금이 지닉리니 … 공연이 ᄌᆡ물을 남용ᄒᆞ여 후대 ᄌᆞ손에 ᄉᆡᆼ산가업을 허비ᄒᆞ리오"(451쪽) 하고 거부하다가 부인의 말을 듣고서야 잔치를 연다. 집안에

---

15) 〈셔동지젼〉, 『활자본 고소설전집』 3, 아세아문화사 영인, 1976, 445쪽. 이하 같은 곳에서 인용.

경사가 있어 잔치를 해야 함에도 거기에 들어갈 경비를 생각하고, 그 경비가 후손들의 생산 활동을 위한 자본임을 이야기하는 서대쥐의 태도는 명분보다는 재산의 유지와 축적에 관심을 두며 철저히 경제적 이해관계에 따라 움직이는 것으로, 근대 부르주아지의 태도와 일정하게 비교할 만하다. 특히 잔치 경비가 단순한 재산이 아니라 후손의 생산 자본임을 인식하는 것은 보통 생산 활동을 통해서 부를 축적한 계급에게만 가능한 일이라 할 수 있다.

다람쥐의 무고로 산군 앞에 불려나간 서대쥐는 자신이 누리는 부의 떳떳함을 주장하며, 다람쥐가 게으를 뿐만 아니라 "본듸 장구지계ᄒᆞᄂᆞᆫ 원려가 업고 다만 고식지계로 어졔 거두어 오늘 살고 금일 취ᄒᆞ야 ᄅᆡ일 지내ᄂᆞᆫ"(483쪽) 존재라고 비난한다. 이 부분은 물질적인 것에 관심을 가지고 근검절약하며 계획을 세워 부지런히 노력하면 잘 살 수 있다는 의식이 반영된 것으로 성장하는 요호층의 경제적 관심과 재부의 축적 과정에 대한 자부심을 표현한 것이다.

다람쥐의 두 번째 구걸을 거절하면서 서대쥐는 "궁교빈족(窮交貧族)에 제활구목(濟活救穆)이 매년 매월에 만여금이 지난다"(468쪽)고 하여 무작정 적선을 베풀 수 없음을 주장한다. 이 부분은 조선시대에 흉년이 들면 기민(飢民)을 진휼하기 위하여 요호들의 재산을 (반강제적으로) 거두어들이던 일을 표현한 것으로 보인다. 실제로 1810년 흉년이 들었을 때 전라도에서만 요호로부터 공명첩을 사들이는 조건으로 또는 억지로[富民願納] 거두어들인 쌀이 4만 2천여 석이나 되었으며, 부민들이 많이 거주하던 마산포구의 경우 관에 의한 침탈로 어지러이 흩어진 요민(饒民)의 수가 천여 호나 되었다고 한다.[16] 이처럼 부패한 수령이나 아전들에 의해 자행된 진휼을 빙자한 요호 침탈은 심각한 사회문제

를 야기하여 농민항쟁의 초기에 요호층이 지도적 역할을 하는 데까지 이르렀다.[17]

산군의 명으로 서대쥐를 잡으러 떠나는 형졸 오소리와 너구리는 "서대쥐 ᄌᆡ물만흠으로 심ᄒᆡ 교만ᄒᆞᄆᆡ … 이놈을 잡아 … 설분ᄒᆞ고 ᄯᅩ 패자전례(牌子傳例)는 우에서도 아ᄂᆞᆫ ᄇᆡ라 슈ᄇᆡᆨ냥 아니면 결단코 놋치 마ᄌᆞ고"(475-476쪽) 모의하고 서대쥐의 재물을 포탈한다. 송사가 무사히 끝난 후 서대쥐는 상하 이속들에게 가지고 온 재물을 나누어주고도 모자라서 "이번 숑ᄉᆞ의 무사이 도라감은 그ᄃᆡ 등의 쥬션ᄒᆞᆷ이라 … 일후에 다시 샤례ᄒᆞᆯ ᄂᆞᆯ이 잇스리라"(486쪽) 하며 후일에 다시 뇌물 줄 것을 약속한다. 표면적으로는 자진해서 주는 것이지만 실제로는 강탈당하는 것과 다름없다. 이러한 장면들은 권력이나 봉건적 특권으로부터 배제된 채 부패한 지배구조에 노출되어 수탈당하는 요호층의 신분적 불안정성을 반영한 것이다.

이처럼 요호층이 수탈당하는 직접적 원인은 관리들의 부패에 있다. 산군 앞에 글려간 서대쥐는 뻣뻣한 자세로 천자의 권위를 빌어 산군의 부덕함을 힐난한다.

> 당텬ᄌᆞ ᄉᆡ로 즉위ᄒᆞᄉᆞ 대구천하(大救天下)ᄒᆞ시ᄆᆡ ᄇᆡᆨ셩이 ᄌᆡᆼ송을 아지 못ᄒᆞ고 왕화가 사해에 점급(점급)ᄒᆞ얏거ᄂᆞᆯ … 쳔만 짐ᄉᆡᆼ이 산군의 교화를 힘입어스면 엇지 도젹과 ᄌᆡᆼ송이 잇슬리잇고 … 슈하의 젹은 즘ᄉᆡᆼ이 … ᄌᆡᆼ송지경에 이르니 … 책재원수(責在元帥)라 산군의 교화에 이

---

16) 안병욱, 「19세기 민중의식의 성장과 민중운동」, 『역사비평』 1, 역사문제연구소, 1987, 163-164쪽.

17) 같은 논문 참조.

르지 못흠이오(482쪽)

요호층이 부패한 중간 관리에 수탈당하기는 하지만 그러나 이들은 기본적으로 중세적 체제에 기생하여 부를 축적한 계층이므로 중세체제 자체를 부정하지는 않는다. 이러한 사실은 1862년 농민항쟁 당시 요호층의 움직임을 통해서 재차 확인할 수 있거니와 위의 인용문에 나타난 서대쥐의 의식도 같은 맥락에서 이해된다. 즉 왕의 덕이 백성들에게 미치지 않아 나라에 도적이 있고 송사를 다투는 것은 부패한 산군 때문이라 하여, 중세적 지배체제의 정당성을 인정하면서도 자신들을 수탈하는 중간 관리에 대해서는 적대감을 가지는 요호층의 이중적 의식을 엿볼 수 있는 것이다.

〈셔동지젼〉에서 다람쥐는 부정적 형상으로 묘사되어 있다. 작품에서 몰락 양반인 다람쥐는 성품이 간악하고 위인이 불인할 뿐만 아니라 마음이 게을러 몸을 움직이기 싫어하는 까닭에 가난하게 살 수밖에 없다고 묘사한다. 서대쥐가 잔치를 연다는 말을 들은 다람쥐는 군자의 예절과 장부의 염치를 살피라는 아내의 만류를 뿌리치고 서대쥐에게 가서 양식을 구걸해 온다. 엄동이 돌아와 굶게 된 다람쥐는 또다시 양식을 구걸하러 가지만 거절당하자 자신의 체모가 손상됨에 분개하여 산군에게 송사하여 서대쥐를 괴롭히고자 한다. 은혜를 배반하는 행위라며 말리는 아내를 도리어 핍박하고 아내가 집을 나가자 다람쥐는 산군에게 송사하지만 실패하여 정배당할 처지가 된다. 다람쥐는 궁할 때는 '염치불고'하다가 자신의 부탁이 거절당하자 체모에 손상을 입었다고 분노하며, 화를 참지 못하고 고락을 같이한 아내를 핍박하여 집을 나가게 만드는 용렬한 인물이다.

서대쥐와 다람쥐의 관계에서 서대쥐는 철저하게 우월한 입장을 견지하며, 다람쥐가 자신을 무고함에도 오히려 그를 용서해주고 도와주기까지 한다. 서대쥐의 이런 장자적 풍모는 다람쥐의 부정적 성격을 더욱 강조하는 역할을 하는데 특히 아내를 핍박하여 아내가 가출하는 대목에서 다람쥐의 인격을 회복할 수 없을 만큼 손상된다. 이처럼 다람쥐의 형상이 일관되게 부정적으로 묘사된 것은 평민 출신인 요호층이 몰락 양반에 대해 가지고 있는 신분적 콤플렉스와 반감, 그리고 그들에 대한 경제적 우월감이 복합적으로 작용한 결과가 아닌가 생각한다.

결국 〈셔동지젼〉은 조선후기에 새로이 등장하는 요호층이 한편으로는 부패한 지배층과 한편으로는 빈민층과 대립하면서, 때로는 대결을 통해서 때로는 타협을 통해서 자신들의 계급적 위치를 확보해가는 과정을 묘사한 작품이라고 할 수 있다.

3. 작품에 따른 인물 성격의 차이

지금까지 〈황식결송〉·〈녹처ᄉ연회〉·〈셔동지젼〉을 중심으로 우화소설에 요호층이 어떻게 형상화되었는가에 대해 검토해 보았는데, 같은 요호층을 형상화한 것이라도 작품에 따라 미묘한 차이가 있음을 알 수 있었다. 좀 더 구체적으로 살펴보자.

〈황식결송〉에 등장하는 시골 부자는 형조에 원정을 올려놓고 자신의 입장이 옳다는 사실만 믿고 태평하게 기다리는 소박한 수준의 현실인식을 가지고 있다. 또한 무도한 친척과 관리들의 농간으로 송사에 패배하고 나서도 현실적으로 아무런 대책을 마련할 수 없는 무력한 모습을 보여주며, 그저 우회적으로 부패한 관리를 야유하는 것으로 억울하고 분한 감정을 토로하는 정도로 그치고 만다. 이러한 사실은 당대 사회에서 수탈당하는 대다수의 요호층이 가졌던 정치적·계급적 무력감을 반영하는 것이다.

〈녹쳐ᄉᆞ연회〉의 녹처사나 노루 등은 경제력을 배경으로 배타적 집단을 이루고 있으며[18], 이 경제력과 집단화를 기반으로 자신들의 새로운 이데올로기를 창출하려는 움직임을 보여준다. 자리의 순서를 정함에 전통적인 향촌사회의 방식인 나이에 의한 순서를 부정하고, 양반사대부들의 방식인 내력(문벌)과 재주도 부정하며, 현실적인 세력화에 의해 규정되는 '유유상종'을 주장하는 것도 새로운 사고라 할 수 있다.

그리고 여우와 토끼가 문벌과 문견의 넓음으로 수작하는 것은 사대부적 의식의 잔영이라 할 수 있는 바, 노루가 '재주와 문장이 현실의 경제적인 문제에 아무런 도움이 되지 못'함을 잘라 말하여 그들에게 면박을 주고, 물질적 풍요를 누리며 향락적인 생활을 즐기는 것이 제일이라고 단언하는 부분도 이러한 움직임의 반영이다. 산군이 녹처사를 소환할 때, 향약의 덕목으로써 명분을 삼았으나 녹처사가 이를 정면으로 부정하고 경제적 능력에 따른 새로운 관계를 주장하는 것도 같은 맥락에서 이해된다.

또한 이들은 잔치를 베풀 때 "산군은 산즁웃듬이라 소당 몬져 쳥ᄒᆞᆯ거시로ᄃᆡ 졔 본ᄃᆡ 장ᄃᆡᄒᆞ고 용밍ᄒᆞ믈 ᄌᆞ부ᄒᆞ여 작폐ᄌᆞ심ᄒᆞᆫ 고로 도쳐의 실인심ᄒᆞ여 상죵ᄒᆞᄂᆞᆫ 친귀업ᄂᆞ니"(650쪽)라 하며 산군을 초청하지 않았

18) 잔치에 백호산군이나 두꺼비 등 자신과 어울리지 않는 인물을 초청하지 않았고, 자리를 정할 때에도 유유상종을 내세우며, 산군 앞에서도 類가 다름을 강조하는 것 등을 그 증거로 제시할 수 있다.

을 뿐만 아니라 그로 인하여 생긴 문제들을 자신 있게 처리한다. 시골 부자가 무기력하게 당하기만 하는 것과는 분명히 다른 모습이다.

조선후기의 요호층은 자신의 재산을 효과적으로 유지하고 농민 수탈을 용이하게 하기 위하여 서리나 향임직에 진출, '수령-이·향 수탈구조'를 형성하기도 하는데[19] 녹처사가 산군 앞에 나아가 두꺼비 등을 '훼가출송'하자고 주장하는 부분은[20] 이러한 움직임과의 관련 속에서 이해할 수 있다.

녹처사가 일정한 계급적 성격을 확보한 인물이기는 하지만 산군에게 자신들이 '미세지류'라 하여 중세사회의 신분의식을 뛰어넘지 못한 모습을 보이는 데 비하여 서대쥐는 그런 측면에서는 진일보한 인물형이다. 서대쥐는 당태종의 전쟁에 공로를 세워 사방 사십 리 안의 밤나무, 잣나무와 동지 벼슬을 하사받는다. 이는 요호층이 흉년에 구휼미를 바치고 공명첩을 사들이는 것과 연결시켜 볼 수 잇겠다.

그런데 서대쥐는 비록 공명첩을 사들여 양반이 되었지만 토혼 벌열층과는 엄연히 구분될 뿐만 아니라 향촌사회 내에서도 양반임을 인정받기가 어렵다. 몰락양반인 다람쥐가 서대쥐를 무고하는 행동이나 형졸인 너구리와 오소리가 서대쥐에게 뇌물을 뜯어내는 것, 그리고 송사과정에서 관청의 상하 이속들에게 뇌물을 주고, 자신의 노력으로 방송된 다람쥐에게도 돈을 주어 후환을 없이 하는 행동 등은 서대쥐가 향촌

---

19) 고석규·한상권, 앞의 논문 참조. 물론 수탈체제에 편입한 측보다는 수탈의 대상이 되어 몰락한 요호층이 더 많았겠지만 향촌사회가 재편되면서 수탈체제에 편입한 요호층도 생겨나기 시작했다.

20) 둑겁이ᄂᆞᆫ 우리의게 슈은ᄒᆞᆫ 놈으로 여ᄎᆞ 무거지ᄉᆞ를 ᄒᆞ오니 … 둑겁을 회가출송ᄒᆞ려 ᄒᆞ오니 슉찰지 ᄒᆞ시믈 ᄇᆞ라옵니다. 〈녹처ᄉᆞ연회〉, 670쪽.

사회에서 온전한 양반으로 대접받지 못함을 말해준다.

그러나 서대쥐는 막대한 재산과 내력이야 어떻든 양반이라는 신분상의 이점을 무기로, 다람쥐와 관청의 이속들은 뇌물로써 다독이고 산군에게는 왕의 덕화를 들어 힐난하는 등 유연하게 대처해 나간다. 특히 산군 앞에서 '왕화(王化)'를 말하며 산군의 잘못을 강한 어조로 비난하는 행동은 평민 신분으로서는 상상하기 어려운 것으로, 이 부분은 서대쥐가 산군 앞에서 사대부 신분(!)으로 치민의 도를 말한 것이며 산군도 이를 인정했다고 보아도 무방하다. 결국 〈서동지전〉은 신분 상승이라는 측면에서 한 걸음 나아간 요호층의 형상을 묘사한 작품이라 생각된다.[21]

우리가 중세사회의 해체기에 요호층을 주목하는 것은 이들이 근대사회의 주역인 부르주아지로 전환될 가능성을 가지고 있기 때문이다. 그러나 조선후기의 요호층은 극심한 수탈로 대부분 몰락했고, 살아남아 수탈구조에 편입한 소수의 요호층은 기업적인 농업 경영 등의 직접적인 생산 활동보다는, 고율의 소작료나 고리대 등의 방법이나 부패한 봉건권력과 결탁하여 약탈적인 방법으로 부를 축적하고 유지하고 확대하려는 경향이 강했다. 이들이 산업자본가의 초기적 형태로 전화하기 위해서는 농업 경영이나 상업 활동을 통해서 축적한 자본을 상품생산을 위한 기업 활동에 투자해야 한다. 그러나 조선 봉건제도의 특수성으로 인하여, 농촌에서의 '지주-전호제'에 기반을 둔 거의 무제한에 가까운 농민 수탈이 가능했기 때문에 상업자본조차도 토지에 투자되

21) 조선후기 사회에서 서대쥐의 산군 앞에서의 행위 같은 일이 실제로 가능했는지는 의문의 여지가 있지만 작자의 원망이 투영된 것으로 이해해도 그 의미는 감소되지 않는다. 산군에게 자신들을 미세지류라고 하는 녹처사와는 의식과 행동에 큰 차이가 있다.

어 지주화 하거나 지역간·계절간의 곡가 차이를 이용하여 재산의 확대에만 주력하는 등, 이들은 오히려 봉건체제의 유지에 기여하는 측면이 많았다.[22] 이들에게는 여러 가지 제약이 많은 낡은 체제와 투쟁하며 근대 부르주아지의 길을 모색하는 모험보다는 부패한 관리를 등에 업고 봉건체제의 수탈 구조에 편입하는 길이 자신들의 재산을 유지하고 확대하는 훨씬 안전한 방법이었다. 봉건체제의 수탈 구조에 편입하는 가장 확실한 방법, 그것은 신분 상승을 이루어 자신이 지배계급이 되는 것이다.

이와 같은 이유들로 해서 수탈구조에 편입한 요호층은 근대 부르주아지가 역사 발전에 기여했던 진보적인 측면과는 일정한 거리를 유지하면서 그들의 부정적 측면을 주로 드러내게 되었다. 앞에서 분석한 작품들은 그러한 요호층의 입장에서 창작한 것들이기 때문에 이러한 부정적인 측면이 크게 드러나지는 않았지만 그것들의 감춰진 꼬리는 포착할 수 있다. 다람쥐가 서대쥐를 인색하다고 비난한다거나 자신의 곡식을 약탈했다고 주장하는 것, 형졸인 오소리와 너구리가 평소에 재물을 믿고 교만한 언사를 해 온 서대쥐에 대해서 적대감을 드러내는

---

22) 우리나라에서는 봉건제적 요소의 해체와 자본제적 관계의 발생·발전 과정이 상대적으로 느리게 진행되었다는 사실에 관해서는 대체로 동의하는 듯하나 그 원인에 대해서는 합의가 이루어진 것 같지 않다. 다만 근대화를 저해하는 조선 봉건사회의 구조적 특성으로 사적(지주적) 토지소유에 기초한 중앙집권적 군주제의 지속, 유교사상 등의 영향으로 신분·직업의식(농업을 중시하고 수공업자와 상인을 천시하는 것)의 고착화, 그리고 일정 정도 부를 축적하는 중간층이 중앙집권적 통치 수탈의 이중구조와 혈연적 신분적 유대의 양자 혹은 어느 하나를 기반으로 만들어진 '기구' 등에 의거하여 존립하기 때문에 이들이 낡은 체제와 共存共亡의 한계가 있는 점 등이 지적되기도 했다.
안병태, 『한국근대경제와 일본 제국주의』, 백산서당, 1982, 제5장 3절; 허종호, 「조선 봉건사회발전의 합법칙성과 자본주의적 관계의 발생에 대하여」, 『사회와 사상』, 1989. 4. 참조.

것, 녹처사가 두꺼비 무리를 '훼가출송'하자고 주장하는 것 등은 부 축적 과정에서 요호층에 의해 자행되었을 하층 농민에 대한 수탈과 억압의 편린이 들어난 것이다.

4. 마무리

이 글은 두 가지 문제의식으로부터 출발했다. 하나는 기존 우화소설 연구에 대한 반성으로, 우화소설의 인간형을 소수 양반지배층과 피지배 대중으로 양분하여 우화소설이 소수 양반지배층을 풍자 비판하고 있다는 도식에 대한 의문이다. 조선후기 사회, 특히 18·19세기는 다양한 계층들이 분화하기 시작하는 시기로서, 당대사회 계층 대립을 지배와 피지배 관계로만 단순화해서 파악하는 것은 많은 무리가 따른다. 뿐만 아니라 우화소설에 묘사된 인물형상도 다양해서 간단한 도식으로 설명하기 어려운 점이 있다.

다른 하나는, 우화소설, 그 중에서도 특히 송사모티프를 주요 내용으로 하는 우화소설이 조선후기 향촌사회의 변화를 잘 반영하고 있다는 점이다. 이 글의 서두에서 언급한 것처럼 조선후기 사회는 전대의 성리학적 이념을 기반으로 한 재지사족 중심의 향촌 지배질서가 가졌던 상대적 안정성과 이른바 공동체적 질서가 무너져가고, 공동체적 윤리규범들보다는 개인의 경제적 이익 추구가 일상 행위의 실질적 동기로 작용하여 개인이나 계층 간의 대립과 갈등이 첨예화되기 시작한 시기이다. 송사모티프는 이러한 대립과 갈등의 양상을 적절히 묘사할 수 있는 형식이며, 송사소설이 조선후기에 집중적으로 창작된 사실은 이와 같은 사정을 반영한 것이다.

위와 같은 문제의식에서 출발하여 이 글에서는 송사를 주제로 한 우화소설 중에서 요호층의 모습을 형상화한 작품들을 분석해 보았다. 그 결과 시골 부자는 수탈에 무기력한 인물임을, 그리고 녹처사와 서대쥐는 수탈 체제에서 살아남아 일정하게 자신들의 위치를 확보한 인물임을 알 수 있었다. 그러나 녹처사와 서대쥐의 인물형상은 조선후기 사회의 보편적인 요호층의 모습과 일치하지는 않는 것으로 보인다. 지금까지 보고된 향촌사회에 관한 연구들을 보면 압도적 다수의 요호층들은 공동납제 등으로 대표되는 수탈의 대상이었다. 그러므로 녹처사나 서대쥐의 자신감은 극심한 수탈 체제 하에서 살아남은 소수 요호층의 형상이거나, 요호층의 원망(願望)이 투영된 모습이라 할 수 있다.

이 글에서는 다소 도식적으로 송사형 우화소설 중에서도 요호의 입장을 잘 반영했다고 생각하는 작품들에 한정해서 분석하였다. 다른 송사형 우화소설들(예컨대 〈까치전〉·〈서대주전〉·〈서옥기(鼠獄記)〉 등)을 충분히 검토하지 못한 점은 전적으로 필자의 능력 부족에 기인하지만, 그 작품들에 등장하는 인물형상이 상징하는 계층이 이 글에서 분석한 작품들과는 약간씩 다르다는 점도 주요한 이유 중의 하나이다. 아울러 쟁년형(爭年型)과 기타의 우화소설(〈장끼전〉·〈토기전〉 …)들에 대한 고려도 필요한데, 한정된 논문에 모두를 포함하기에는 무리가 있다.

그리고 우화소설을 분석할 때 '우화적 장치'를 어떻게 해석해야 할 것인가 하는 문제가 남는다. 즉 우화적 수법의 이야기를 사회 현상과 일대일로 직접 대응시킬 수 있는 지에 대한 의문이 그것이다. 이 문제에 대해서는 〈황식결송〉에서 시골 부자가 황새의 우화를 빗대어서 부패한 판관을 풍자한다는 점이 일차적인 해답이 될 듯하다. 또한 신재효

본 〈토별가〉의 모족회의 장면에 나오는 "산군은 수령 같고 여우는 간물출패(奸物出牌), 사냥개는 세도 아전, 너구리·멧돼지며 쥐와 다람쥐는 굶지 않는 백성이라"는 대목도 참고가 된다.[23] 모족회의에 참석한 동물들을 현실에 직접 대응시켜 이해하는 것이 단지 신재효뿐이라고는 생각할 수 없다. 이런 점들을 고려하면 우화소설의 세계를 당대사회의 현실에 대응시키는 것이 크게 무리는 없다고 생각한다.

마지막으로, 이글은 기존 연구에 대한 반성적 접근이라는 측면에 경도되어 우화소설 작품들에 나타난 인물형상이 요호적 성격을 지니고 있다는 점을 강조하는 데 그친 한계가 있다. 작품에 나타나는 요호적 인물형상들이 보여주는 구체적이고 세밀한 갈등 양상들을 검토해서 그것들이 문학사에서 어떤 의의를 가지는가를 평가하는 것이 앞으로의 과제라 할 수 있다.

23) 강한영 교주, 『한국판소리전집』, 서문당, 1973, 135쪽.

참고문헌

1. 자료

『고문진보』, 세창서관. 1982년 판.

『국역 신증동국여지승람』 Ⅱ, 민족문화추진회, 1985.

『국역조선왕조실록』

강한영 교주, 『한국판소리전집』, 서문당, 1973.

고정옥, 『고 장시조선주』, 정음사, 1948.

김동욱 교주, 『한국고전문학대계』 13, 민중서관, 1976.

김창협, 『국역 농암집』

김천택, 『진본 청구영언』, 조선진서간행회, 1948.

김한홍, 『해유가』, 유고발간위원회, 1996.

김흥규, [고시조데이터베이스 프로그램], 고려대 김흥규 교수 연구실, 2002.

박세당, 『국역 서계집』

박을수, 『한국시조대사전』, 아세아문화사, 1992.

성대중, 『청성집』.

성해응, 『연경재전집』

송시열, 『국역 송자대전』

심재완, 『역대시조전서』, 세종문화사, 1972.

양사언, 『봉래시집』

오원, 『월곡집』

유홍렬 감수, 『한국사대사전』, 고려출판사, 1991.

윤봉구, 『병계선생집』

이규상, 『병세재언록』, 민족문학사연구소 한문학분과에서 『18세기 조선인물지』로 변역 출판함, 창작과 비평사, 1997.

이덕무, 『청장관전서』, 민족문화추진회 국역본, 1982.

이수광, 『지봉유설』

이유원, 『임하필기』

이익, 『국역 성호사설』

이창배, 『증보 가요집성』, 서울문예사, 1958.
이풍익, 『동유첩』, 이충구·이성민 옮김, 성균관대출판부, 2005.
이필하 편, 『전주이씨덕천군파보』, 이문사, 1938.
이한진본 『청구영언』.
임기중 편, 『역대가사문학전집』 24권, 여강출판사, 1992.
임기중 편, 『역대가사문학전집』 26권, 여강출판사, 1992.
임기중 편, 『한국가사문학원전연구』, 아세아문화사, 2005.
정약용, 『역주 목민심서』 5, 창작과비평사, 1985.
정재호 편, 『한국잡가전집』 1, 계명문화사, 1998.
정재호·장정수, 『송강가사』, 신구문화사, 2006.
진동혁, 『주석 이세보시조집』, 정음사, 1985.
차주환 역, 『역해 사암집』, 눌재사암문집역해발간위원회, 1979.
채제공, 『번암선생집』
최강현, 『기행가사자료선집』 1, 국학자료원, 1996.
『포천군지』, 포천시, 1997.
『한국고전용어사전』, 세종대왕기념사업회, 2001.
『한국인물대사전』, 한국정신문화연구원 편, 중앙M&B, 1999.
허균, 『국역 성소부부고』
허목, 『국역 기언』
『활자본 고소설전집』 3, 아세아문화사 영인본, 1976.

2. 저서

강명관, 『조선후기 여항문학 연구』, 창작과 비평사, 1997.
강명관, 『조선시대 문학 예술의 생성 공간』, 소명출판, 1999.
고정옥, 『조선민요연구』, 수선사, 1949.
김문기, 『서민가사연구』, 형설출판사, 1983.
김용찬, 『조선 후기 시가문학의 지형도』, 보고사, 2002.
김흥규, 『한국문학의 이해』, 민음사, 1986.
김흥규, 『욕망과 형식의 시학』, 태학사, 1999.
김흥규·권순회, 『고시조 데이터베이스의 계량적 분석과 시조사의 지형도』, 고대 민족문화연구원, 2002.

박요순, 『옥소 권섭의 시가연구』, 탐구당, 1987.
서원섭, 『가사문학연구』, 형설출판사, 1991.
심재완, 『시조의 문헌적 연구』, 세종문화사, 1972.
안병태, 『한국 근대경제와 일본 제국주의』, 백산서당, 1982.
유홍준, 『화인열전』 2, 역사비평사, 2001.
윤영옥, 『시조의 이해』, 영남대출판부, 1986.
이능화, 『조선해어화사』, 이재곤 옮김, 동문선, 1992.
이상원, 『17세기 시조사의 구도』, 월인, 2000.
이성무, 『조선시대 당쟁사 1·2』, 동방미디어, 2000.
이은순, 『조선후기 당쟁사 연구』, 일조각, 1993.
이태극, 『시조개론』, 새글사, 1974.
정재호, 『한국가사문학론』, 집문당, 1982.
정흥모, 『조선후기 사대부시조의 세계인식』, 월인, 2001.
조동일, 『한국문학통사』 3, 지식산업사, 1984.
조윤제, 『조선시가사강』, 동광당서점, 1937.
진동혁, 『이세보 시조연구』, 집문당, 1983.
진동혁, 『고시조문학론』, 형설출판사, 1992.
최진원, 『국문학과 자연』, 성균관대 출판부, 1977.
최진원, 『한국 고전시가의 형상성』, 성균관대 대동문화연구원, 1996.
한국역사연구회, 『조선정치사 1800-1863』 상·하, 청년사, 1990.
향촌사회연구회 편, 『조선후기 향약 연구』, 민음사, 1990.
허종호, 『조선봉건사회발전의 합법칙성과 자본주의적 관계의 발생에 대하여』, 사회와 사상, 1989.
홍순석(2000), 『양사언의 생애와 시』, 경인문화사, 2000.

3. 논문

고미숙, 「19세기 시조의 전개 양상과 그 작품 세계 연구」, 고려대 박사학위논문, 1993.
고석규·정진영·최윤오, 「신분계급구성의 변동과 변혁주체의 성장」, 갑오농민전쟁 100주년기념 연구사업 제1회 학술심포지움, 1990. 4.
권성민, 「옥소 권섭의 국문시가 연구」, 서울대 석사학위논문, 1991.

권순회, 「전가시조의 미적 특질과 사적 전개 양상」, 고려대 박사학위논문, 2000.
권영철, 「상산시조연구」, 『국문학연구』 3, 효성여대 국문과, 1970.
권정은, 「누정가사의 공간인식과 미적 체험」, 『한국시가연구』 13, 한국시가학회, 2003.
김동준, 「이현보론」, 『고시조 작가론』, 백산출판사, 1986.
김상진, 「이종응의 〈셔유견문록〉에 나타난 서구 체험과 문화적 충격」, 『우리문학연구』 23, 우리문학회, 2008.
김시업, 「북천가연구 -북천록과의 비교고찰을 통하여-」, 『성대문학』 19집, 성균관대학교, 1976.
김영진, 「효전 심노숭 문학 연구」-산문을 중심으로-, 고려대 석사학위논문, 1986.
김영진, 「조선후기 시가 관련 신자료(1)」, 『한국시가연구』 20집, 한국시가학회, 2006.
김용찬, 「〈청구영언 육당본〉의 성격과 시가사적 위상」, 『조선후기 시가문학의 지형도』, 보고사, 2002.
김원모, 「이종응의 『서사록』과 『셔유견문록』 해제·자료」, 『동양학』 32집, 단국대 동양학연구소, 2000.
김인걸, 「조선후기 향촌사회 변동에 관한 연구」, 서울대 박사학위논문, 1991.
김종화, 「이한진과 그의 〈청구영언〉 연구」, 고려대 석사학위논문, 1994.
김흥규, 「강호자연과 정치현실」, 『고전시가론』, 새문사, 1984.
김흥규, 「사설시조의 시적 시선 유형과 그 변모」, 『한국학보』 68, 일지사, 1992.
김흥규, 「16, 17세기 강호시조의 변모와 전가시조의 형성」, 『어문논집』 35, 고려대 국어국문학연구회, 1996.
남동걸, 「누정의 기능에 따른 누정시조의 특성」, 『시조학논총』 20, 한국시조학회, 2004.
박노준, 「이세보의 '분' 의식과 정서표출의 두 국면」, 『동양학』 20집, 단국대 동양학연구소, 1990.
박노준, 「「해유가」(일명 서유가)의 세계인식」, 『한국학보』 64, 일지사, 1991.
박노준, 「이정보와 사대부적 사유의 극복」, 『조선 후기 시가의 현실인식』, 고려대 민족문화연구소, 1998.
박노준, 「「해유가」와 「셔유견문록」 견주어 보기」, 『한국언어문화』 23, 한국언어문화학회, 2003.
박연호, 「면앙정 원림과 〈면앙정가〉」, 『개신어문연구』 22, 개신어문학회, 2004.

박연호, 「식영정 원림공간의 특성과 〈성산별곡〉」, 『한국문학논총』 40, 한국문학회, 2005
박연호, 「원림문학의 공간의 위상과 문화 교육적 의미」, 『한국시가연구』 17, 한국시가학회, 2005.
박일용, 〈만분가〉의 형상화 형태, 『한국고전시가작품론』 2, 집문당, 1992.
박찬승, 「조선후기 농민항쟁사 연구현황」, 『중세사회 해체기의 제문제』 하, 한울, 1987.
심재완, 「이한진편저 청구영언에 대하여」, 『어문학』 7, 한국어문학회, 1961.
안병욱, 「임술민란에 있어서의 향회와 요호」, 『한국사론』 4, 1986.
안병욱, 「19세기 민중의식의 성장과 민중운동」, 『역사비평』 1, 1987.
우응순, 「16세기 내면적 지식인과 '고인'의 길-퇴계 이황」, 『한국 고전문학작가론』, 소명출판, 1998.
유정선, 「예의와 현실 사이의 거리」, 『18·19세기 기행가사 연구』, 역락, 2007.
이상구, 「우화소설의 서술구조와 사회의식」, 고대 석사학위논문, 1984.
이상원, 「16세기말-17세기초 사회동향과 김득연의 시조」, 『어문논집』 31, 고려대 국어국문학연구회, 1992.
이원주, 「가사의 독자 -경북 북부지역을 중심으로-」, 『조선후기의 언어와 문학』, 형설출판사, 1980.
이창식, 「김성기론」, 『속 고시조 작가론』, 백산출판사, 1990.
이현주, 유배가사의 연구, 전남대 박사학위논문, 2001.
이형대, 「어부형상의 시가사적 전개와 세계인식」, 고려대 박사학위논문, 1997.
임형택, 「18세기 예술사의 시각」, 『이조후기 한문학의 재조명』, 창작과비평사, 1983.
임형택, 「16세기 광·라지역의 사림층과 송순의 시세계」-계산풍류의 발전-, 『고전시가의 이념과 표상』, 임하최진원박사정년기념논총, 1991.
정승모, 「향촌사회의 지배세력의 형성과 조직화 과정」, 제19회 동양학학술회의 강연초록, 단국대 동양학연구소, 1989. 10.
정진영, 「조선후기 재지사족의 촌락지배와 그 해체과정」, 대구, 영남대 박사학위논문, 1993.
정학성, 「우화소설 연구」, 서울대 석사학위논문, 1972.
정흥모, 「옥소 권섭의 시조재론」, 『대진논총』 1, 대진대, 1993.
정흥모, 「19세기 사대부 시조 연구」, 고려대 박사학위논문, 1994.

정홍모, 「이정보의 애정시조 연구」, 『어문논집』 42, 안암어문학회, 2000.

정흥모, 「왕족 출신 사대부의 애정과 풍류」, 『조선후기 사대부시조의 세계인식』, 월인, 2001.

진동혁, 「새로 발굴된 이세보의 시조집 『별풍아』에 대하여」, 『김영배선생 화갑기념 논총』, 형설출판사, 1991.

최동국, 「이황론」, 『고시조 작가론』, 백산출판사, 1986.

최상은, '연군'가사의 짜임새와 미의식, 『반교어문연구 』 5, 반교어문학회, 1994.

최상은, 「유배가사의 보수성과 개방성 -〈만언사〉와 〈북천가를 중심으로-」, 『어문학연구』 4집, 상명여자대학교, 1996.

최현재, 「미국 기행가사 〈해유가〉에 나타난 자아인식과 타자인식 고찰」, 『한국언어문학』 58, 한국언어문학회, 2006.

한상권, 「18, 19세기 봉건모순의 심화와 '민'의 성장」, 『역사와 현실』 3, 한국역사연구회, 1990.

찾아보기

ㄱ

가곡원류 220
갑민가 94
강명관 152
강전섭 49
강촌 284
강한영 319
거창가 45
경산이공전 275
고미숙 150
고석규 48, 297
고정옥 21, 199
관동별곡 211
권섭 129, 184
권성민 129
권순회 167
권정은 240
귀토지설 295
금수정 241
김동욱 300
김득연 167, 183
김문기 20
김민순 140, 223
김상진 16
김성기 175
김성배 301
김수장 190
김수항 256
김시업 25
김영숙 73
김영진 142, 275
김용겸 276
김용찬 141
김우규 228
김원모 16
김윤복 243
김이익 213
김인걸 62, 169
김종철 84
김종화 275
김진형 25
김창업 230
김창협 256, 262
김천택 227, 233
김춘택 118
김한홍 15
김홍도 282, 290
김흥규 44, 139, 158, 203

까치전 318

ㄴ
남동걸 240
남훈태평가 195
녹처수연회 303

ㄷ
단구도중 133
덴동어미화전가 73
도산별곡 25
도화원기 131
동유기 268
동유첩 267
두보 284

ㅁ
만분가 97
만언사 21
면앙정 241

ㅂ
박노준 16, 137, 151
박세당 251, 266
박순 244
박연호 241
박요순 128
박을수 210
박일용 117
박찬승 300
박팽년 192
별사미인곡 118
병중영분도삼장 130
부석사 133
북관곡 118
북찬가 98
북천가 25

ㅅ
사미인곡 118
산중잡곡 167
서대주전 318
서사록 15
서양미국노정기 15
서옥기 318
서원섭 104
섬동지전 306
성대중 276
성해응 242
셔동지젼 306
셔유견문록 15
속미인곡 118
속사미인곡 98
속어부사 274
송시열 118, 255
송인 210
송주석 118
시여 224
식영정 241
신흠 205, 231

신희문 234
심재완 128

ㅇ
아림 46
안민영 188
안병욱 299
안병태 316
안악가 63
애련설 181
양사언 243
어부단가 158
연민본 청구영언 263
연행가 19
영호루 133
오우가 128, 184
오원 244
옥병서원 271
용부가 94
우부가 94, 301
우응순 161
유산가 20
유정선 121
유풍악일기 256
유홍렬 36
유홍준 279
육당본 청구영언 140
윤봉구 267
윤선도 128, 184
이건창 117
이광명 98
이규상 273
이능화 144
이덕무 279
이덕형 209
이백 215
이상구 307
이상원 167
이성무 100
이성민 267
이세보 142, 190
이수건 76
이수광 252
이우성 87
이원주 25
이유원 273
이은순 104
이의건 287
이이화 58
이익 248
이정보 136, 184
이종응 15
이직 193
이진유 98
이창배 215
이창식 175
이충구 267
이태극 205
이풍익 267
이한진 263, 273

이항복 254
이현보 158
이형대 275
이황 158
이휘일 168
임기중 19, 55
임형택 87, 240

ㅈ
장끼전 318
장진주 215
장진주사 205
적벽부 205
전가팔곡 168
정승모 297
정읍가 94
정재호 20
정진영 169, 297
정철 118, 205
정태화 229
정학성 307
정흥모 130, 137
조경 245
조광 81
조동일 74, 295
조위 97
조윤제 156
조지훈 212
조황 145
주도유단 212
지덕붕 171
진경환 46
진동혁 142, 205
진본 청구영언 209

ㅊ
차주환 259
채구연 97
채제공 253
채환재적가 97
최강현 16, 32, 118
최동국 161
최미정 46
최상은 107
최원식 92
최윤오 297
최진원 157
최현재 16
추풍감별곡 25

ㅌ
토기전 318
토별가 319

ㅎ
학산초담 265
한명기 63
한상권 297
한양가 45
합강정가 45

해유가 15
향산별곡 48
허균 246
허목 254
허종호 316
홍대용 280
홍순석 245
홍순학 19
홍직영 275
화왕계 295
황식결송 300

저자 정흥모

고려대학교 문과대학 국어국문학과 졸업.
동 대학원에서 석사, 박사학위 받음.
현재 대진대학교 한국어문학과 교수.

저서로 『조선후기 사대부 시조의 세계인식』(월인, 2001)과 논문으로 「이정보의 애정시조 연구」, 「옥소 권섭의 시조 재론」, 「삼죽 조황의 시조연구」, 「이세보 애정시조의 특징과 유통 양상」 등 다수가 있다.

民族文化硏究叢書 114

조선후기 사회변화와 시가문학

2016년 12월 16일 초판 1쇄 펴냄

저 자 정흥모
발행인 이형대
발행처 高麗大學校 民族文化硏究院

등록 1964년 9월 28일 제6-18호
주소 서울특별시 성북구 안암로 145
전화 02-3290-1610~4
팩스 02-926-8385
http://riks.korea.ac.kr

ISBN 978-89-7155-167-7 94810
978-89-7155-073-2 (세트)

정가 20,000원